## 充满灵性的动物世界

# 沈石溪的
# 12堂语文课

沈石溪——著

长江出版传媒 崇文书局

**图书在版编目（CIP）数据**

充满灵性的动物世界 ：沈石溪的12堂语文课 / 沈石溪著．
—武汉 ：崇文书局，2017.9
（作家走进校园．第二辑）
ISBN 978-7-5403-4511-2
Ⅰ．①充…
Ⅱ．①沈…
Ⅲ．①语文课－中小学－课外读物
Ⅳ．①G634.303

中国版本图书馆CIP数据核字（2017）第136537号

充满灵性的动物世界——沈石溪的12堂语文课

责任编辑　高　娟
出版发行　长江出版传媒｜崇文书局
地　　址　武汉市雄楚大街268号C座11层
电　　话　(027)87293001　邮政编码　430070
印　　刷　荆州市翔羚印刷有限公司
开　　本　680mm×900mm　1/16
印　　张　19.5
字　　数　238千字
版　　次　2017年9月第1版
印　　次　2017年9月第1次印刷
定　　价　29.80元

# 目　录

## 第 6 堂课　牛——人类最忠实的朋友



## 第 7 堂课　永恒的母爱



## 第 8 堂课　从容走向死亡



## 第 9 堂课　大林莽的王者风范



## 第 10 堂课　史前动物的绝唱



## 第 11 堂课　马戏团里的动物



## 第 12 堂课　动物园里的动物

# 第1堂课

## 感人肺腑的战友情

# 最后一头战象

西双版纳的召片领曾经拥有一支威风凛凛的象兵。所谓象兵，就是骑着大象作战的军队。象兵比起骑兵来，不仅同样可以起到机动快速的作用，战象还可用长鼻劈敌，用象蹄踩敌，直接参与战斗；一大群象，排山倒海般地扑向敌人，战尘滚滚，吼声震天，势不可挡。

一九四三年，日寇侵占了缅甸，铁蹄跨进了和缅甸一江之隔的西双版纳边陲重镇打洛。象兵在打洛江畔和日寇打了一仗。战斗异常激烈，枪炮声、厮杀声和象吼声惊天动地；鬼子在打洛江里扔下了七十多具尸体，我方八十多头战象全部中弹倒地，血把江水都染红了。战斗结束后，召片领在打洛江边挖了一个长宽各二十多米的巨坑，把阵亡的战象隆重埋葬了，还在坑上立了一块碑：百象冢。

曼广弄寨的民工在搬运战象的尸体时，意外地发现有一头公象还在喘息，它的脖颈被刀砍伤，一颗机枪子弹从前腿穿过去，浑身上下都是血，但还活着。他们用八匹马拉的大车，把它运回寨子。这是唯一幸存的战象，名叫嘎羧。好心肠的村民们治好了它的伤，把它养了起来。

我一九六九年三月到曼广弄寨插队落户时，嘎羧还健在。它已经五十多岁了，脖子歪得厉害，象嘴永远闭不拢，整天滴滴答答地淌着唾液；一条前腿也没能完全治好，短了一截，走起路来踬踬颠颠；本来就很稀疏的象毛几乎都掉光了，皮肤皱得就像脱水的丝瓜；岁月风尘，两支象牙积了厚厚一层难看的黄渍。它是战象，它是功臣，受到村民们的尊敬和照顾，从不叫它搬运东西，它整天优哉游哉地在寨子里闲逛，到东家要串香蕉，到西家喝筒泉水。

我和负责饲养嘎羧的老头波农丁混得很熟，因此和嘎羧也成了朋友。

我插队的第三年，嘎羧愈发衰老了，食量越来越小，整天卧在树荫下打瞌睡，皮肤松弛，身体萎缩，就像一只脱水柠檬。波农丁年轻时给土司当了多年象奴，对象的生活习性摸得很透，他对我说："太阳要落山了，火塘要熄灭了，嘎羧要走黄泉路啦。"几天后，嘎羧拒绝进食，躺在地上，要揪住它的鼻子摇晃好一阵，它才会艰难地睁开眼睛，朝你看一眼。我觉得它差不多已处在半昏迷的状态中了。

可一天早晨，我路过打谷场旁的象房，惊讶地发现，嘎羧的神志突然间清醒过来，虽然身体仍然衰弱不堪，但精神却处在亢奋状态中，两只眼睛烧得通红，见到波农丁，欧欧欧短促地轻吼着，鼻子一弓一弓，鼻尖指向象房堆放杂物的小阁楼，象蹄急促地踢踏着地面，好像是迫不及待想得到小阁楼上的什么东西。开始波农丁不想理它，它发起脾气来，鼻子抽打房柱，还用庞大的身体去撞木板墙。象房被折腾得摇摇欲坠。波农丁拗不过它，只好让我帮忙，爬上小阁楼，往下传杂物，看它到底要什么。

小阁楼上有半箩谷种两串老玉米几条破麻袋，其他好像没什么东西了。我以为它精神好转起来想吃东西了，就将两串老玉米扔下去，它用鼻尖勾住，像丢垃圾似的丢出象房去；我又将半箩稻谷传给波农丁，他还没接稳呢，就被嘎羧一鼻子打泼在地，还赌气地用象蹄践踏；我又把破麻袋扔下去，它用象牙把麻袋挑得稀巴烂。

小阁楼角落里除了还有一床破篾席，已找不到可扔的东西了。嘎羧仍焦躁不安地仰头朝我吼叫。"再找找，看看还有啥东西？"波农丁在下面催促道。我掀开破篾席，里头有一具类似马鞍的东西，很大很沉，看质地像是用野牛皮做的，上面蒙着厚厚一层灰尘，除此而外，小阁楼里真的一样东西也没有了。我一脚把那破玩意儿踢下楼去。奇怪的事发生了，嘎羧见到那破玩意儿，一下安静下来，用鼻子呼呼吹去蒙在上面的灰尘，鼻尖久久地在破玩意上摩挲着，象眼里泪光闪闪，像是见到了久别重逢的老朋友。

“哦，闹了半天，它是要它的象鞍啊。”波农丁恍然大悟地说，“这就是它当战象时披挂在背上打仗用的鞍子，我们当年把它从战场上运回寨子，它还佩戴着象鞍，在给它治伤时，是我把象鞍从它身上解下来扔到小阁楼上的。唉，整整二十六年了，我早把这事忘得一干二净，没想到，它还记得那么牢。”

嘎羧用鼻子挑起那副象鞍，甩到自己背上，示意我们帮它捆扎。我和波农丁费了好大劲，这才将象鞍置上了象背。

象鞍上留着弹洞，似乎还有斑斑血迹，混合着一股皮革、硝烟、战尘和鲜血奇特的气味；象鞍的中央有一个莲花状的坐垫，四周镶着一圈银铃，还缀着杏黄色的流苏，二十六个春夏秋冬风霜雨雪，虽然已经有点破旧了，却仍显得沉凝而又华贵；嘎羧披挂着象鞍，平添了一股英武豪迈的气概。

“它现在要披挂象鞍干什么？”我迷惑不解地问道。

“恐怕不是什么好兆头。”波农丁皱着眉头伤感地说，“我想，它也许要离开我们去象冢了。”

我听说过关于象冢的传说。大象是一种很有灵性的动物，除了横遭不幸暴毙荒野的，都能准确地预感到自己的死期，在死神降临前的半个月左右，便离开象群，告别同伴，独自走到遥远而又神秘的象冢里去；每群象都有一个象冢，或是一条深深的雨裂沟，或是一个巨大的溶洞，或是地震留下的一块凹坑，凡这个种群里所有的象，不管生前浪迹天涯海角漂泊到何方，最后的归宿必定在同一个象冢。让人惊奇的是，小象从出生到临终，从未到过也未见过象冢，却在生命的最后时刻，凭着一种神秘力量的指引，能准确无误地寻找到属于自己种群的象冢。

“就算它打算去象冢了，也没必要披挂这么沉重的象鞍呀！”我说。

“这我就说不清了，也许，嘎羧天生是个小气鬼，临走在向我们讨回属于它的东西。唔，这象鞍本来就是它的嘛。”

我觉得这种解释十分牵强，嘎羧平时并不吝啬，恰恰相反，待人还挺慷慨挺厚道的；我好几次看见，它卷着一串香蕉在路上走，寨子里的小孩伸手向它要，它都会用那根万能的鼻子撕下一只来给他们。我隐隐约约有一种感觉，嘎羧在生命的最后时刻要回那具象鞍，含有一种很高级的情感。

果然被波农丁说中了，嘎羧准备告别曼广弄寨，找它最后的归宿了。它绕着寨子走了三匝，对救活它、收留它并养活它二十六年的寨子表达一种恋恋不舍的心情。嘎羧要走的消息长了翅膀似的传遍全寨，男女老少都涌到打谷场来为嘎羧送行。大家心里都清楚，与其说是送行，还不如说是送葬，为一头还活着的老战象出殡。许多人都泣不成声。村长帕珐在象脖子上系了一条洁白的纱巾，四条象腿上绑了四块黑布。老人和孩子捧着香蕉、甘蔗和糯米粑粑，送到嘎羧嘴边，它什么也没吃，只喝了一点凉水。

日落西山，天色苍茫，在一片唏嘘声中，嘎羧上了路。

送行的人群散了，波农丁还站在打谷场上痴痴地瞭望。我以为他在为嘎羧的出走而伤心呢，就过去劝慰道：“生老病死，聚散离合，本是常情，你也不要太难过了。”不料他却压低声音说：“小伙子，你有胆量跟我去发一笔财吗？”见我一副茫然无知的神态，他又接着说：“我们悄悄跟在嘎羧后面，找到那象冢……”

我明白他的意思了，他是要我跟他合伙去捡象牙。在热带雨林里，大象的躯体和骨头会腐烂，象牙却永远闪耀着迷人的光泽；象冢由于世世代代埋葬老象，每一个象冢里都有几十根甚至上百根象牙，毫不夸张地说，找到一个象冢就等于找到一个聚宝盆；聪明的大象好像知道人类觊觎它们发达的门牙，生怕遭到贪婪的人类的洗劫，通常都把象冢选择在路途艰险人迹杳然的密林深处，再有经验的猎人也休想找得到；但如果采取卑鄙的跟踪手段，悄悄尾随在死期将临的老象后面，就有可能找到那遥远而又神秘的象冢。邻近的曼蚌寨有个名叫岩鸣的猎手，三年前在森林里偶然碰到一头奔赴黄泉的老象，结果从象冢里背回七十八根象牙，大大地发了一笔横财。可我总觉得做贼似的跟在一头老战象后面，去捡它的便宜，好像不怎么地道。我犹豫着，沉默着，没敢轻易答应。

波农丁显然看穿了我的心思，说："我们只捡象冢里其他象的象牙，嘎羧的象牙我们不要，也算对得起它了嘛。"

这主意不错，既照顾了情感，又可圆发财梦，何乐而不为？

我俩拔腿就追，很快就在通往崇山峻岭的小路上追上了踽踽独行的嘎羧。天黑下来了，它脖颈上那根标志着出殡用的白纱巾成了我们摸黑追踪的路标。它虽然跛了一条腿走不快，却一刻也没停顿，走了整整一夜，天亮时，来到打洛江畔。

这是一条美丽的边境河，翠竹掩映，晨雾袅绕，不远处有几个村寨传来鸡鸣狗吠。嘎羧站在江滩的卵石上，停了下来，久久凝望着清波荡漾的江面。

这儿虽然不是热闹的市廛城镇，但四周有村寨，附近有渡口，也绝非荒无人烟的山野，怎么可能会藏有象冢呢？

"我想起来了，这儿是水晶渡的上游，二十六年前，我们就是在这里把嘎羧给抬上岸的。"波农丁指着江湾一块龟形的礁石说，"幸亏有这块礁石挡住了它，不然的话，它早被激流冲到下游淹死了。"

这么说来，这儿就是二十六年前抗日健儿和日寇浴血搏杀的战场！

这时，嘎羧踩着哗哗流淌的江水，走到那块龟形礁石旁，鼻子在被太阳晒成铁锈色的粗糙的礁石上亲了又亲，许久，才昂起头来，向着天边那轮火红的朝阳，欧——欧——发出震耳欲聋的吼叫。它突然间像变了一头象，身体像吹了气似的膨胀起来，四条象腿的皮肤紧绷绷地发亮，一双象眼炯炯有神，吼声激越悲壮，惊得江里的鱼儿扑喇喇跳出水面。

我想，此时此刻，它一定又看到了二十六年前惊天地泣动鬼神的一幕：威武雄壮的战象驮着抗日健儿，冒着枪林弹雨，排山倒海般地冲向侵略者；日寇鬼哭狼嚎，丢盔弃甲；英勇的战象和抗日将士也纷纷中弹跌倒在江里……

我对嘎羧肃然起敬，它虽然只是一头象，被人类称之为兽类，却具有很多称之为人的人所没有的高尚情怀；在它行将辞世的时候，它忘不了这片它曾经洒过热血的土地，特意跑到这儿来缅怀往事，凭吊战场！

太阳升上了槟榔树梢，一只独木舟剪开浓浓的江雾，艄哥放开喉咙唱着山歌，从上游飘然而下。嘎羧离开打洛江，钻进一条草木茂盛的箐沟。这一次它大概要直奔神秘的象冢了，我想。我们跟在它后面，走了约一个多小时，在一块平缓的向阳的小山坡上，它突然又停了下来。

“哦，这里就是埋葬八十多头战象的地方，我参加过挖坑和掩埋，我记得很清楚，喏，那儿还有一块碑。”波农丁咬着我的耳朵说。

我顺着他手指的方向望去，荒草丛中，果然竖着一块石碑，镌刻着三个烫金大字：百象冢。年久日长，金箔剥落，字迹有点模糊不清了。

莫非嘎羧它……我不敢往下想，斜眼朝波农丁望去，他也困惑地紧皱着眉头。

嘎羧来到石碑前，选了一块平坦的草地，一对象牙就像两支铁镐，在地上挖掘起来。土块翻松后，它又用鼻子把土坷垃清理出来，继续往下面挖。它已经好几天没吃东西了，又经过长途跋涉，体力不济，挖一阵就要站在边上喘息一阵，但它坚持不懈地挖着，从早晨一直挖到下午，终于挖出了一个椭圆形的浅坑来；它滑下坑去，在坑里继续深挖，用鼻子卷着土块抛出坑来；我们在远处观看，只见它的身体一寸一寸地往下沉。太阳落山了，月亮升起来了，它仍在埋头挖着。

半夜，嘎羧的脊背从坑沿沉下去不见了，象牙掘土的咚咚声越来越稀，长鼻抛土的节奏也越来越慢，鸡叫头遍时，终于，一切都平静下来，什么声音也没有了。

我和波农丁耐心地等到东方吐白，这才壮着胆子，走到坑边去看，土坑约有三公尺深，嘎羧卧在坑底，侧着脸，鼻子盘在臂弯，一只眼睛睁得老大，凝望着天空；一条四脚蛇从潮湿的泥土里钻出来，爬到它的眼球上，它一点反应也没有。

它死了。它没有到遥远的神秘的祖宗留下的象冢去，它在百象冢挖了个坑，和曾经并肩战斗过的同伴们葬在了一起。作为一头老战象，它找到了最好的归宿。

土坑里弥散着一股腐烂的气息，看得见二十六年前埋进去的战象的残骸，红土里，好像还露出了白的象牙。嘎羧那对象牙，也因挖掘土坑而被沙土磨得锃亮，在晨光中闪烁着华贵的光泽。波农丁牙疼似的咧着嘴苦着脸说："要是我们在这里捡象牙，只怕是盖了新竹楼竹楼要起火，买了牯子牛也会被老虎咬死的啊！"

"对，是要遭报应的。"我说，"除非我们枉披了一张人皮，我们不会在这里捡象牙的。"

我和他一起动手，将浮土推进坑去，把土坑填满夯实，然后，空着手拖着疲惫不堪的身子走回寨子去。

# 退役军犬黄狐

梭达哨所阵地上，挺立着两排头戴钢盔全副武装的士兵。对面七步远的磨盘上，蹲着一条名叫黄狐的军犬。虽然它鼻子和唇吻间稀疏的长毛已经脱尽，露出几分衰老，但从它细腹宽胸的身材、发达饱满的肌肉、肩胛上那道显眼的伤疤和短了一小截的右前爪中，仍可看出它年轻时威武勇猛的风采。

它的主人——排长贾松山将一枚二等功勋章和两枚三等功勋章挂在它脖颈上。镀金的勋章在阳光下闪闪发亮，紫红的绸带缠在它金黄的皮毛间，分外耀眼。

哨所最高指挥官宋副连长笔直地站在它面前，大声宣读一纸命令：

“梭达哨所军犬，编号 08431，1979 年服役，在边境自卫还击作战中屡建战功，现因超龄和身体伤残严重，命令其退出现役……”

宋副连长的话音刚落，队列里的士兵便热烈地鼓起掌来。可怜的黄狐并不知道自己正在退役。它虽然绝顶聪明，但还是听不懂人类复杂的语言。此刻，它瞅着这庄严的场面，还以为哨所要带它去执行什么重大的战斗任务呢。它兴奋得昂着头颅，挺着胸脯，做出雄赳赳的临战姿态。

“举前爪。”贾排长命令道。

它立即执行。由宋副连长带头，四十多名军人依次跟它握手告别。

梭达哨所对面，是我国神圣的领土者阴山，此时还被敌军侵占着。敌军不时朝这儿开炮，弹头摩擦空气发出的尖啸声、炮弹落地的爆炸声、弹片飞迸时发出的嗞嗞声，都为这隆重的军犬退役仪式增添了庄严的气氛。

吃午饭时，黄狐才开始感觉到事情有点不妙。平日进餐，主人从不让它吃得过饱，太饱了不但影响它冲击和扑咬的速度，还会麻木它的嗅觉神经和听觉神经。灵敏的嗅觉和听觉，对一条军犬来说，是多么重要，尤其是处在战争环境下，每时每刻都要防备敌军的突然袭击。它完全体谅主人的苦心，总是吃到七成饱，就自觉地停止进食。可今天的午餐太特殊了，一整只烧鸡，大半盆排骨，外加两大碗米饭，香喷喷热腾腾，贾排长还一个劲给它添菜。它吃得肚皮胀成球形，宋副连长还硬把一只鸡大腿塞进它嘴里。这实在太反常了。

下午，贾排长牵着它越过一道山梁，来到营部，把它交给一位笑容可掬的胖厨师。

贾排长跟它告别时，一次又一次用宽大的手掌抚摸它的脊背，捋顺它的毛，还把脸颊依偎在它的鼻子上，抱着它亲了很久很久。一串泪从主人的睫毛间滴落下来，弄湿了它鼻翼两侧的茸毛，又流进它的嘴唇。哦，人的眼泪原来是热的，还有咸味。它不明白主人为啥要流泪，什么伤心的事也没有发生呀。四个月前，在一次伏击战中，它的右前爪被敌军的手榴弹炸掉一小截，露出白的骨头，在包扎伤口时，贾排长眼眶里虽然蒙上了一层晶莹的泪花，但还是没流出来。

它晓得，男儿是不轻易掉泪的，军人是不轻易掉泪的。

但此刻，贾排长却变得像个多愁善感的女人，泪儿像断了线的珍珠啪嗒啪嗒往下落。

它非常纳闷。

它在营部等了七天，贾排长还没来接它。它这才恍然大悟，自己已经退役了。

它明白退役是怎么回事。过去它在团部看见过一条名叫阿丘的退役军犬，整天吃了睡，睡了吃，养得肥头肥脑，成了一条行动笨拙、反应迟钝、又老又胖又丑的草狗。军人都忙自己的事，没人理睬阿丘，阿丘只能和一帮拖鼻涕的小娃娃为伍。为了赢得孩子一声欢笑，讨得孩子手中一块糖果，阿丘会使劲摇尾巴，谄媚地汪汪叫，还愿意在烂泥地里打滚。

这不是军犬，这是巴儿狗。

贾排长为啥要抛弃它呢？它做错过什么事吗？没有。它哪一次没执行命令吗？没有。它的右前爪虽然短了一截，但并不影响它的扑咬冲击。它十三岁，虽然年龄偏大，但还能在草丛中间闻出陌生人路过时遗留下来的气味，并准确地跟踪追击。它是一条顶呱呱的军犬，连上次到梭达哨所来视察的军分区司令员都当面这样称赞过它。它要回梭达哨所去看个究竟。

它只能悄悄地潜回哨所，因为主人命令它待在营部，它回去是违法的。从它在军犬学校接受训练开始，整整十二个年头了，它还是第一次违反主人神圣的命令。

它很聪明，选择了正午时间回到哨所。除了岗上有个哨兵外，其他人都钻在猫儿洞里午睡。阵地上，只有知了在枯燥地嘶鸣。

阵地左侧那片小树林里有一幢结构精巧的矮房子，钢筋编织的墙，石棉瓦铺的顶，都漆成漂亮的草绿色。这就是它睡了八年的狗房。它避开哨兵的视线，匍匐接近狗房。突然，它闻到一股陌生的气味，那是同类身上发出来的那股刺鼻的汗酸味。

“汪！”狗房里传来一声低沉的恫吓的吠声。

黄狐仔细一看，原来狗房里关着一条新来的军犬，浑身皮毛黑得发亮，眉心有块显眼的白斑。黑狗脖颈上套着一条黄皮带，铜圈闪闪发亮。它熟悉这副皮带圈，是用水牛皮做的，柔软而坚挺，浸透了硝烟和战尘，有一股使军犬着迷的气味，套上后会使军犬变得更加威风凛凛。它妒忌地望着这副皮带圈，滴下了口水。

“呜——”黑狗趴在铁栏杆上，朝它龇牙咧嘴地低吼着。它明白黑狗的意思，是警告它不要来侵犯领地。

黄狐愤怒地竖直尾巴。是你这条卑鄙的黑狗，侵犯了我的岗位，我的宫殿。它明白了主人为啥要抛弃它，原来是这条黑狗顶替了它的位置、抢走了主人的宠爱。它把所有的委屈全迁怒到黑狗身上，复仇的火焰烧炙着它整个身心。突然间，它冲动起一股杀机。

黑狗也用充满敌意的眼光傲视着它。

它是久经沙场的军犬了，懂得搏杀前应该做些什么。它把胸脯贴在湿漉漉的冒着凉气的泥地上，让心中的怒火冷却浓缩。它冷静地围着狗房兜圈子，仔细打量着对手，比较着彼此的优劣，选择最佳搏杀方式。黑狗比它年轻，比它高大，那隆起的肌腱、结实的胸脯，证明对方是一条强壮的凶悍的狗。它黄狐右前爪伤残，拼蛮力显然是很难赢对方的，只能智取。对方年轻强壮，身上没有伤疤，眼角没有皱纹，是个初出茅庐的新手，没有实战经验。瞧这黑家伙显得多幼稚，隔着铁栏杆还朝它频频扑击，不但撞疼额头和爪子，还徒劳地消耗掉精力和体力。老练的军犬绝不会这样虚张声势。看来，这黑家伙确实很嫩，容易对付。

黄狐瞧出了黑狗致命的弱点，这才不慌不忙地用牙齿咬开铁门倒插着的铁销。

黑狗蹿出铁门急急忙忙朝它扑来，黄狐转身就跑。这儿离猫儿洞太近，撕咬起来会惊醒主人。它要神不知鬼不觉地消灭黑狗。

它下了山坡，钻进深箐，跑到峡谷。再拐个弯就越出梭达哨所的地界了，突然，黑狗停止追击，站在一棵被敌军炮弹削成光头的大树前，胜利地吠了两声。黑狗也是条军犬，没有主人的命令是不会远离军营的。

这儿虽然离哨所很远了，但山上山下是条直线，站在哨所阵地上，用个望远镜便可看清峡谷里的一切。必须拐过峡谷。黄狐瞪着双眼，寻思可以激怒对方的高招。

黑狗也怒视着它。两条军犬面对面僵持着。

突然，它把视线从黑狗身上移开，冲着黑狗右后侧草丛惊叫了一声，仿佛草丛里蓦地蹿出一个怪物。黑狗果然上当了，转过脑袋去瞧。就在对方走神的一瞬间，它敏捷地一跃，在黑狗身上咬了一口，叼起一撮黑毛，转身逃出峡谷。

黑狗被激怒了，不顾一切地追出峡谷。

哦，这儿是撕咬搏杀的好地方，平坦开阔的草地便于回旋；更重要的是，山峰像道结实的屏障，挡住了梭达哨所。它可以放心大胆地来收拾这条黑狗了。

黑狗急于求胜，根本没把这条残废的老狗放在眼里，一开始便频频进攻，两只黑前爪像鱼钩似的弯曲着，拼命想勾住它的脖子。它躲闪着，周旋着，避开对方的锋芒。

这黑家伙果然年轻、强壮，进攻了很久，仍然气不喘力不衰。要是一般的草狗，扑腾这么一阵子，早瘫成一团泥了。要是换了它黄狐，恐怕也会精疲力竭了。黑狗却仍然跳得那么轻巧，扑得那么准确，有好几次，都险些儿把它扑倒。要不是黄狐积了十年的实战经验，它绝不是黑狗的对手。

它以极大的耐心，等待对方耗尽体力，然后伺机反扑。

炽白的阳光变成橘黄，观战的小鸟都不耐烦地飞跑了。渐渐地，黑狗显得气力不支，嘴角泛着白沫，四爪变得松软，脚步也有点不稳了。是时候了。它在黑狗又一次腾跃而起时，不再扭身躲闪，而是微微后退了一步，把身体尽量往后缩紧，让黑狗正好落在离它前爪一寸远的地方。还没等对方落稳，它便闪电般扑了上去。它把七天来所有的委屈、所有的愤怒、所有积蓄着的力量，都凝聚到这一扑上，它把黑狗扑得横卧在地，它结结实实地踩在黑狗的胸脯上，牙齿已触到黑狗柔软的肚皮。只要使劲一咬，对方的肚皮就会捅开一个窟窿，狗血就会染红绿草，狗肚肠就会流一地。它心里涌起一阵复仇的快感。它倔着脖子，狠命咬下去……

“停！”背后突然传来人的声音，那么耳熟，它不用回头就知道，这是贾排长发出的命令。它条件反射似的缩回牙齿，从黑狗身上跳下来，规规矩矩地蹲坐在一旁。

黑狗摇着尾巴，跑到贾排长脚跟前，委屈地呜咽着。

贾排长满头大汗，扳起黑狗的前爪，仔细检查了一遍。黑狗的肚皮被咬破了一点皮，流了几滴血。

“畜生，你干的好事！”贾排长掂着那条牵狗用的皮带，恶狠狠地指着黄狐的鼻梁骂道，“叫你在营部待着，你敢跑来捣乱！”他越骂越气，抡起手中的皮带，朝它抽来。

皮带像条咝咝叫的蛇噬咬着它的头、耳和脊背。它身上的黄毛被皮带一簇簇咬下来，在空中飞旋。它不躲不闪，纹丝不动地蹲着，任凭雨点似的皮带落在身上。它是一条军犬。主人无论怎样惩罚它，它都必须毫无怨言地接受。

“滚！”贾排长一脚踹在它身上。它倒在地上，赶紧又站起来在原来位置上蹲好。

“滚，滚回营部去，不准你再回梭达惹事！”

这一次它听明白了主人的命令，夹紧尾巴，耷拉着脑袋，沿着山间小路向营部跑去。

它只能遵照主人的命令，在那间木板钉成的窝棚里生活。

窝棚里铺着厚厚一层稻草，弥漫着一股秋天的醉香，它却厌恶地把稻草全扒出窝去。军犬习惯于卧躺在坚硬的土地或冰凉的岩石上，松软的稻草会把骨头睡酥软的，它情愿睡在有股霉味的水泥地上。

如果用草狗的标准来衡量，它的生活是优裕而幸福的。

它是条立过战功的军犬，人们对它很尊重，很客气，从来不叫它干守更、看门、逮鸡、撵猪这样的杂事。它整天逍遥自在，如果愿意，一觉可以睡到太阳当顶，也不会有人来骂它一声懒狗。当初它在梭达哨所时，夜夜巡逻，天天训练，还经常长途奔袭、行军打仗。有时实在累极了，它就幻想有那么一天，能蜷在草丛里美美地睡两天两夜，那该有多好。这清闲的日子真的来临了，它发觉一点没趣。它无事可干，吃饱了就闲逛，看公鸡打架，看耗子搬家，看鱼儿争食……无聊透了。

它的新主人——那位和蔼可亲的胖厨师，待它尤其好，每餐都给它端一大盆饭，还有好几根骨头，瞧着它吃，还会念叨："唔，你是功臣，多吃点，饱饱地吃，不够我再给你添。唔，怪可怜的，脚都打瘸了。你有权多吃点的。"它撑饱肚皮后，胖厨师就会来亲昵地拍拍它的脑袋："玩儿去吧，溜达去吧。唔，好好养老。"每当有陌生人光临营部，胖厨师就会跷起大拇指把它夸奖一番："唔，你们别瞧它瘸了一条腿，模样怪可怜，它曾经是条真正的好狗，活捉过两个敌人。有一次一伙特工来偷袭梭达哨所，幸亏它发现得及时，才没吃亏。唔，这是一条真正的好狗。"

它知道胖厨师对它的友好是发自内心的，但它并不喜欢他。它不喜欢他肥腻腻的手和甜蜜蜜的声调；它喜欢贾排长斩钉截铁的命令和粗暴的呵斥。

营部是机关和家属所在地，那几个淘气的小男孩常和毗邻的苗寨小朋友玩"打仗"。苗寨小朋友有四条草狗，声威很壮。营部的小男孩就请它去帮他们"打仗"，它拒绝了。小朋友之间的"打仗"，再热闹也是游戏。它渴望真正的战斗。

营部和梭达哨所隔着一座大山，闻不到火药味，只是在夜阑人静时依稀听得见炮声。它就改变生活习惯，白天睡觉，夜晚耳朵贴着大地，专心谛听那惊心动魄的炮声。

它思念哨所，思念那火热的战斗生活。安逸的日子不但没使它发福，反而使它消瘦，肩胛骨耸露出来，金黄的狗毛失去了光泽，衰老得像片枯黄的落叶。它患了相思病。

黄狐又潜回梭达哨所。

这一次，它不是去找黑狗报复的，一顿皮带给它的教训够它记一辈子了。它只是想闻闻熟悉的硝烟味，听听激烈的枪炮声，看看梭达哨所的人，哪怕看看他们的影子也好。它躲在阵地后面那片芭蕉林里，从这儿可以看清梭达哨所的一切，又不易被人发觉。

贾排长刚好在训练黑狗。

怪不得主人要用黑狗来替代自己，这黑家伙的体质确实棒，跑起来像闪电，扑起来像飓风。这黑家伙还很机灵，匍匐前进通过低矮的铁丝网时，姿势那么标准，动作那么轻捷，简直像条鳄鱼在贴地爬行。瞧这黑家伙的牙多么尖利，在阳光下白得耀眼，只一口就把帆布假人咬开一个大洞。几年前它黄狐也有这么一口好牙，可惜，岁月不饶人——也不饶狗，现在它的牙齿泛黄了，没过去那么结实了，有两颗大牙已经松动，要是换它来咬那个假人，恐怕得折腾半天才咬得穿这厚厚的帆布。这黑家伙在训练场上一个劲地腾跃扑跳，那精力和体力实在叫它妒忌，要是换了它，扑几下就该蹲着喘口气了。

黑狗开始做最高难度的训练科目了，就是要迅速登上一丈多高的坎壕，扑咬敌方的机枪射手。只见黑狗轻捷地一跃，像条蚂蟥一样紧紧贴在土壁的半腰上，随后又一个上蹿，利索地翻上壕沟。“漂亮！”黄狐忍不住在心里赞叹道。它晓得要完成这套动作，功夫在于四只利爪要像铁钩般深深嵌进土层。它年轻时也可以不费力地做到这一点的，现在不行了，残废的右前爪无法抓牢土壁，身体无法保持平衡，一跃上去便会摔下来的。

现在它才明白，对梭达哨所来说，黑狗的价值远远高过它。要是坎壕里真的是个敌军机枪掩体，它就无法跃上去，只能眼睁睁看着战士们流血，而黑狗就完全有可能建立奇功。它理解贾排长为什么要用皮带狠狠揍它。它服气了。

黑狗扑咬敌方的机枪射手了。不好！黄狐差一点没“汪”的叫出声来，它把嘴拱进芭蕉树下潮湿的泥里，才克制住自己焦急的叫唤。黑狗扑击呈梯形，从斜刺里往上扑，帆布做的假敌被它扑得仰面朝天，摔出好远。黑狗又一跳，咬住假敌的喉管。这是教科书中的标准动作，黑狗做得分毫不差，但是这不行，这样做在实战中是要吃亏的！

贾排长满意地抚摸着黑狗的脊背，把一块什么东西塞进黑狗的嘴里。它知道，那准是甜甜的糖果。主人，你也错了，你也没看出黑狗扑击的破绽来。这奥秘只有它黄狐知道。它是用血的代价才换来这一实战经验的。

那是在边境自卫反击战刚打响时，它也像黑狗那样，跃上敌坎壕，朝一个敌兵扑去。它也按照军犬学校传授的规范动作，扑成个斜梯形。敌兵猝不及防，连人带枪摔倒在地。它立即做第二个起跳动作。就在这时，敌兵躺在地上扣动了扳机，那道闪耀白光的子弹，比狗的动作快得多，它在半空中，就感觉到肩胛一阵麻木。幸亏子弹没打在要害处，使它还能拼出最后一点力气咬断对方的喉管。不，应当公正地说，幸亏敌兵是个惊慌失措的新兵，幸亏那挺冲锋枪弹匣里只剩最后一颗子弹。如果对方换成个胡子拉碴的老兵，如果那挺冲锋枪弹匣里压满了子弹，不但它会成为一条死狗，它身后十几个战士，包括贾排长在内，都将付出血的代价。

它从这血的教训中得出一条经验：不能再进行斜梯形的扑击了，尽管把对方扑得仰面朝天后随即跳到对方身上，这两个动作之间只间歇短暂的一秒钟，至多不会超过两秒钟，但战场上的时间是多么重要啊，完全有可能就因为这短暂的一两秒钟使我们转胜为败，因为敌人的子弹会在更短的时间内从枪管喷射出来。

你必须学会弧形扑击。

对，是弧形扑击。这是它黄狐苦练出来的绝招，把斜梯形扑击的两个动作合并成一个，即猛地扑跃到敌人头顶，然后微微形成个漂亮的弧形，像座山一样朝敌人压下去，和敌人一起倒地，倒在敌人身上，在倒地的一瞬间咬住敌人的喉管。这样，即使对方是个胡子拉碴的老兵，也毫无还手之力。在以后的战斗中，黄狐就用弧形扑击，消灭和捕获了好几名敌兵。

黑狗受到了主人的嘉奖，得意扬扬地摇尾巴。

不行，这个动作不纠正，在战场上会坏事的！它仿佛已看到黑狗倒在血泊中，贾排长也中弹倒地……太可怕了，它急得在芭蕉林里又蹿又跳，把好几片芭蕉叶撕成碎片，还发疯似的咬断两棵芭蕉。它必须帮助黑狗纠正这个动作。它想立刻跑到阵地上去，但害怕贾排长会误解。它无法用狗的语言向人解释清楚内心的意愿。它悲哀地摇着头。

它在芭蕉林里等了两天两夜，总算把黑狗等来了。

这黑家伙年轻贪玩，黄昏时竟然违反纪律，悄悄溜到山上来逮野兔子。

它从一棵野芭蕉背后闪出身来，拦住黑狗。它友好地摇着尾巴。黑狗却充满敌意地瞪着它，龇牙咧嘴，准备与它撕咬。

它使劲把尾巴摇得像朵黄菊花，躲到一边。

黑狗把它看成敌人、看成冤家了。“汪！呜——”黑狗喉咙里发出威胁的声音，朝它逼来。

它急中生智，朝一棵芭蕉树扑去，扑出个漂亮的弧形，茁壮的芭蕉树哗啦一声被压倒了。在芭蕉树砰然倒地的一瞬间，它一口咬下吊在芭蕉叶间那朵紫红色的硕大的花蕾，衔在嘴里，朝黑狗摇晃。

它做了个示范动作，想让黑狗跟着学。

可惜，黑狗并不理解，非但没跟着学，反而朝它扑来。

它脑子豁然一亮：既然黑狗把它视作敌人，那就让黑狗把它当作试验品，在它身上学会弧形扑咬吧。它不再躲避，而是直立起来迎接黑狗的扑击。梯形扑击冲力很大，把它撞出一丈多远，但就在黑狗做第二个跳的动作的一秒钟间歇里，它就地一滚，轻易地避开了。

如此反复十几次，黑狗渐渐领悟到自己的扑击技巧有毛病，显得异常急躁，乱跳乱咬。哦，是时候了。它觑了空隙，扑出个漂亮的弧形，把黑狗仰面朝天压在地上，在倒地的一瞬间，它轻轻地在黑狗喉管处咬了一下。

如此又反复了十几次，黑狗终于看出它弧形扑击的优点了，也依样画葫芦地学起来，扑出一个个弧形，向它攻击。开始时，黑狗动作很别扭，不是扑得太高，弧形划得太大，松弛了扑击的力量，就是扑得太低，形不成泰山压顶的气势。但这黑家伙很聪明，扑了几次后，就熟练起来，弧形越来越漂亮，落点越来越准确，好几次把它四足朝天压在地上。若不是它早有防备，肯定被咬穿肚皮了。

黑狗越扑越来劲，越扑越凶猛。它黄狐则渐渐精疲力乏，头昏眼花。

黑狗又一次把它扑倒在地。它扭腰翻滚的动作慢了一点，胸部被黑狗叼走了一块肉，鲜血淋漓。

好样的，扑得真狠。它忍住痛，继续迎战。

黑狗尝到了血腥味，变得野性十足，倏地跃起，把它结结实实压在身下，使它动弹不得。咔嚓一声，它的左腿骨被咬断了。

“汪汪！”黑狗欢呼着。

它拖着受伤的左腿，低声哀号着，一瘸一拐逃出芭蕉林，钻进灌木丛。

黑狗犹豫了一下，没有撵上来。

它已经跑不快了，也失去了反抗能力，要是此刻黑狗撵上来，只消再来个弧形扑击，就能轻而易举地把它置于死地。

它感激黑狗的宽仁，可是又痛恨黑狗的宽仁。它逃进灌木林，舔着左腿上的伤口，回想起在战场上亲眼看见的一桩惨事：一条名叫柯柯的军犬，在咬断一个邻国特工队员右手腕后，突然动了恻隐之心，没立即把对方的左手腕也咬断，于是，那个邻国特工队员用左手从腰际拔出匕首，捅进柯柯的腹部……在你死我活的厮杀中，任何宽仁都是愚蠢的，都会造成流血牺牲。

黑狗，你既然把我视作仇敌，你就应该往死里咬！

绝对不能让黑狗把这宽仁的习惯带到战场上去。它艰难地站起来，咬着牙朝芭蕉林走去。它是条残废的退役的狗，它何必再怜惜自己的生命呢。再去挑衅，再去逗引，激怒黑狗，让对方把自己的喉管咬断，让对方在血腥的拼杀中养成坚决果断的战斗作风。毫无疑问，它的生命会在黑狗尖利的犬牙上熄灭，它觉得这样的死法，总比吃了睡，睡了吃，最后老死在木板棚里强。它是条军犬，它还在军犬学校受训时就养成这么一种信念：倒在血泊中，是一条军犬最好的归宿。

芭蕉林里静悄悄的，黑狗早已回哨所去了。

暮霭沉沉，已瞧得见半空中流萤的光彩了。它蜷伏在芭蕉树下，决心等黑狗再次出现，哪怕等上十天半月。那时，它不会再退缩。

隆隆炮声，把蜷伏在芭蕉林里的黄狐从昏睡中惊醒，它睁眼一看，谷地上空划亮了一道道炽白的弹道，夜变得五光十色。山谷对面的者阴山上火光闪烁，一片通红，敌军的地堡、鹿砦和铁蒺藜飞上了天。紧接着，爆豆似的枪声和粗犷的呐喊声也响起来了。

我军收复神圣领土者阴山的战斗打响了。

它本能地挺立起来。枪炮声就是命令，它毫不犹豫地要冲上去。一迈步，左腿痛得钻心。它用三条腿一颠一颠小跑着。

梭达哨所已不见人影，它东闻闻，西嗅嗅，哦，那熟悉的气味已经下山谷了。它拼命追上去，越过泉流，穿过山谷，终于在通向者阴山敌军阵地的半山坡上追到了梭达哨所的战士。借着燃烧的火光，它看见他们都聚在一块巨大的磐石后面。前面是一片开阔地，长着齐腰深的山茅草。贾排长牵着黑狗，蹲在宋逼连长身边。

黄狐贴着磐石，悄悄接近贾排长。黑暗中，谁也没有发现它。

“上！”宋副连长挥挥手。大个子杨班长率先从磐石后面跃出，他身后跟着五六个战士。他们刚冲出去几步，突然轰轰两声，他们脚底下闪起两团红光，四个战士倒了下去。

“妈的，又是雷区！”宋副连长咬牙切齿地骂了一句，扭脸问道：“还有别的路吗？”

“没有。”贾排长回答，“两边都峭壁，只有这条路。”

“嘿！”宋副连长一拳击在磐石上。

“我去试试。”贾排长把牵着黑狗的皮带塞给宋副连长。刚要迈步，黑狗突然一口叼住他的裤腿，死也不松口。

“怎么啦？”贾排长回身拍拍黑狗的脑袋。

黑狗狂吠两声，朝开阔地跳跃着，蹦跶着，竭力想挣脱皮带。黄狐明白黑狗的意思，黑狗想替主人去蹚雷，黑狗不愧是条军犬，军犬就应该在危急关头用自己的生命保护主人的生命。

"我舍不得它去。"贾排长说。

宋副连长沉默了一阵，用嘶哑的嗓门说："为了胜利。"

贾排长解开了黑狗头颈上的皮带圈，恋恋不舍地搂着黑狗的脑袋，用宽大的手掌捋顺黑狗脊背上的毛，黑狗后腿微曲，前腿后蹲，做好快速冲击的准备。

黄狐看见黑狗眉心那块白斑，那么白，那么亮，像天上那轮满月。说时迟，那时快，黄狐突然从磐石后面蹿出来，长嚎一声，越过黑狗，越过贾排长，冲向雷区。它拖着那条受伤的左腿，瘸瘸拐拐，在山茅草里踏行。它心里只有一个强烈的念头：不能失去最后一个报效主人的机会。

"黄狐！"贾排长惊叫起来。

"汪！"黑狗动情地叫了一声。

它没有回头，拼命朝前冲去。它晓得地雷是怎么回事：那些个绊雷、踏雷、子母雷都是躲在地下的小妖怪，能把一切路过的生命吞吃掉；它也晓得，不管它冲击的速度有多快，总比不上那些活蹦乱跳的弹片。它死了并没有什么可惜的，它老了，残废了。让黑狗活下去，黑狗比它强，比它有用。

它感觉到身体绊着了一根根细铁丝，它感觉到爪子不时踏进凹陷的土坑，它感觉到爆炸声震破了耳膜；它感觉到身体周围闪耀起一团团火光，它感觉到大地掀起猛烈的气浪，它感觉到浓烈的硝烟堵塞了鼻孔，它感觉到肌肉被弹片撕裂、骨头被弹片切碎，它感觉到浑身被肢解开了、血已快流干，但它突然产生了一种奇异的快感，作为军犬，它为自己能死在战场上感到骄傲。

它拼命往前冲啊冲，它想在死以前能多踏响几颗雷，能开辟出一条战士们冲锋陷阵的安全通道。

它倒在开阔地的尽头。

一只宽大的手掌，在捋顺它脊背上的毛。它想伸出舌头舔舔那只熟悉的手掌，可惜没有力气了。还有，它还没来得及教会黑狗在战场上千万不能宽仁，它无法去教了。但愿黑狗自己在实战中学会。黑狗是条聪明的军犬，能学会的，它相信。

它舒畅地吐出最后一口血沫。

嘹亮的冲锋号吹响了。

## 【阅读提示】

### 崇高是一种伟大的力量

什么才是力量？相信不同的人有不同的答案。金钱当然是一种力量，有钱能使鬼推磨，金钱可谓是魔力无边；权势无疑是一种力量，大权在握，呼风唤雨，力量大得可以指鹿为马；朋友想来也是一种力量，在家靠父母，出门靠朋友，遇到困难，找朋友帮忙；爱情更是一种力量，上帝将人分为两半，一半是男人，一半是女人，人的一生就是在寻找属于自己的另一半，两个生命融为一体，携手相伴，共创美好人生……

在诸多力量中，崇高是一种很特殊的力量，仅仅是由一种观念一种理想一种价值观派生出来的一种情感。它有点虚，看不见，摸不着，不能当衣穿，也不能当饭吃。但它确实存在，并影响我们的生活。战争年代，无数革命志士为了共产主义这一崇高信念，面对敌人的屠刀，慷慨赴难，从容就义。匈牙利诗人裴多菲有一首著名的诗写道：生命诚可贵，爱情价更高，若为自由故，两者皆可抛。可见崇高所具备的伟大力量。

《最后一头战象》所赞颂的就是爱国主义崇高情感。一头老象垂暮之年得到死亡的预感，动身前往神秘的象冢安葬自己，两个猎人悄悄尾随其后，想盗取象冢里珍贵的象牙。来到“百象冢”，上百根珍贵的象牙摆在他们面前，他们的发财梦眼看就要实现了，然而，他们最终却放弃了这笔唾手可得的巨大财富，两手空空离开了象冢。是什么挫败了他们的发财梦？是什么抑制了他们的贪婪？是什么改变了他们的无耻？因为葬在“百象冢”里的，是一群在抗日战争中奋勇杀敌为国捐躯的战象！

对一个天良还没完全丧尽的人来说，你可以不择手段钻头觅缝去追逐利益，但却很难昧着良心去藐视崇高，亵渎崇高。

这就是崇高的力量，虽不能给人带来世俗的利益，却能震撼心灵，荡涤灵魂，纠正错误，健全人格。

大象属于高智商的聪明动物，这篇作品将崇高的情感凝聚在一头名叫嘎羧的老战象身上，应该说是真实可信的。美好的情感并非人类专有，在特定环境下，许多动物也会表现出可歌可泣的高尚情怀。例如与主人相依为命多年的猎狗，当主人去世后常常会因悲伤而拒食，心甘情愿追随主人奔赴黄泉路；忠诚的战马，当主人中弹倒地后，会守护在主人身边，又踢又咬，不让敌人靠近，直到自己也中弹身亡……

将崇高的情感凝聚在一头老战象身上，还能起到强烈的反衬作用：动物尚且能表现如此高尚的情感，作为万物之灵的人类，又该如何去做呢？

好的动物文学就是人类审视自己的一面镜子，我们在这面镜子里照出人性的优点，也照出人性的弱点，照出灵魂的亮点，也照出灵魂的污点。

# 第2堂课

## 动物也有美丽的爱情

# 狼“狈”

布郎山上发现了狼和狈!

第一个看见狼和狈的是山村邮递员康朗甩，据他说，那天他到布郎山乡公所去送邮件，晚上喝了一点酒，乘着月色从山间驿道下山来，手里还提着乡长馈赠他的一块腊肉，快到半山腰时，突然觉得身后有窸窸窣窣的声响，回头望去，驿道上飘忽着四只绿莹莹的小灯笼，他赶紧拧亮手电筒，一束强烈的光柱照过去，他看见一匹高大的狼驮着一只瘦小的狈正朝他迅速追来，他吓得扔下那块腊肉，转身就逃。“幸亏我手里提着块腊肉，要不然的话，我就成了狼狈的晚餐了，”康朗甩心有余悸地说，“谁斗得过狼狈呀，连老虎见着狼狈都会吓出一身汗来呢。”

民间流传着很多关于狈的故事，说狈会模拟各种鸟兽和人的声音，偷鸡时，会像下蛋的老母鸡那样咯咯咯叫，把公鸡引诱过来，然后一口咬断公鸡的脖子；会发出婴儿的啼哭声，惟妙惟肖，把牧羊人从羊群边引开，趁机猎取羊羔；还会把一只小牛犊吃空后，留一张完整的皮囊，披在身上学牛犊的样，钻到母牛肚子底下挤牛奶喝，是一种比狐狸更狡猾的动物。但狈虽然头脑特别发达，却体小力弱，尤其是两条前腿很短，不善行走，要靠狼背着才能活动，所以狼狈，狼狈，狼和狈是连在一起的。狼把狈驮在自己的身上，合二为一，两位一体，野蛮的体魄和狡诈的头脑相结合，狈出坏点子，狼实施坏点子，干尽了坏事，连猎人都束手无策，所以又有狼狈为奸的说法。

说布郎山上有狼，我相信。三个月前，曼广弄寨的老猎人波农丁在布郎山上埋了一副捕兽铁夹，过了两天去收铁夹子时，发现铁夹已经碰倒了，铁杆下夹着两只黑毛兽爪，长约三寸，形状与狗爪相似，指甲却比狗爪要锋利得多，铁夹上还洒着许多血，将那两只兽爪拿回去给许多有经验的猎人鉴别，一致同意是狼爪；也只有狼，在不小心被捕兽铁夹夹住脚爪后，能残忍地咬断自己的膝盖，用高昂的代价换求一条生路，其他任何动物都下不了这种狠心，用自戕肢体的办法从捕兽铁夹下逃脱，而只能乖乖地束手就擒。说布郎山上有狈，我不相信；虽然人们常把狼狈连在一起，但据《辞海 · 生物分册》介绍，狈属于民间传说中的动物，就像凤凰、麒麟和龙，谁也没见过。我想，一定是康朗甩那天晚上酒喝多了，醉眼蒙眬，视觉出现叠影效果，把一匹狼看成两匹狼了。

仅仅隔了两天时间，我也看到狼和狈了，而且吃了它们的大亏。那天中午，我在稻田里割谷子不小心割破了小指头，伤口很深，血流不止，村主任让我回家休息。农忙季节，寨子里男女老少差不多都下田干活去了，狗也跟着人到田坝捉秧鸡去了，巷子里静悄悄的，只有不怕炎热的太阳鸟在篱笆墙的花丛中采撷花蜜。我拐了个弯，突然就看见我小木屋旁的猪圈前，站着一对狼狈。和传说中的完全一样，那狈两条短短的前腿搂住狼的脖子，整个身体都骑在狼的背上；狈毛色漆黑，体态娇小，比土狗稍大些，狼毛色褐黄，高大健壮，像只小牛犊；一小一大，一黑一黄，看得十分清晰。我赶紧钻进路边的草丛里，躲了起来；我没带猎枪，手里只有一把镰刀，不是黄狼和黑狈的对手。我轻轻拨开草叶，窥望它们的举动。

它们瞧中了我养了半年多的那头母猪，那根狼舌和那根狈舌都长长地拖出嘴外，馋涎欲滴，很想尝尝家猪的滋味。我不太担心我的母猪会遭殃，我是用楠竹搭的猪圈，篱笆墙里外两侧都栽着一人高的仙人掌，这种仙人掌浑身长满了两寸长的刺，有毒，被刺着后疼痛难忍，皮肤还会溃烂发炎，比铁丝网还管用，我不敢夸口说我盖的猪圈固如金汤，但起码不是那么容易攻破的。连我的母猪都感觉到自己是在安全可靠的屏障后面，所以尽管透过篱笆的缝隙已经看见了黄狼和黑狈，也没惊慌失措地大叫大嚷。

黄狼和黑狈在高达两米密如蛛网且栽着仙人掌的猪圈前徘徊了一阵，黄狼那双吊向额际的斜眼一片迷惘，那张凶狠的狼脸上露出无可奈何的表情，身体慢慢转向寨外的箐沟，似乎在说，算了吧，别在这里泡蘑菇了，我看这猪圈是很难攻得破的，别猪肉没吃到，反被扎了一身仙人掌的刺。黑狈却目光坚定，用自己的脖子缠住狼的脖子，硬把狼想要离去的身体扭转到猪圈前来，似乎在说，老伙计，别泄气，胜利往往在于再坚持一下的努力之中！我看得清清楚楚，那只该死的狈尖尖的嘴附在狼的耳畔，咕咕哝哝了一阵。没想到，狈和狼还会咬耳朵说悄悄话。黑狈的脸上洋洋得意，一看就知道是在向黄狼面授锦囊妙计。我果然没猜错，只见那匹黄狼快速冲到篱笆前，突然前肢一跃，身体竖直起来；就在黄狼直立的刹那间，黑狈两只后爪踩上黄狼的肩，继而踩上黄狼的头顶，倏地一下细长的身体也竖直起来；这是标准的叠罗汉，超一流的杂技动作，看得我眼花缭乱；更绝的是，黄狼在黑狈站上它头顶的一瞬间，身体猛地向上蹿了蹿，黑狈像被自动跳板弹了一下，凌空飞起，越过两米来高的篱笆墙，进了我的猪圈；动作完整和谐，配合得天衣无缝。又让我感到惊讶的是，黑狈从空中跳进猪圈，刚好落在我的母猪的背上，一口就咬住了母猪的耳朵，使劲一拧，母猪就改变了方向，猪头朝着篱笆墙了。母猪发出尖嚎声，遗憾的是我没有办法去救它。黑狈待母猪大方向正确后，尾巴像根鞭子一样抽打着猪屁股，我的可怜的母猪——唉 ——真是头十足的蠢猪，一头向篱笆墙撞去，它大概以为冲破篱笆墙就可以逃命了，殊不知正中了黑狈的圈套，发猪瘟的，脑子笨得像只木瓜，力气倒大得像牛，只听得哗啦一声响，竹篱笆被撞开一个豁口，我的母猪满头满脸都是血，眼皮上还钉了两根仙人掌的刺，而黑狈却因为躲在母猪的背后，安然无恙。我的母猪变成了披荆斩棘的开路先锋，变成了质地优良的挡箭牌！

我算是懂得了什么叫互相勾结狼狈为奸。

母猪出了猪圈，背上有黑狈叼着猪耳朵掌握方向，后面有黄狼用咬屁股的办法拼命驱赶，虽然满心不愿意，也不得不跟着它们钻进荒草掩映的箐沟里去了。

布朗山上发现了狈的消息不胫而走，惊动了省动物研究所，派了个姓孙的研究员下来，组织曼广弄寨全体猎人和猎狗，上山围剿。我也参加了狩猎队。我们在山上整整搜了半个月，最后在臭水塘旁找到了黄狼和黑狈。

一声呼哨，二十多条猎狗像拉开的一张网，冲下山坡，向黄狼和黑狈罩了过去。

我真正体会到了“狼狈不堪”“狼狈逃窜”“狼狈极了”“实在太狼狈了”这些成语和日常用语的生动性与准确性。

我站在小山顶上用望远镜看，黄狼驮着黑狈，颠颠地在前面逃，狗群在后面拼命追；狼和训练有素的猎狗奔跑速度差不多快，但此刻黄狼驮着黑狈，情况就不一样了，好比一个是负重在跑，一个是轻装在跑，黄狼的速度明显比不过猎狗，彼此的距离越来越短，不一会，狗群离黄狼和黑狈只有二十几米远了。这时，黄狼冲下一个约七十五度的陡坎，大约是想用走险道的办法甩脱粘在屁股后面的讨厌的狗群；狼由于经常要捕捉岩羊、斑羚之类善于在悬崖峭壁上攀缘行走的动物，练就了非常过硬的下陡坎的本领，能轻盈地从几丈高的陡坎上跳下去，稳稳地落到下面平坦的岩石上，不停顿地又往下跳，而狗在这方面就要差一大截，在陡坎面前往往畏缩不前，左右环顾，挑选容易落脚的地段，试探两三次，才敢跳下陡坎；现在黄狼冲下去的陡坎约有十来丈深，足够狗们磨蹭一阵子的了，我担心这条陡坎会让黄狼和黑狈逃之夭夭；可我很快发现我的担心是多余的，黄狼刚刚往下跳第一个台阶，不知是因为黑狈没做好下陡坎的准备，还是黄狼的屁股翘得太高身体过于垂直，黄狼的前爪刚刚落地，黑狈突然从黄狼的背上滑落下来，摔在石头上，这一跤摔得不轻，挣扎了好一会才站起来；黄狼在惯性作用下，已经跳下第二层台阶了；黄狼站在第二层台阶上，转身朝上面的黑狈欧欧叫着，是在催促黑狈快快下来；黑狈试探着往陡坎下走，狈的前肢比后肢短了一半，上坡还勉强能保持平衡，下坡就好比走钢丝绳，才走了一步，就闪了个趔趄，像只皮球似的往下滚，吓得它扒住一丛蒿草呦呦叫唤；黄狼只好又从下面的第二层台阶蹿上来，蹲在黑狈面前，让黑狈爬上自己的背，再往陡坎下跳。

这么来回一折腾，给狗群赢得了时间，当黄狼和黑狈下到陡坎底时，狗群也同时下到了陡坎底，把黄狼和黑狈团团围了起来。

陡坎底下是一条宽敞的乱石沟，有利于猎狗发挥群体威力。

好一场精彩的狗、狼、狈大战。几条猎狗在正面与黄狼激烈撕咬，一条大白狗绕到黄狼背后，一口咬住黑狈的一条后腿，把黑狈从黄狼的背上拉扯下来。四五条猎狗立刻围上来，你一口我一口，毫不留情地对黑狈进行攻击。黑狈虽然也长着和狼非常相似的一张大嘴一口利牙，但毕竟身体瘦弱，尤其吃亏的是前腿短后腿长，要很费劲地抬起头来才能和狗在一个水平位置互相噬咬，又寡不敌众，挡住了前面的狗嘴，防不住来自背后的偷袭，不一会，唇吻、肩胛、脊背和后胯就被狗牙咬破，浑身都是血，它直起脖子，呦呦嗥叫着，向黄狼求救。

黄狼陷在十几条狗的包围圈里，但它勇猛善战，咬断了一条黑狗的喉咙，还咬断了一条黄狗的前腿，它自己的一只耳朵也成了大花狗的战利品。听到黑狈的呼救，它不顾一切地冲开包围圈，向黑狈赶来；狗们像苍蝇似的粘在它屁股后面，有的咬腿，有的咬屁股，大花狗则一口叼住了那条又粗又长的狼尾巴，拔萝卜似的拼命拔，坚决不让黄狼靠近黑狈。狗的战略战术很英明，把狼和狈分割包围，各个歼灭。黄狼狂嗥一声，呲牙咧嘴地回转身来，狗们像遭到轰赶的苍蝇，奔散开去，唯独波农丁养的那条大花狗，仍叼着狼尾巴不放；黄狼左转，大花狗也机警地跟着左转，黄狼右旋，大花狗也灵活地跟着右旋，始终躲在黄狼的背后，让黄狼屡屡咬空。黑狈叫得愈发凄厉了，黄狼无心恋战，或者说没兴趣再跟大花狗玩捉迷藏，大嗥一声，强行向黑狈的包围圈蹿去。我在望远镜里看得清清楚楚，黄狼的尾根爆出一团血花，大花狗嘴里衔着一根活蹦乱跳的狼尾巴。黄狼成了秃尾巴狼，但它好像忘了疼，也忘了要找仇敌报断尾之仇，闪电般地咬翻两条猎狗，冲到黑狈身边，趁狗群混乱之际，重新驮起黑狈，向乱石沟左侧一片野砂仁地仓皇逃窜。

这当然是徒劳的，才几秒钟工夫，溃散的狗群又聚拢在一起，凶猛地追了上来。黄狼驮着黑狈，逃到离野砂仁地还有二三十米的地方，就又被跑在最前面的大花狗缠住了，黄狼转身迎战，一蹦哒，黑狈就从它背上咕咚滚了下来。看来，黑狈负了很重的伤，都没有力气骑稳在黄狼背上。黄狼用身体挡住大花狗，扭头朝黑狈叫了两声，意思大概是让黑狈赶快逃命，它在后面掩护。黑狈拱动着身体，歪歪仄仄地向野砂仁地跑去，它的速度实在太慢了，慢得我都可以追上它。没等黑狈逃进野砂仁地，狗群就像潮水似的涌了上来，兵分两路，又把黄狼和黑狈分割包围起来。

这时，黄狼要是撇下黑狈，是完全有可能死里逃生的，我想，它虽然断了一条尾巴，少了一只耳朵，但并没受致命伤，精力还很旺盛，而且包围它的十几条狗畏惧它的勇猛和野性，不敢靠得太近，包围圈显得松松垮垮，很容易冲开缺口的。

果然，黄狼瞄准最弱的一只狗猛扑上去，利索地一口咬断狗脖子，其他狗被震慑住，一瞬间停止了扑咬，造成短暂的“静场”效果，它迅速突出重围，飞快向野砂仁地逃去。

我觉得黄狼早就该撇下黑狈独自逃命了。很明显，黑狈已成了黄狼的累赘和负担，黄狼是不可能把黑狈从猎狗的包围圈里救出来的，再待下去，只能是白白送掉自己的性命，成为黑狈的殉葬品。别说狼了，即使是人，即使是夫妻，在这样危急的关头，恐怕也难免撇下对方自己逃命的。我们老祖宗就留下过这样的古训：夫妻本是同林鸟，大难临头各自飞；何况它和它不过是狼和狈的关系，狼狈为奸，奸者，不忠也，也就是说没必要互相忠贞不贰。我觉得黄狼此刻独自逃命，不仅情有可原，还不用担心会受到良心的谴责或者说受到道德法庭的审判；它为黑狈做得已经够多的了，它为它两次重陷狗的包围圈，它为它牺牲了自己的尾巴，它已经算得上是仁至义尽了。

逃吧，你有权独自逃命的；逃吧，逃它个无所顾忌，逃它个无所牵挂；你只要逃进迷宫似的密匝匝的野砂仁地，就像鱼回到了大海，你就算捡回自己的小命啦！

黑狈那儿，包围圈越缩越紧，狗们一个接一个跳到黑狈身上，咬得天昏地暗，黑狈躺在地上，已无力朝狗反咬，脖子一抻一抻，呦欧——嘴腔喷出一口血沫，也喷出一声垂死的哀嗥。

已逃到野砂仁地边缘的黄狼像触电似的敛住了脚爪。

呦欧——呦欧——黑狈连续吐出带血的呻吟。

黄狼唰的一声回转身来。

唉，真是一匹糊涂狼！

黄狼刚刚转过身来，大花狗已追了上来，眼疾爪快，一爪子抓过去，把黄狼的一只眼睛抠了出来，像玻璃球似的吊在眼眶外，秃尾巴狼又追加成独眼狼。它惨嗥一声，仍奋不顾身地朝黑狈所在的位置冲击。狗们蜂拥而上，像蚂蟥似的紧紧叮在它身上，一眨眼，它就满身挂彩，被咬趴在地上，可它仍拖拽着压在它身上的七八条狗，顽强地朝黑狈爬去，爬了十几米，在地上画出一条长长的血痕……

这时，我们这伙猎人和文质斌斌的孙研究员从陡坎上艰难地走了下来，围着满身血污的黑狈瞧稀罕。不知是谁说了一句："这畜生还怀着崽呢！"我赶紧把视线移到黑狈的肚子，果然鼓鼓囊囊的，像只打足了气的篮球，一跳一跳地在抽搐，想来是里头的小生命还没死，还在顽强地律动。

"都说世界上没有狈，瞧瞧，我们不是打死了一只吗？登在报纸上，准轰动。"村长得意地说。

孙研究员瞟了黑狈一眼，一脚踹在它的大肚子上，不屑地撇撇嘴说："活见鬼，哪里有什么狈，是狼，是匹黑母狼！它的两只前爪是让什么东西咬掉的，所以短了一截。唉，白忙一场。"

我们大吃一惊，急忙仔细观看，果然，尖尖的嘴，蓬松的尾，坚挺的耳，模样和狼差不多，再看那两只短短的前腿，没有脚爪，茬口露出骨头，很明显，这不是一双天然的短腿，而是一双残废的腿。我突然想起三个月前波农丁的捕兽铁夹曾经夹住过两只狼的脚爪，莫非……波农丁把两只狼脚爪风干后当作避邪的护身符，外出狩猎都带在身边的，我让他拿出来，比试着安在黑母狼的前腿，毛色一样，粗细相同，长短合适，原物相配，确凿无疑。

闹了半天，所谓的黑狈，原来是匹残废的黑母狼！

我清晰地看到这样的情景：黄公狼和黑母狼住在森林里，它们相亲相爱，黑母狼怀孕了，日子过得很甜美。有一天，它们见到一条羊腿挂在一个黑色的框框里，黑母狼肚子饿了，张嘴就去咬，那黑色的框框突然“活”起来，夹住了它两只前爪，黄公狼帮它一起咬铁杆，狼牙咬崩了好几颗，还是无法把它的脚爪救出来，万般无奈，只好从膝盖处把两条前腿咬断；黄公狼并没嫌弃自己残废的妻子，它把已无法行走也无法打猎的妻子背在身上，风风雨雨，爬山涉水，至死不渝……

“沈石溪，”村长把我从幻觉中叫醒，指着躺在地上的黄公狼和黑母狼对我说，“你的母猪被它们咬死了，它们就归你了，也算是赔偿你的损失。趁它们身体还热乎，快剥皮吧。我们先回去了。”

山野只剩下我和两匹死狼，我假如剥下两张狼皮来，再把狼肉挑到集上当狗肉卖，大概能换回一头母猪来，可我没这样做。我挖了个很深的坑，先把黄公狼放下去，再抱起黑母狼，让它骑在黄公狼的背上，两只残废的前爪紧紧搂着黄公狼的脖子，两张狼脸亲昵地依偎在一起，然后用土把坑填实了；我觉得黄公狼把黑母狼背起来这个姿势，无论是生是死，是人是兽，都是很美丽的。

# 雌孔雀的恋情

在西双版纳靠近原始森林的村寨里，有许多人家都像养鸡一样在庭院里养绿孔雀。家鸡和孔雀同属雉科鸟类，生活习性相近，饲养的方式也大体相同，喂点谷米和蚂蚱蟋蟀之类的小昆虫就足够了。唯一不同的是，养孔雀的人家院子里要用石头砌一个小水池，因为孔雀很爱干净，晨起有汲水梳理羽毛的习惯。

我养了一雌一雄两只绿孔雀，雌孔雀头顶的冠羽为墨绿色，我称它为绿伞，雄孔雀头顶的冠羽为金蓝色，我称它为金鼎。

金鼎和绿伞很快成为一对恩爱夫妻，阳春三月，阳光明媚春风温煦，金鼎展开长长的背羽，俗称孔雀开屏，霎时间，院子里金光灿烂，一片辉煌。这是雄孔雀向异性求爱的拿手好戏，绿伞望着无数根孔雀毛组合成的那片奇异的色彩，眼光渐渐痴迷，像喝醉酒似的一摇一摆让金鼎拥进怀抱……

两个月后，绿伞孵出四只小孔雀，绒毛轻柔得像含羞草，整天跟随在妈妈身后，叽叽喳喳地叫唤觅食，十分可爱。

半个月后的一天早晨，我在屋后的荒草丛中方便，突然听见院子里传来绿伞咿嘎——咿嘎——尖厉刺耳的鸣叫声，显然，它遇到了迫在眉睫的麻烦。我顾不得拉屎才拉了一半，也来不及用手纸将身体的某个部位揩干净，跳起来，提着裤子就往院子里跑。从屋后到院门要绕半个院墙，隔着竹篱笆我看见，一只浑身漆黑的山猫，从屋顶跳下来，正张牙舞爪地向绿伞逼近。绿伞撑着翅膀，将惊慌失措的四只小孔雀护卫到自己的翅膀底下，一面紧张地往后退。

这时候，金鼎正站在和绿伞平行的水池子前。山猫倏地一下往前蹿跃，盯着绿伞扑咬，绿伞本能地摇扇翅膀想往金鼎身后躲藏，才迈出去一步，藏在它翼下的四只小孔雀就暴露出来，像无头苍蝇似的到处乱窜，绿伞立刻又回转身去，重新用翅膀把小宝贝们罩起来，可是，有一只颈部水红色的小孔雀大概是吓坏了，没往绿伞的翅膀底下钻，而是晕头转向地往金鼎身边逃去。黑山猫已经逼近了，绿伞偏着脑袋，呀呀呀急切地朝金鼎鸣叫，用意十分明显，是要拜托金鼎照看一下那只胡乱逃窜的红颈小孔雀。我那时候已赶到院门口，一面跑一面挥舞着拳头吼叫着企图将黑山猫吓唬走。山猫是一种机敏凶猛的食肉兽，几乎比普通家猫要大一倍，胆子大得出奇，敢偷袭母野猪身边的小野猪。这家伙抬头瞄了我一眼，大概是看出我手中没拿武器，也有可能是觉得能抢在我动手之前得到食物，竟对我的威胁置之不理，仍恶狠狠地向那只红颈小孔雀扑去。这时，红颈小孔雀已逃到金鼎身边，我看见，金鼎张开了翅膀，我想，它一定会用自己的翅膀把红颈小孔雀罩起来的，只要能坚持几秒钟，我就可跨进院子赶到水池边把黑山猫赶走或消灭掉。

红颈小孔雀尖叫着一头钻进金鼎的翅膀下，可是，金鼎并没敛紧翅膀进行护卫，而是双腿一蹬，翅膀摇扇，飞了起来，飞到了屋顶，还觉得不保险不安全，又一次起飞，飞到了院外一棵枝繁叶茂的大青树上。

可怜的红颈小孔雀，无处躲藏，被黑山猫啊呜一口咬死并吞进肚去。

绿伞呀——地发出一声凄厉的哀叫。

贪婪的黑山猫转身又朝绿伞扑去。绿伞用尖利的嘴喙和爪子勇敢地与黑山猫搏斗，它跳起来朝黑山猫又啄又撕，可惜，它终究不是穷凶极恶的黑山猫的对手，只一个回合，它的翅膀就被黑山猫咬了一口，被迫朝后退却。三只小孔雀在水池边的空地上叽叽惊叫着，陀螺似的在原地旋转。

黑山猫馋涎欲滴地舔着嘴唇，贼亮的眼睛盯着三只小孔雀。

这时，我已冲进院子，飞奔到屋檐下，摘下挂在土墙上的那张紫檀木做的硬弩，迅速上弦扣箭，冲到水池边，对准正要行凶的黑山猫扣动了扳机。嘣，野牛筋做的弩弦发出一声闷响，犀利的金竹箭从黑山猫的两眼之间穿了过去，黑山猫惨嚎一声，仰面朝天跌倒在地，呜呼哀哉了。

这里有个很重要的细节需要交代，当地男子都喜欢在木弩上粘贴各种鸟羽，既作为装饰，又显示自己打猎本领高强；我自然不能免俗，就捡了些孔雀换羽时掉的孔雀毛，粘在木弩上；木弩挂在墙上，远远望去，就像一只微型孔雀，我自己把这张木弩称为孔雀弩。

绿伞用一种感激的眼光望着我手中的孔雀弩，带着三只幸存的小孔雀走到我跟前，不是对我，而是对我手中的孔雀弩呀呀兴奋地叫着，还用嘴喙亲昵地啄啄木弩上的孔雀毛，好像要替它梳理羽毛似的。

这以后，我发现，雌孔雀没事的时候，老爱跑到我挂木弩的墙下去，抬头望着墙上的孔雀弩，呀呀轻声叫唤着，好像要把孔雀弩从墙上叫下来和自己一起玩。有一次，寨子里一辆新买的手扶拖拉机从我院子前开过，雌孔雀受了惊吓，没像以往那样带着已经会飞的三只小孔雀飞到屋顶去躲难，而是跑到那张挂在墙上的孔雀弩下面，就像跑进了避风港一样，不再惊慌害怕。

春去春回，转眼过了一年，又到了孔雀的繁殖期。雄孔雀金鼎开始向雌孔雀绿伞大献殷勤，在院子里找到一条蚯蚓，叼在嘴里，脑袋一伸一缩地送到绿伞面前，反反复复啄起又扔下，希望绿伞能与它共同分享，可绿伞宁肯跑到草丛里去吃草叶，也没兴趣去享用美味的蚯蚓。清早起来，当绿伞在水池边梳洗打扮时，金鼎便凑上前去，啄起一串串水珠，要帮绿伞梳理羽毛，可绿伞用一种轻蔑的神态瞥了金鼎一眼，一扭身躲开了。那天下午，阳光晒得大地暖融融，鸟语花香，温馨如梦，金鼎站在水池边，突然翘起了背羽，像拉开了巨大的折叠扇，宝石蓝的扇面上，布满了一圈圈金黄的环斑，集中了世界上最华美的色彩，整个院子熠熠生辉。我的眼睛都看呆了，可近在咫尺的绿伞却仿佛什么也没看见似的，无动于衷，继续埋着头在草丛里啄食草籽。金鼎又面朝着绿伞，有节奏地摇晃起身体，开屏的孔雀羽毛摇曳生姿，发出沙沙的摩擦声，金光四射，飘逸起一片梦幻般的色彩，绚丽夺目，美不胜收。就连拴在缅桂树下的老黄牛，都忘了咀嚼嘴里的草料，瞪着一双牛眼，直愣愣地望着金鼎发呆。美是一种诱惑，美是一种征服。我想，世界上没有哪只雌孔雀能抗拒这种美的。我想，绿伞很快就会收起矜持与傲慢，就像去年那样，羞答答地投入金鼎的怀抱。可我想错了，绿伞平静得就像一潭枯水，只顾吃草籽，连瞧都不瞧金鼎一眼。金鼎一面继续抖动比任何画都要美的背羽，一面双爪急促地刨着地面，激动地向绿伞靠拢过来。绿伞像遭到了侵犯似的转过身来，面对着金鼎，颈毛姿张，双眼喷着怒火，一副凌然不可侵犯的表情，呀呀短促地叫着，似乎在警告金鼎：你别胡来，不然，我就要不客气了！金鼎像被兜头浇了一盆冷水，如火的热情刹那间熄灭了，哗一声闭谢开屏的背羽，讪讪地跑开去。

绿伞这样做，未免太不近人情，太不懂感情了嘛，我觉得。

翌日晨，我在院子里铡马草，看见绿伞在水池边格外仔细地梳理好自己的羽毛，身上麻栗色的彩羽油光水滑，宛如一朵出水芙蓉，不，打扮得就像个花枝招展的新娘。它一步三摇地来到屋檐下，痴痴地望着我那张粘满孔雀羽毛的木弩，呀呀深情地叫唤着。我心里忍不住哆嗦了一下，产生了一种预感，这只雌孔雀，把感情投放到我的孔雀弩上了！预感果然应验，一阵风刮来，吹得木弩上的孔雀毛蓬松飘舞，就像一只微型孔雀开屏了一样；绿伞突然面色潮红，忸怩羞涩，表现出雌孔雀在开屏求偶的雄孔雀面前那种心旌摇曳心醉神迷的姿态来，翘着尾巴，仄着身体，在屋檐下像跳华尔兹似的旋转舞蹈，企盼着孔雀弩从墙上下来同它相会。没有生命因此也就没有感情的木弩自然不可能对绿伞的缠绵爱意有什么反应。风停了，木弩上的孔雀羽毛停止了飘舞颤动，绿伞也失望地停止了旋转舞蹈，可当风儿再起，木弩上的孔雀毛再次活跃起来时，绿伞又开始宣泄浓浓的爱意……

与一张没有生命的木弩爱恋，肯定是爱不出什么结果来的。为了能让绿伞再生下一窝雏孔雀，我必须阻止它这种不合常规的癫狂的爱。那天早晨，当它又来到孔雀弩面前搔首弄姿时，我走过去，从墙上取下弩来，当着它的面，一根一根将孔雀毛从木弩上扯下来，扔在地上。我慢条斯理地扯，脸上还带着嘲讽的微笑。哦，你看清楚了，这不是什么值得你爱的雄孔雀，而是一把普通的木弩！瞧瞧，我很容易就剥去了它的伪装，你现在该醒悟了吧！我每拔一根粘在木弩上的孔雀毛，绿伞就哆嗦一下，发出一声痛苦的哀鸣，就好像在拔它身上的毛一样。我也管不了那么多了，心想，让它现在痛苦一阵子，总比让它将来后悔一辈子要好。我把木弩上的孔雀毛拔了个干净，把木弩挂还墙上，再把地上的孔雀毛扫除掉，事情总算结束了，我松了口气。没想到，一连几天，绿伞见到我就喉咙里发出粗哑的嘎呀嘎呀声，一听就知道是一种刻毒的诅咒，还会冲上来凶猛地啄我的手，在它的眼里，我这双手拔掉了它所钟情的雄孔雀身上的毛，因此是罪恶的手。好几次我的手背被它啄出了血，我无心惩罚它，也不愿跟它计较，尽量躲着它一点，希望时间能愈合它心灵的创伤，慢慢能平静下来。同时，我细心地用猪油给金鼎擦了一遍羽毛，使得它开屏后羽毛亮灿灿像挂着无数只太阳，更加英俊潇洒，美艳绝伦，希望它因此能赢回绿伞的一颗芳心。可半个月过去了，绿伞对金鼎仍提不起丝毫兴趣，对我的诅咒也一刻没有停止。

那天中午，我犁田归来，隔着篱笆墙看见，绿伞站在屋檐下，望着墙上的木弩发呆。过了一会，它扭头用嘴衔住自己胯部的一根羽毛，脖颈用力一挺，活生生将那根羽毛拔了下来，然后，扑扇着翅膀飞起来，把那根羽毛往木弩上粘。可惜，没粘牢，羽毛飘到水沟里去了。它毫不气馁，又从自己背上拔下一根羽毛，再次跳飞起来往木弩上粘……有几根带血的羽毛靠着血的黏性，果真粘在木弩上了，它格外兴奋，呀呀叫着，毫不心疼地一嘴一嘴从自己的背上、胸部和腿侧拔下血淋淋的羽毛来，送给墙上的木弩。它是要还木弩一身美丽的羽毛，重新塑造一只理想中的雄孔雀！我想用暴力将它从屋檐下赶走，可又下不了手，但就这样听之任之，恐怕用不了几天，绿伞就会变成一只赤膊鸟的。没办法，那天晚上，我悄悄把孔雀弩从墙上摘下来，藏进房间的床底下。你的爱恋对象不辞而别，影踪全无，看你还能不死心？可是，好几天过去了，绿伞仍执迷不悟，从早到晚守在屋檐下，翘首凝望着曾经挂过木弩的那块墙，它食欲不振，面容憔悴，就像一个被拆散并隔绝在天涯海角的痴情女，盼望心上人早日归来，海枯石烂也不变心。

每次从屋檐下经过，看到绿伞那种丧魂落魄的期待，我就会觉得自己像个残忍地拆散美满姻缘的恶魔。没办法，我只好将木弩从床底下翻出来，粘上许多孔雀毛，重新挂到墙上去。我永远也不会忘记当我捧着孔雀弩从房间走出来时，绿伞的眼睛骇然一亮，兴奋得忘乎所以，呀呀嚣叫着，拼命往我身上扑……

这年春天，其他人家的雌孔雀都孵出了活蹦乱跳的小孔雀，而我的绿伞产下的四枚蛋却因为没被真正的雄孔雀爱过，永远也变不成小孔雀了。

唉，错误的恋情；唉，没有结果的恋情；唉，让人心碎的恋情。

# 【阅读提示】

## 与传统观念闹点摩擦

衡量一部文学作品的价值，无非两条标准：思想性和艺术性。思想深刻而艺术低劣的作品，当然谈不上是什么好作品，同样，一部作品思想平庸，即使艺术上有相当造诣，也谈不上是成功之作。

常有喜欢写作的青少年朋友来信问我，怎么才能让自己写出来的作品闪耀思想光芒？这是一个复杂的理论，长篇巨著也未必能讲清楚。文学作品的存在意义，就是认知别人还没有认知的真，感受别人还没有感受的善，发现别人还没有发现的美。比较讨巧的办法，就是与传统观念闹点摩擦。

这篇《狼“狈”》，就是与传统观念闹摩擦的结果。

在传统观念里，狼是一种害兽，仓颉造字时，就把“狼”字和“狠”字造得很相似，“狼”字不过比“狠”字多了一点，意思再明显不过了，多狠一点就是狼，狠出头了就是狼。可见从仓颉那个时代起，人们就憎恨狼。翻开成语词典，凡与“狼”字沾边的词条，什么“狼心狗肺”“狼子野心”“烽火狼烟”等等，无一不是贬义词。其中“狼狈为奸”这句成语，专指两个坏蛋互相勾结去做伤天害理坏事，在日常生活中出现频率很高。

要写狼和狈的故事，假如还是顺着传统的思维模式去写狼和狈如何互相勾结利用，如何狡诈凶残干尽坏事，故事编得再精彩，也无非是在炒精神冷饭，不会让人读了有心头一颤的感觉。要让狼和狈这个题材写出新意来，最有效的办法，就是打破“狼狈为奸”的思维定式，写出狼和“狈”鲜为人知的另一面。事实上，狼具有两面性，捕猎时凶残狠毒，家庭内部却团结友爱，一只公狼和一只母狼一旦结为夫妻，会长时间相伴厮守。我以“夫妻情”作为切入口，以一只受伤母狼替代传说中的“狈”，着力刻画它们相濡以沫、生死与共的缠绵爱情。这对受“狼狈为奸”这句成语影响而因此对狼和狈关系抱有很深成见的读者是一种振聋发聩的冲击。

与传统观念闹点摩擦虽然是使作品显出新意比较讨巧的办法，但使用这种手段特别要注意把握好分寸感。第一，是摩擦而不是对抗。不能传统观念认为黑的，你偏要说成白的；传统观念认为白的，你偏要说成黑的。简单的对立，只会显得矫揉造作，而伤害作品的可信度。第二，不能胡乱套用，也不能无限制地延伸。要选择有科学依据并符合情理的突破方向。站在观念的警戒线上，跨出合适的一步是迈向真理，多跨一步那就是走向谬误了。

# 第3堂课

## 狐狸的狡猾和聪慧

# 再被狐狸骗一次

我从上海下放到西双版纳当知青的第三天，就被狐狸骗了一次。

那天，我到勐混镇赶集，买了只七斤重的大阉鸡，准备晚上熬鸡汤喝。黄昏，我独自提着鸡，踏着落日余晖，沿着布满野兽足迹的古河道回曼广弄寨子。古河道冷僻清静，见不到人影。拐过一道弯，突然，我看见前面十几步远的一块乱石滩上有一只狐狸正在垂死挣扎；它口吐白沫，绒毛姿张，肩胛抽搐，似乎中了毒；见到我，它惊慌地站起来想逃命，但刚站起来又虚弱地摔倒了；那摔倒的姿势逼真得无瑕可击，直挺挺栽倒在地，咕咚一声响，后脑勺重重砸在鹅卵石上；它四仰八叉躺在地上，眉眼间那块蝴蝶状白斑痛苦地扭曲着，绝望地望着我。我看得很清楚，那是只成年公狐，体毛厚密，色泽艳丽，像块大红色的金缎子。我情不自禁地产生一种前去擒捉的欲望和冲动。那张珍贵的狐皮实在让我眼馋，不捡白不捡，贪小便宜的心理人人都有。再说，空手活捉一只狐狸，也能使我将来有了儿子后在儿子面前假充英雄有了吹嘘的资本，何乐而不为?

我将手中的大阉鸡搁在身旁一棵野芭蕉树下，阉鸡用细麻绳绑着腿和翅膀，跑不动飞不掉的。然后，我解下裤带绾成圈，朝那只还在苟延残喘的狐狸走去。捉一只奄奄一息的狐狸，等于瓮中捉鳖，太容易了，我想。我走到乱石滩，举起裤带圈刚要往狐狸的脖颈套去，突然，狐狸“活”过来了，一挺腰，麻利地翻起身，一溜烟从我的眼皮下窜出去。这简直是惊尸还魂，我吓了一大跳。就在这时，背后传来鸡恐惧的啼叫，我赶紧扭头望去，目瞪口呆，一只肚皮上吊着几只乳房的黑耳朵母狐狸正在野芭蕉树下咬我的大阉鸡；大阉鸡被捆得结结实实，丧失了任何反抗和逃跑的能力，对母狐狸来说，肯定比钻到笼子里捉鸡更方便。我弯腰想拣块石头扔过去，但已经晚了，母狐狸叼住鸡脖子，大踏步朝干涸的古河道对岸奔跑而去。而那只诈死的公狐狸兜了个圈，在对岸与偷鸡的母狐狸胜利会合，一个叼鸡头，一个叼鸡腿，并肩而行。它们快跑进树林时，公狐狸还转身朝我挤了挤眼，那条红白相间很别致的尾巴怪模怪样地朝我甩摇了两下，也不知是在道歉还是在致谢。

我傻了眼，啼笑皆非。我想捡狐狸的便宜，却不料被狐狸捡了便宜！

我垂头丧气地回到寨子，把路上的遭遇告诉了村长，村长哈哈大笑说："这鬼狐狸，看你脸蛋白净，穿着文雅，晓得你是刚从城里来的学生娃，才敢玩声东击西的把戏来骗你的。"我听了心里极不是滋味，除了失财的懊丧，受骗的恼怒外，还体味到一种被谁小瞧了的愤懑。

数月后的一天早晨，我到古河道去砍柴，在一棵枯倒的大树前，我闻到了一股狐臊臭。我用柴刀拨开蒿草，突然，一只狐狸嗖的一声从树根下一个幽深的洞里窜出来，吱溜从我脚跟前逃过去；红白相间的大尾巴，眉眼间有块蝴蝶状白斑，不就是用诈死的手段骗走了我大阉鸡的公狐狸吗？

这家伙逃到离我二十几米远的地方，突然像被藤蔓绊住了腿一样，重重跌了一跤，像只皮球似的打了好几个滚，面朝着我，狐嘴歪咧，咝咝抽着冷气，好像腰疼得受不了了；它转身欲逃，刚走了一步，便大声哀啸起来，看来是崴着了后腿，身体东倒西歪站不稳，一条后腿高高吊起，在原地转着圈。那模样，仿佛只要我提着柴刀走过去，很容易也很轻松地就能剁下它的脑袋。

我一眼就看穿它是故伎重演，要引诱我前去捉它；只要我一走近它，它立刻就会腰也不疼了，腿也不瘸了，比兔子还逃得快。想让我第二次上同样的当，简直是痴心妄想！我想，公狐狸又在用同样的方式对我行骗，目的很明显，是要骗我离开树根下的洞，这洞肯定就是狐狸的巢穴，母狐狸十有八九还待在洞里头；我猜测，和昨天一样，公狐狸用“装死”的办法把我骗过去，母狐狸就会背着我完成骗子的勾当；我手里没提着大阉鸡，也没其他吃的东西，它们究竟要骗我什么，我还不清楚，但有一点是确凿无疑的，它们绝对是配合默契地想再骗我一次；此时此刻，我偏不去追公狐狸，让骗子看着自己的骗术流产，让它体味失败的痛苦，岂不是很有趣的一种报复？

我冷笑一声，非但不去追公狐狸，还朝树洞逼近了两步，举起雪亮的柴刀，守候在洞口，只要母狐狸一伸出脑袋，我就眼疾手快地一刀砍下去，来他个斩首示众！一只阉鸡换一张狐皮，赚多了。

背后的公狐狸瘸得愈发厉害，叫得也愈发悲哀，嘴角吐出一团团白沫，还歪歪扭扭地朝我靠近了好几米。我仍然不理它。哼，别说你现在只是瘸了一条腿，只是口吐白沫，就是四条腿全都瘸了，就是翻起白眼仰躺在地上一动不动，也休想让我再次上当。过了一会，公狐狸大概明白它的拙劣的骗术骗不了我，就把那只吊起来的后腿放了下来，弯曲的腰也挺直了，也不再痛苦地转圈，蹲在地上，怔怔地望着我，眼光悲哀，呦——呦——尖尖的狐嘴里发出凄厉的长啸，显得忧心如焚。

焦急吧，失望吧，那是你自找的。你以为脸皮白净的城里来的学生娃就那么好骗吗？看你以后还敢不敢小瞧像我这样的知识青年！

公狐狸蹲在离我十几米远的草丛里，我举着柴刀蹲在树洞口，那只母狐狸蜷缩在幽深的树洞里，我们就这样僵持了约十几分钟。

突然，公狐狸声嘶力竭地嚎了一声，纵身一跃，向一棵小树撞去；它扑跃的姿势和平常不一样，四只爪子紧紧地勾在肚子上，头部暴露在前；咚的一声，它的半张脸撞在小树的树杆上，一只耳朵豁开了，右脸从眼皮到下巴被粗糙的树皮擦得血肉模糊；它站起来，又一口咬住自己的前腿弯，猛烈抖动身体，嗞的一声，前腿内侧和胸脯上被它活活撕下一块巴掌大的皮来，皮没有完全咬下来，垂挂在它的胸前，晃来荡去，殷红的血从伤口漫出来，把那块皮浸染得赤红，像面迎风招展的小红旗，那副样子既滑稽又可怕。

这只公狐狸，准是疯了，我想。我的视线被它疯狂的行为吸引住，忽视了树洞里的动静；只听见嗖的一声，一条红色的身影趁我不备从树洞里窜出来；我惊醒过来，一刀砍下去，自然是砍了个空。我懊恼地望去，果然是那只母狐狸，嘴里叼着一团粉红色的东西，急急忙忙在向土丘背后的灌木丛奔逃。奶奶的，公狐狸跟我玩了个苦肉计，我又上当了！

母狐狸窜上土丘顶，停顿了一下，把那团粉红色的东西轻轻吐在地上，这时我才看清原来是只小狐狸；小家伙大概还没满月，身上只长了一层稀薄的绒毛，像只泡在雾里的小太阳，在地上蠕动着；母狐狸换了个位置又叼起小狐狸，很快消失在密不透风的灌木丛里。

哦，树洞里藏着一窝小狐狸呢！为了证实自己的猜想，我趴在地上，将耳朵伸进洞口仔细谛听，里头果然有唧唧咿咿的吵闹声；我不知道树洞里究竟有几只小狐狸，狐狸一胎最少生三只，最多可生七只，通常一般生四五只；小家伙们本来是钻在母狐狸温暖的怀抱里的，母狐狸突然离去，它们感觉到了恐惧与寒冷，所以在用尖细的嗓子不停地叫唤，向它们的母亲讨取安全和温暖。

在我将耳朵伸进树洞的当儿，公狐狸呦欧呦欧叫得又急又狠，拼命蹦跳着，不断地用爪子撕脸上和胸脯上的伤口，弄得满身都是血，连眉眼间那块白斑都给染红了，那张脸活像京剧里的刀马旦。

我明白，公狐狸是要把我的注意力吸引到它身上去。我自己也不知道为什么，心里头堵得慌，有点不忍心再继续趴在树洞口，就站了起来。

公狐狸这才稍稍安静了些。唉，可怜天下父母心啊。

这时，土丘背后的灌木丛里，传来母狐狸呦儿——呦儿——的嚣叫声，那叫声尖厉高亢，沉郁有力，含有某种命令的意味。我看见，公狐狸支棱起耳朵，凝神谛听着，抬起脸来，目光沉重，庄严地望望天上的白云和太阳。突然，它举起一只前腿，将膝盖塞进自己的嘴，用力咬下去；我虽然隔着十几米，也清晰地听到骨头被牙齿咬碎的咔嚓咔嚓声，我觉得这是世界上最有害的噪音，听得我浑身起鸡皮疙瘩。不一会，那条前腿便被咬脱了骱，皮肉还相连着，那截小腿在空中晃荡，就像丝连着的一块藕。它好像还怕我不相信它会把自己的腿咬断似的，再次叼住那截已经折断了的小腿，用力撕扯，它的身体因为用力过猛而笨拙地旋转着，转了两圈后，那截小腿终于被它像拆零件似的拆下来了，露出白森森的腿骨，血喷射性地溢出来，把它面前的一片青草都淋湿了。它用一种期待的渴望的恳求的眼光望着我，一瘸一拐地往后逃却，似乎在跟我说：瞧，我真的受了重伤，我真的逃不快了，我真的很容易就会被你捉住的，来追我吧，快来追我吧！

我心里很明白，公狐狸现在所做的一切，从本质上讲仍然是一种骗术，它用残忍的自戕骗我离开树洞，好让母狐狸一只一只把小狐狸转移到安全的灌木丛去。但面对这种骗术，我虽然能识破，却无力抗拒；我觉得我站立的树洞前变得像只滚烫的油锅，变得像只令人窒息的蒸笼，我是一秒钟也待不下去了；我想，我只有立刻接受心脏移植手术，将我十七岁的少年的心，换成七十岁的奸商的心，或许还能面带冷静的微笑继续举着柴刀守在树洞口；我觉得有一股强大的力量在推着我，使我不得不举步向公狐狸追去。

公狐狸步履踉跄，一路逃，一路滴着血，逃得十分艰难。好几次，我都可以一刀腰斩了它，可我自己也说不清是一种什么原因，刀刃快喋到狐血时，我的手腕总是不由自主地朝旁边歪斜，砍在草地上。

公狐狸痛苦地哀嚣着，挣扎着，顽强地朝与树洞背离的方向奔逃，我紧跟在它的后面。我再没有回头去看树洞，不用看我也知道，此时此刻，母狐狸正紧张地在转移它们的小宝贝……

终于，灌木丛中传来母狐狸悠悠的嚣叫声，声调平缓，犹如寄出了一封报平安的信。公狐狸脸上露出了欣慰的表情，它调整了一下姿势，昂起头挺起腰，似乎要结束这场引诱我追击的游戏，刹那间“活”过来，飞也似的窜进灌木丛去与母狐狸和小狐狸们团聚；我也希望公狐狸能狡黠地朝我眨眨眼睛，摇甩那条红白相间的大尾巴，然后一溜烟地消失得无影无踪，可是，它只做了个要蹿跳的样子，突然栽倒在地，再也没能爬起来。

它的血流得太多了，它死了。

# 瞎眼狐清窝

红狐有清窝的习惯。所谓清窝，就是成年狐将满一岁半的小狐用暴力从窝巢驱赶出去，强迫它们离开家。教科书解释说，成年狐之所以要清窝，是为了减轻同一块领地的食物压力，腾出生存空间，好繁殖下一茬幼狐。一岁半的小狐独立生活的能力还不高强，一夜之间由父母疼爱的宠儿变成无依无靠漂泊天涯的流浪儿，有的找不到能遮挡风雨躲避天敌的适宜的窝，有的没本事猎到足够维持生计的食物，饥寒交迫，很快就夭折了。据动物学家的统计，小狐死亡率最高的就是被清出窝后的十天之内，大约有百分之三十的小狐在这段时间里死于非命。在我的印象里，红狐清窝，又自私又残忍，是一种很不人道的陋习。

时令已近仲春，又到了红狐清窝的时间，老林子里不时传来成年狐的低嚎和小狐的惨叫。但我想，住在寨后水磨房下的母狐蝴蝶斑是不会清窝的。

蝴蝶斑年轻貌美，额头上有一块十分醒目的蝶状黑斑，前年春天和雄狐灰背结成伉俪后，产下小雌狐黄胸毛和小公狐黑鼻头。蝴蝶斑本来算得上世界上最幸福的雌狐了，夫君身强体壮，儿女活泼可爱，水磨房下的窝巢安全可靠，夫妻和睦，食物丰盛，无忧无虑。谁知天有不测风云，狐也有旦夕祸福，两个月前的一天黄昏，我担着一挑麦子到水磨房去磨面，远远看见这家子狐排成一路纵队从水磨房下那只喇叭形的石槽钻出来，朝流沙河边的香蕉林走去；狐是昼伏夜行的动物，这家子狐是要外出觅食了。它们刚走到河滩的沼泽地，突然，芦苇里倏地蹿出一条巨蜥来。巨蜥是蜥蜴王国的“巨人”，足有三米多长，一口就咬住了走在最前面的雄狐灰背。那条和鳄鱼尾巴可以相媲美的大尾巴一个横扫，将走在雄狐灰背后面的小雌狐黄胸毛扫出一丈多远，直挺挺地躺在地上不会动弹了；走在最后面的母狐蝴蝶斑啸叫一声，不顾一切地朝巨蜥那张丑陋的脸扑去，想救出已落入巨蜥嘴里雄狐灰背，巨蜥举起利爪，迎面在蝴蝶斑的脸上狠狠抓了一把，蝴蝶斑惨嚣一声，跌倒在地，双爪护住脸，在地上打滚……

巨蜥衔着雄狐灰背，趾高气扬地爬进芦苇丛去了。

顶多一分钟的时间，一个美满的红狐家庭，便两死一伤。更不幸的是，母狐蝴蝶斑两只眼窝血汪汪的，眼睛被抓瞎了。

这以后，我好几次看见蝴蝶斑衔住小公狐黑鼻头的尾巴，就像盲人牵着竹竿一样，跟随着黑鼻头外出觅食。一只才一岁零两个月的小公狐，带着一只双目失明的瞎眼狐，是极难寻找到充足的食物的。它们有时候守在老鼠洞前用伏击的手段捉老鼠充饥，更多的时候是跑到我们曼广弄寨子后那片臭气熏天的垃圾场里，捡食人类抛弃的残渣剩饭，饥一顿饱一顿，落魄潦倒，艰难度日，母子俩很快就瘦得皮包骨头。

一只完全要依赖儿子生活的母狐，怎么可能清窝呢?

那天，我到水磨房去舂糯米粑粑。天快擦黑了，突然，听见水磨房下传来狐凶猛的嚎叫声，我朝喇叭形的石槽望去，看见母狐白尾尖脑门顶着小公狐黑鼻头的胸脯，冲到石槽口，猛烈一推，将黑鼻头从石槽推了出来。黑鼻头尖叫一声，抗议母亲的粗暴，爬起来抖抖身上的泥屑和树叶，拼命朝石槽里挤，想回温馨的窝。蝴蝶斑用身体堵住小小的石槽口，用牙和爪阻挡着不让黑鼻头回家。一个非要进，一个非不让进，在石槽口你推我撞，你撕我咬。这是颇为典型的红狐清窝的情景，我大感困惑，简直是不可理解，母狐蝴蝶斑把黑鼻头驱赶出家，等于在自杀；一只双目失明的瞎眼狐，别说抓野兔了，连腐尸也找不到的啊!

折腾到夜色深沉，双方都已筋疲力尽，黑鼻头觉得回洞无望，伤心而又愤怒地啸叫一通，含恨离去了。

回家后，我一夜没能合眼，心里老在想母狐蝴蝶斑干吗眼睛瞎了还要清窝，难道它愚蠢地以为，像它这样被巨蜥抓瞎了眼并破了相的母狐，腾空了窝巢后，还会吸引其他大公狐来与它同住，生儿育女，开创新的生活？第三天清晨，我出于好奇，又前往水磨房，想看看蝴蝶斑单独留在石槽里，是怎么生活的。

它卧在石槽口，两天没进食，蓬头垢脸，愈发憔悴了。

就在这时，石槽外的小路上，晃出一只大公狐的身影，油亮的皮毛，健美的四肢，四只脚爪白得就像是用冰雪雕成的，悠然自在地走着，一面走还一面呦呦轻声嚣叫着。春天既是狐的清窝时节，也是狐的发情季节，显然，白脚爪公狐正在寻觅合适的伴侣。它走到离石槽还有二十多米远时，突然停下来，耸动鼻翼使劲嗅闻了几下，两眼刹那间流光溢彩，艳红的狐毛陡然恣张开，像团灼灼燃烧的火焰，激动地长啸一声，朝石槽跑来。显然，它灵敏的嗅觉闻到了异性的气味，急不可耐地想喜结良缘了。

让我不可思议的是，母狐蝴蝶斑并未表现出相应的兴奋，相反，它的神色更加沮丧，把脸深深地埋进臂弯。

白脚爪公狐走到蝴蝶斑跟前，呦欧呦欧热情洋溢地啸叫着，蝴蝶斑却像块毫无知觉的石头，一动不动。白脚爪公狐情不自禁地伸出舌头，去舔吻蝴蝶斑的额头。蝴蝶斑大概被弄得有点不耐烦了，倏地抬起头来。一抹春光照在它的脸上，眼窝像小小的石灰窑，泛着死沉沉的白光，狐脸上刻着好几道伤疤，丑陋得不忍卒看。白脚爪公狐像被兜头浇了一盆冷水，恣张的绒毛闭谢下来，怪声怪气地啸叫一声，逃也似的离去了。

唉，雄性动物择偶也像人一样，讲究个青春美貌，谁会愿意要个累赘要个包袱呢？蝴蝶斑这副尊容，怕是白送给大公狐也没哪个敢要的。让我震惊的是，它好像也明白这一点，表情漠然，对白脚爪公狐的离去无动于衷。

唉，何苦要清窝呢？你留下小公狐黑鼻头，好歹还能衔住儿子的尾巴到森林里捉捉老鼠或捡食垃圾场里的残渣剩饭，母子相依为命，才能勉强活下去；现在你寸步难行，只好在空荡荡的窝里静静地等死了。

我相信，母狐蝴蝶斑现在一定后悔得要命。

天色渐渐亮了起来，我刚想离开水磨房到田坝去栽秧，突然，被朝霞照得亮晶晶的草丛里又钻出一只红狐来，尖尖的耳郭，玫瑰红的皮毛，瘦削的脸上长着一只漆黑的鼻头，嘿，不就是小公狐黑鼻头吗？

其它的狐家庭里，也偶然会发生小狐被清窝后没几天又重返旧家的事。小狐无法适应流浪儿的生活，无法忍受孤独的煎熬，也无法承受饥饿的压力，希望重新回到父母亲的身边来。但事与愿违，小狐满怀希望而来，往往是伤痕累累而去，成年母狐或者成年公狐决不会允许已被清窝的子女再回来的。在成年狐的观念里，把子女养到一岁半大，仿佛责任已经尽到头了，昨天还是疼爱不够的宝贝疙瘩，一经清窝，即成了毫不相干的陌生狐，哪怕小狐已饿得奄奄一息，它们也绝不会生出一丝一毫的怜悯和同情，它们个个都变得铁石心肠，会像对待私闯领地的侵略者一样，凶神恶煞地将重返旧家的子女咬得抱头鼠窜。对已被清窝的小狐来说，生活就是一场灾难，生活就是一场竞争，你必须独自去闯、去拼、去抢，去夺属于你自己的窝巢和领地，你没有退路，没有避风港，没有安乐窝；你是强者，你便拥抱生活，你是弱者，只能被生活无情淘汰。

但我想，母狐蝴蝶斑大概不会再次把小公狐黑鼻头驱赶出家了。就算清窝是红狐的一种生物习性，它也该采取灵活的态度，审时度势，加以改变；对一个生命来说，活下去，应该是最最重要的。

小公狐黑鼻头的身体蹭动着石槽前的蒿草，发出窸窸窣窣的声响，母狐蝴蝶斑听到动静后，耸动鼻翼嗅闻了几下，那张死气沉沉的狐脸刹那间变得鲜活，就像枯萎的花突然间被雨露阳光滋润了一样，显得生气勃勃。它双耳竖挺，不由自主地站了起来，冲动地从石槽口跨出半步，摆出一副迎接的姿势。显然，从它的内心来讲，它是在盼望等待黑鼻头回家。

黑鼻头快走到石槽口时，我才看清，它嘴里叼着一只小仓鼠；黑鼻头算得上是个有孝心的狐儿，知道双目失明的母亲没法觅食，回家给母亲送食来了。黑鼻头把小仓鼠叼到蝴蝶斑的唇吻下，大概是怕母亲感觉不到，甩动脑袋，用小仓鼠轻轻拍了拍蝴蝶斑的脸颊。蝴蝶斑已饿了两天了，早就饥肠辘辘，本能地迫不及待地一口咬住小仓鼠。我有一种如释重负的感觉，明摆着的，只要蝴蝶斑吃下小仓鼠，等于就默认黑鼻头有权重返旧家，再也不会重演清窝这样没名堂的事了。蝴蝶斑差不多已把整只小仓鼠吞进嘴里了，只留一条鼠尾巴还挂在嘴角外，突然，它如有所悟地停止了嚼咬，“噗”地一声把小仓鼠给吐了出来，好像这小仓鼠不是可口的食物，而是有毒的诱饵。黑鼻头献食心切，从地上捡起小仓鼠，再次送到蝴蝶斑的唇吻下。蝴蝶斑如临大敌般地尾巴平举，尖嚎一声，朝前一蹿，张嘴就朝黑鼻头咬去；来势凶猛，出其不意，黑鼻头没有防备，左耳朵被蝴蝶斑咬住了，疼得它呦呦惨嚣，拼命挣扎。可恶的蝴蝶斑，像对付不共戴天的仇敌一样，死死咬住黑鼻头的耳朵不放。嘶——黑鼻头的耳朵被撕开了一个豁口，变成了世界上独一无二的V型耳朵；它这才算从蝴蝶斑的嘴里挣脱出来，哀哀嚣叫着，逃离了水磨房。

蝴蝶斑布满白翳的眼窝对着黑鼻头逃跑的方向，呦呦呦瞎嚣一气，连我都听得出来，那是在向黑鼻头发出最严厉的警告：你倘若再回来的话，让你死无葬身之地！

为什么那么凶恶，那么残忍，那么不近情理？

奇怪的是，当黑鼻头逃得无影无踪后，蝴蝶斑像踩瘪的猪尿泡，瘫倒在地，缩成一团，有气无力地发出一声声凄凉的嚣叫。

隔了几天，我有事到水磨房去，看见蝴蝶斑早已停止了呼吸，却仍高昂着头，身体堵在石槽口。它的面前，堆着四只小仓鼠，毫无疑问，是小公狐黑鼻头辛辛苦苦捉到后送来给它吃的。可它直到饿死，也没动这些小仓鼠。我完全可以想象，它是在用拒食的办法向黑鼻头表明自己的态度：你必须出走！你不能返回旧家！

我一点也不同情蝴蝶斑，我觉得它死有余辜。

可我心里忍不住打了个大大的问号，要是红狐清窝果真像教科书上所说的那样是出于一种自私的动机，蝴蝶斑为自己的生存着想，也不该一而再再而三地将小公狐黑鼻头驱赶出去的。蝴蝶斑的行为和动机之间似乎存在着不可调和的矛盾，要么教科书上有关红狐清窝的解释有差错，要么蝴蝶斑是只自私到了疯狂变态程度的病狐，不然的话，我无法解释我所看到的一切。

二十年后，我从一位著名动物学家最新出版的一本研究红狐生态习性的专著中读到有关清窝的一段精辟论述：

> 狐清窝，类似人类的成年礼；对狐来说，是一种古老的不可逆转的习性。一岁半的狐，正站在幼年跨向成年的门槛上，这是一个塑造性格的关键年龄；统计数字表明，倘若这个年龄的小狐继续滞留在旧窝，滞留在母狐身边，就会造成永远无法补救的性格缺陷，带来终身性灾难；凡没被清过窝的小狐，都智力低下，交际能力低下，猎食技艺低下，长大后很难找到配偶，就算生儿

育女，后代的存活率也极低。可以这么说，狐清窝，顺应汰劣留良的竞争规律，接受大自然的筛选，具有进化意义上的好处。

这就是说，作为一只小狐，如果你在幼年跨向成年的转折关头没被清过窝，也就没经历过被驱逐出家的苦痛，也就没浪迹天涯的冒险，也就不会有用生命作抵押的开拓，也就不具备独立生活的生存能力。没被清过窝的狐，就像没淬过火的刀、没开过口的剑，永远也长不大，永远是个废物。

我脸红心跳，这才明白自己错怪母狐蝴蝶斑了：它之所以宁肯饿死也要把小公狐黑鼻头驱赶出家，正是为了不让自己的儿子成为窝囊废。

好一个蝴蝶斑，好一个母亲。

## 【阅读提示】

# 在反差中寻求艺术亮点

《再被狐狸骗一次》，是我二十多年写作生涯中，自己较为得意的短篇小说。几年前，这篇小说在台湾《民生报》首次刊出后，编辑部收到许多读者来信和来电，都说是流着眼泪读完这篇作品的。

这篇作品之所以能打动人心，我自己觉得，主要是反差效果起了作用。

在这篇小说中，公狐狸是个主要角色，开头写它的狡诈，如何用装死的办法骗走了“我”手里的鸡，但随着情节的展开，读者很快发现，这只狡猾的公狐狸却是一个对家庭充满责任心、为了狐妻和幼狐的安全不惜牺牲自己的好丈夫、好父亲。狡诈与忠贞，这两种反差很大的品性，却出现在同一个角色身上，会使人产生惊讶与感叹，引发阅读兴趣。另一个主要角色是“我”，一个从城市刚刚下放到农村的知识青年。在“我”这个人物身上，也设置了行为与心理的巨大反差。开始时，“我”对狡诈的公狐狸恨之入骨，发誓要以牙还牙，用柴刀劈死狐狸夫妻，以血洗所受的奇耻大辱。但随着情节的铺展，“我”却抛弃了复仇的念头，明知狡诈的公狐狸是再一次在行骗，却心甘情愿再被骗一次。由仇恨到怜悯，由杀戮到呵护，这种行为上的反差，心理上的转折，精神上的升华，自然会吸引读者一口气看下去。

所谓反差，就是前后有矛盾，就是前后不一致，就是塑造人物时，运用两种以上不同的色调。

假如在一张白纸上，再画上白的或近似白的颜色，画得再好也是白搭，显不出什么来。假如在一张白纸上，画上黑的或近似黑的颜色，便会产生强烈的视觉效果。

反差就是对比，反差就是摩擦，反差就是碰撞，自然而然会闪耀出艺术亮点。

试想一下，我当初写这篇小说的时候，没有考虑到人物的反差，将作品的前半部分砍去，不去写公狐狸的狡诈和“我”的愤懑并由此而产生的复仇心理，而是直接从“我”发现狐狸窝开始写起，虽然也可表现出公狐狸为了妻子和孩子舍生忘死的精神，但艺术冲击力肯定是要大打折扣了，绝对写不出催人泪下的效果来。

写小说，反差是塑造人物形象的有效手段。在反差中，人物会变得鲜活，形象会变得丰满。譬如写一个好人，虽然奉公廉洁，却因循守旧；譬如写一个坏人，虽然贪得无厌，却才气横溢。这样才能使人物有血有肉，凹凸有致。这也符合生活常理，在真实的生活中，绝对意义上的好人很少，绝对意义上的坏人也不多，大多是既有优点又有缺点的普通人。同样一个人，某种情景下表现得高尚，某种情景下表现得卑鄙，有时候大方，有时候自私，外表看上去很刚强，感情上却很脆弱，这才是活生生的人。

有一句古话说，文章似山不喜平。这是很有道理的经验之谈。写作，从某种意义上说，就是造山运动，把一段本来平淡无奇的生活，经过艺术构思，弄得波澜起伏，山峦沟壑形成反差，高原平地互相映衬，曲曲折折，弯弯绕绕，缠缠绵绵，藏藏掖掖，这样才能显出美来。

当然，运用反差手段，也要注意分寸。关键的一点，反差要协调，矛盾要自然。反差不是断裂，要讲究内在的连贯性，要符合生活逻辑和艺术逻辑，让人觉得合理可信。切忌生搬硬套，切忌牵强附会，切忌故弄玄虚。不然的话，就会闹出东施效颦的笑话来。

写作是漫长而艰苦的事业，贵在实践，贵在坚持。

# 第4堂课

## 人生就是一连串选择

# 天　命

## 一

惊蛰过后，老天爷下起一场鹅毛大雪，已朦朦胧胧泛起一片新绿的日曲卡山麓又跌回天寒地冻的冰雪世界。

雪花凄迷的天空，一只鹰拍扇着早就被雪尘濡湿了的翅膀，顶着刺骨的寒风歪歪扭扭飞着。这是只母鹰，暗褐色的颈项与脊背间混杂着一些细密的小白羽，像结了层晶莹的霜，名字就叫霜点。从清晨到中午，它沿着这条狭长的山谷来回飞巡觅食。遗憾的是，气候太恶劣了，天空中没有鹌鹑和野鸽的影子，树林里也望不见松鼠和兔子的踪迹。寒风、饥饿和失望折磨得它疲惫不堪。

飞临巨犀崖上空，突然，霜点锐利的鹰眼透过迷茫的雪，看见崖脚衰草掩遮的小石洞，有条两米长的眼镜蛇正缓慢地朝外游动，火红的蛇信子吞吐伸缩，在白雪的映衬下格外显眼。这是一条已蜕过七次壳的老蛇，金竹般粗，整个身躯布满黑白两色环带，颈部那对眼镜状斑纹呈棕灰色，苍老瘦削的躯干上有两块梅花状瘢痕，这也许是金雕的杰作，也许是蛇雕留下的纪念，也有可能是苍鹰烙下的疮伤，反正是猛禽留下的爪痕。刹那间，霜点忧郁的眼睛流光溢彩，一仄翅膀，从天空向地面划去一道漂亮的弧线。不知是它翅膀割裂气流的声响太大，还是狡猾的老蛇早有提防，还没等它俯冲到崖脚，柔软的蛇骨一阵蠕动，吱溜，老蛇缩回石洞去。洞口十分狭窄，它无法钻进去啄咬；石洞很坚硬，它的鹰爪也无法把洞口刨开。

它在蛇洞上空盘旋着，舍不得离去。蛇肉鲜美滋润，是鹰的上等佳肴；有两只饥肠辘辘的幼鹰正眼巴巴等着它回家喂食，它必须设法把这条该死的眼镜蛇捉住。

它飞着飞着突然翅膀一歪，仿佛饿晕了一般，歪歪地朝下飘落，一直落在蛇洞前。它在积雪和碎石间扭滚挣扎，呀呀嘶叫，好像已身负重伤奄奄一息。

它想把老蛇骗出洞来。

丛林中，食物动物相互为食的现象并非罕见。豹吃狼，但假如强壮的狼碰到病中的老豹，也会撕碎了吞吃干净。鹰和眼镜蛇也属于这种情况。一般来讲，鹰凭借能飞的优势，把蛇列入自己的食谱；但大蛇遇到因负伤或衰竭而倒地的鹰，也会毫不客气地当作自己的美餐。

霜点就想让龟缩在小石洞的眼镜蛇把自己视作可以毫不费力来捡食的一只垂死的鹰。

老蛇从幽深曲折的洞底游弋到洞口，三角形的蛇头在枯草间晃动，玻璃珠似的蛇眼闪烁着饥饿贪婪的光；扁扁的脖颈膨胀开来，蛇嘴张得老大，露出白森森的毒牙，下颚边垂挂着一丝透明的口涎。

来吧，别迟疑，莫彷徨；来吧，别犹豫，莫徘徊！

但老蛇却在洞口定格了，用疑虑重重的眼光久久打量着它。

霜点猛烈晃动身体，像在痛苦地抽搐，一只翅膀反扭到极限，颤抖着伸向天空，山风把翼羽吹得七零八落，像一块陈旧的黑幡。这是高难度的诈死动作，超一流的杰出表演，但愿能消除老蛇的怀疑。

也不知过了多长时间，密集的雪花盖在霜点身上，它变成一只臃肿的白鹰，冷得浑身发麻，可恶的老蛇仍凝然不动地待在洞口，那双蛇眼深沉老辣还有几分狡黠。

或许，富有丛林生活经验的老蛇感觉到了它体内旺盛的生命力；或许它身上有一种只要一息尚存就无法掩饰的猛禽的灵光，蛇类天生畏惧这种灵光；或许它表演得有点过火，反而弄巧成拙，使疑心很重的老蛇看出了蹊跷。

也有这种可能，曾经有一只猛禽也用类似方法欺骗过这条老蛇。那次老蛇上了当，被猛禽尖利的爪子抓上天空，后来不知出于一种什么原因，老蛇侥幸地从猛禽爪下逃脱，但躯干已被抓得皮开肉绽，吓得灵魂出窍，使老蛇牢牢地记着了这血的教训，所以，尽管饿得要死，也不敢轻易钻出来冒险。

也许，是多重原因的综合与归纳。

积雪差不多把霜点整个身体都掩埋起来了，再继续待下去，恐怕会弄假成真活活被冻僵冻死的。它无可奈何地长啸一声，倏地活转过来，扑扇翅膀升上天空。

## 二

刀砍斧削般笔陡的巨犀崖上，傲立着一棵苍老遒劲的璎珞松。树冠虬髯状枝丫间用各种兽骨、鸟羽、芦苇秆和黏性极强的红山泥搭建着一个硕大的椭圆形的鹰巢。这就是霜点的家。

它收敛翅膀，栖落在巢前那根粗如蟒蛇的横杈上。母性的心是十分敏感的，它刚在横杈上站稳，就感觉到异常。以往，它只要飞临璎珞松上空，巢内两只幼鹰听到熟悉的翅膀振动声，就会争先恐后地从巢洞伸出毛茸茸的脑袋，两张嫩黄的嘴喙竭力撑大，咿呀咿呀朝它发出嗷嗷待哺的尖叫。可是现在，巢内无声无息，安静得让它恐慌。嘎，它短促地啸叫一声；咿呀，过一会儿巢内才传来一声微弱的回应。它急忙弓起肩胛钻进巢去，昏暗的光线下，它看见两只幼鹰都萎靡不振地缩在角落。

那只名叫黑顶的幼鹰情况稍好些，虽然那双麻栗色的鹰眼已变得十分呆滞，但见它进来还能挣扎着站起来向它靠拢。那只名叫红脚杆的幼鹰情况非常糟，翅膀软耷耷拖在地上，细嫩的脖颈一会儿抻直，一会儿紧缩，站也站不起来，双眼半睁半闭，嘴壳微微翕动，发出若有若无的呻吟。

霜点是只有经验的母鹰，一看就知道，红脚杆是饿坏了。倒春寒，鬼门关，它已整整三天没觅到一点食物，小家伙已饿得支持不住了。它心里一阵隐痛，赶紧把红脚杆裹进自己的翼下，但愿自己的体温能缓解宝贝的饥饿，能驱解这彻骨的寒冷，能使宝贝恢复元气。

红脚杆在它的翅膀底下用嘴喙乱啄乱咬。

霜点身上除了融化的雪水和无法融化的忧伤外，什么也没有。

咿儿——红脚杆用嘶哑的嗓音在它翼下闷闷地叫了一声。这是饿极了的幼鹰对没能带回食物来的母鹰的责怪和埋怨。

霜点又伤心又委屈。三天来它早出晚归在风雪中翱翔觅食，差点没累死。为了能得到食物，它曾不顾一切地向伫立在悬崖边缘的一只狼崽发起攻击，企图将狼崽推下悬崖去摔死，但它的运气不佳，鹰爪还没落到狼崽身上，狡猾的母狼就频频朝天空扑窜噬咬，差点没咬断它的鹰爪。昨天黄昏，它铤而走险越过风雪丫口飞到百里外一个冒着袅袅炊烟的小村庄上空，想偷袭家禽。凡鹰都知道，捕捉人类豢的家禽等于在做死亡游戏。但为了能给两只幼鹰带回活命的食物，它毫不犹豫向一只正在屋檐下散步的花翎公鸡俯冲下去。还没等它降到屋顶，讨厌的牧羊狗就发现了它，朝天空狂吠乱吼。霎时间，芒锣当当，鼓声咚咚，牛角号呜呜，整个村庄喧闹起来，花翎公鸡逃进了桦皮树木屋，好几支猎枪朝天射击，霰弹打断了它的两根尾翎……

红脚杆在它翼下躁动了一阵，又渐渐安静下来，进入可怕的昏迷状态。

霜点已是第二次做母亲，去年它曾孵化出一只名叫白尾的幼鹰，绒毛刚长齐就遇上了罕见的黑风暴，也是几天没找到食物，结果活活饿死了。临死前，白尾也是翅膀奋落，细细的脖颈机械地一伸一缩。

霜点明白，假如再没有食物喂红脚杆，红脚杆怕是熬不到天黑了，巢外北风呼啸，阴霾的天穹乌云密布，雪花漫舞，到哪里去弄食物？蛇！看来只能重打崖脚下小石洞里那条眼镜蛇的主意了。

## 三

霜点焦躁不安地在巢前那根横杈上踱来踱去，心里掂量着是否该使用那个绝办法来对付崖脚那条该死的老蛇。

鹰是天之精灵，智慧远胜于一般的蓬间雀，当它在蛇洞前诈死失败后，就想到这个绝办法了。很简单，就是用一只幼鹰作诱饵，把老蛇从石洞里钓出来。

细皮嫩肉的幼鹰是眼镜蛇垂涎三尺的美食。鹰的巢一般都筑在高耸入云的山崖或大树上，不用担心虎豹豺狼的袭击，唯一须提防的就是眼镜蛇了。狡猾的眼镜蛇会趁着母鹰外出觅食的机会沿着绝壁爬上山崖，或顺着枝干爬上树梢，钻进鹰巢吞食毫无防卫能力的幼鹰。更有甚者，眼镜蛇在春夏交替的季节躲藏在鹰巢下的灌木丛里，那时节正值幼鹰练飞，常有身体单薄者在第一次试飞时歪歪扭扭跌落在地，眼镜蛇就突然从灌木丛里钻出来把幼鹰叼走。眼镜蛇看到幼鹰，犹如猫看到鼠，狼看到羊，豹看到鹿，不可能不动心的。更何况是一条被倒春寒困在石洞里已饿得眼睛发绿的老蛇。

霜点十分了解和熟悉蛇的品性，蛇在深深的地洞里蛰伏休眠了整整一个冬天，身体中储存的脂肪早已被消耗空了，惊蛰雷声一响，蛇从冬眠状态中醒来，便饥饿难忍，急着想觅食，没料到惊蛰刚过突然下起鹅毛大雪，蛇既然被惊蛰雷声惊醒，就不可能再继续休眠。它的脂肪在漫长的冬季消耗尽了，皮包骨头，更会感觉到奇冷无比。外头是冰雪严寒的世界，蛇是冷血动物，很容易被冻僵，不敢轻易出洞，就是出得洞去，也极难找到食物，很多蛇就这样被饿死了。

倒春寒对蛇来说，也是一场凶多吉少的磨难。

霜点心里有谱，只要使出这个绝办法，别说是蜕过七次皮的老蛇，即使是蛇精蛇怪蛇神蛇祖，也休想从它鹰爪下逃脱。然而，它还是下不了决心去这样做。这个绝妙的而且有绝对把握的办法同时又是个绝望而又绝情的办法，风险极大，做诱饵的幼鹰可说是九死一生。首先，它不能将充当诱饵的幼鹰平稳地送到蛇洞前的雪地里，那样的话，老蛇一眼就会识破圈套，让诱饵白白在雪地里挨一场冻，为了迷惑老蛇，它只能顺着山谷的气流无声地滑翔到蛇洞上方，在距离地面很高的天空上就把幼鹰扔下去，看起来像是淘气鬼自己失足从崖顶璎珞松上的鹰巢摔落下去的。幼鹰的翼羽还没长硬，还不会飞翔，从高空直线跌落，不折断骨腿，也会震伤内脏。就算有厚厚的雪层铺垫，幼鹰侥幸没跌伤，能闯过下跌这一关，危险也还一点没减少。它不可能陪伴在充当诱饵的幼鹰身边，也不可以在低空盘旋，它只能伫立在高高的璎珞松上等待。璎珞松与蛇洞上下垂直，老蛇才不会发现它在伏击。但璎珞松和地面相距起码十多丈高，天空又飘舞着雪花，迷茫混沌，要想叫老蛇不伤着幼鹰，实在是难上难的事。这很像人类的钓鱼，要想鱼儿咬钩，难免要牺牲挂在鱼钩上的蚯蚓。

可是除了这个绝办法，它霜点无法将饿晕了的红脚杆从死神的魔爪下救活。现在鹰巢里有两只幼鹰，这其实是道并不怎么复杂的算术题，二减一等于一；假如舍不得减去，只好是二乘零等于零，与其让两只幼鹰都饿死，当然还不如舍一保一。它别无选择，只好硬起心肠来做这道生命的算术题。

巢里两只幼鹰，一只是亲生的，一只是抱养的。具体地说，红脚杆是它含辛茹苦孵化出来的宝贝，而黑顶是母鹰黑灿的遗孤。

母鹰黑灿的巢就筑在山谷对面的角龙崖上。半个月前的一天，霜点飞到尕玛儿草原上空觅食，正巧黑灿也在那儿盘旋。突然，霜点发现在融化的残雪与腐草间有一只兔子在晃动，它刚想俯冲下去，黑灿比它快了一拍，已一斜翅膀向惊慌失措的灰兔扑了下去。霜点正在懊恼，思忖着该不该去夺，静谧的草原突然一声巨响，冒起一团蘑菇状的青烟，它看见黑灿翅膀一挺，在空中翻了个筋斗，像块石头一样笔直地坠落下去。原来那只灰兔是猎人的诱饵，可怜的黑灿死于非命，它吓得赶紧疾飞而去。

在回巢的路上，它经过角龙崖，听到黑顶在巢里咿呀咿呀叫，出于一种同类间的怜悯，它把黑顶抱回了自己的巢。

那时，寒冬已快过去，天气正在转暖，惊蛰雷声就要炸响，食物很快就会变得丰盛，它想，多辛苦一点，是有能力养活两只幼鹰的。

没想到会有这场白魔般的暴虐的倒春寒。

在亲生与抱养间选诱饵，没有那种割心还是割肝的为难与痛苦。当然，它将黑顶抱回巢来喂养已有半个多月，让黑顶去做诱饵，也于心不忍，也难舍难分，但这种感情与它同红脚杆亲生母子间的感情相比，毕竟淡薄许多，脆弱许多。它很快演算完这道生命的算术题。

## 四

霜点钻进巢去，来到黑顶身边，用一只翅膀推搡着，要把黑顶推出巢洞。

它想，它不该有任何犹豫的，让黑顶去做诱饵是顺理成章的事。这不能怪它狠心，假如不把该死的老蛇引出洞来，红脚杆就会饿死。黑顶也坚持不了多长时间，就会步红脚杆的后尘。它想，红脚杆饿成这个样子，黑顶是有不可推卸的责任的，假如没有黑顶，三天前逮到的那只金背小松鼠留给红脚杆单独享用，红脚杆也不至于会饿得虚脱。

可不知为什么，它推搡着黑顶，总觉得心里虚得很，仿佛在干一桩罪孽深重的盗窃勾当。

它想，它此刻没有必要去看红脚杆，只要专心致志地把黑顶推出巢去就行了。可不知怎么搞的，它一双鹰眼不知不觉骨碌一转又落到红脚杆身上去了，好像红脚杆身上有一种吸引它视线的特殊磁力。它安慰自己，它眼光滑到红脚杆身上，不过是想看看红脚杆是否从半休克状态中苏醒过来，是出于一种母亲的慈爱与关怀。可是它明白，自己想得很虚伪，自己滑向红脚杆的眼光其实是掂量鉴别遴选的眼光，还含有一丝邪恶歹毒。它被自己的举动和想法吓了一跳，赶紧把这不祥的眼光从红脚杆身上收回来，原封不动地转移到黑顶身上。

这种犹豫绝非出于道德上的顾虑。对鹰来说，生存就是最高道德，任何符合生存利益的行为都不会受到良心谴责。再说，即使用道德标准来衡量，它把黑顶推出巢去做诱饵也是无可非议的。要是它半个月前不把黑顶从角龙崖抱回来，黑顶早就离开这个世界了。失去了母鹰的供食、照料和庇护，羽毛未丰的幼鹰必死无疑。母鹰黑灿和它霜点没有任何血缘关系，不过是栖身在同一座山脉，翱翔在同一块蓝天的关系极平常的邻居，它对黑顶没有血亲间生死与共的责任和义务。黑灿也不是为救它而死的，黑灿的死和它毫不相干，自然牵涉不到临终托孤的信义问题。

霜点心里清楚自己为什么不想犹豫却偏还要犹豫：黑顶和红脚杆站

在一起一强一弱，差别太大了。

瞧黑顶，眼睛明亮爪子粗壮，小小年纪，腿羽已盖膝部；嘴喙尖利，尾羽细长，整个身体呈漂亮的流线型；背部的毛色已由浅棕转为灰褐，泛着一层釉光；飞翼的外基部已长出四根硬扎的黑羽，并镶着两条耀眼的白纹。对鹰来说，翼带白羽，超凡灵秀。更难得的是，黑顶脑壳上长着一撮漆黑的绒毛，微微凸起，如黑色云霓。鹰的学名叫黑耳鸢，耳羽黑褐色，这黑褐色越向头顶蔓延，越显示高贵与强健。雄鹰黑冠犹如皇帝加冕，将来无疑是出类拔萃的天之骄子。虽然已饿了三天，黑顶却还能站立起来，显示出顽强的生存意志和非凡的生命力。

瞧红脚杆，两只瞳仁一只色泽灰暗，一只在中央部位有一点可怕的白翳。与黑顶同龄，身上只盖着薄薄一层绒羽，翅膀还半裸着，模样丑陋。骨骼比黑顶瘦弱了整整一圈，尤其糟糕的是，脚爪呈半透明状的粉红色，红脚杆，捉鸡难，细小乏力，无法向猎物向天敌进行凌厉的搏击。三天前，当倒春寒刚开始时，它预感到会发生饥荒，就很偏心眼地将逮到的那只金背小松鼠分作四份，它和黑顶各吃一份，喂了红脚杆两份，尽管这样，还是早早就饿倒了。这说明红脚杆的生存意志和生命力都相当脆弱。

毫无疑问，黑顶是将来能八面威风搏击长空的雄鹰，而红脚杆只能是啄食老鼠与地狗子的庸鹰和草鹰。

假如黑顶也是自己亲生的幼鹰，霜点想都不会多想就把红脚杆送到蛇洞前去当诱饵。汰劣留良，这符合生存法则。然而它现在却要汰良留劣了。

不不，霜点惊恐不安地收回自己的思绪。它觉得自己不该犯糊涂的。一个是亲子，一个是养子，这才是最最重要的事实。就算黑顶将来能展翅万里，能扶摇九霄，能狼群觅食，能捕捉凶悍无比的扁颈蛇，但那是已故黑灿的骨肉，别人家的辉煌。就算红脚杆长得猥琐窝囊，像它父鹰秃脖儿那般没有出息，但那是它霜点的亲骨肉，自家的后代。

生命都是自私的，任何生命都酷爱自己的亲生后代，生命体只有通过血脉因袭基因遗传，才能获得永恒。

它不能再犹豫，天经地义该黑顶去做诱饵。

## 五

黑顶在霜点翅膀的驱使下，蹒跚着钻出巢洞，来到粗如蟒蛇的横杈上。凛冽的寒风吹得它摇摇晃晃，鹅毛般的雪片洒落在它还很稚嫩的脊背上，冷得它竦竦发抖。它本来已饿得有气无力，这时突然清醒活跃起来，小脑袋拼命拱动着，想钻回温馨的巢去。

霜点堵在巢洞口，就像关严了门。

黑顶大概感觉到不幸将降临在自己头上，悸动翅膀，咿呀哀叫，麻栗色的鹰眼射出哀怨凄凉的光，望望霜点，又望望天空。

霜点也凝望着天空。天空苍苍茫茫，除了纷迷的雪，什么也没有。要是有一只雄鹰在它身旁，它绝不会落魄潦倒到要用一只幼鹰的生命去交换一顿食物。雄鹰会和它比翼齐飞，互相配合从断崖上掠来狼崽，或从牧羊狗的眼鼻底下掳走花翎公鸡。雄鹰强有力的翅膀能剪断风、剪断雪、剪断困境、剪断危难、剪断悲苦、剪断笼罩在母鹰头上的乌云，剪出一片明亮的新天地。雄鹰是力量的象征，是生存的代名词。遗憾的是日曲卡山麓已经很久很久没有真正的雄鹰了。日曲卡山麓过去是有雄鹰的，翅膀像黑色闪电，啸叫声顶风能传十里，让豺狼见了都会心惊胆战的雄鹰。可是有一天，一只硕大无朋的银鸟轰隆轰隆怪叫着飞临日曲卡山麓上空，撒下一大片乳黄色的粉末，仿佛撒下了一个神秘莫测的谜，这一带的雄鹰数量锐减，质量下降。不，这一带从此就没有雄鹰了，只有最次等的公鹰。这是一种什么样的公鹰啊，简直就是长着鹰羽的鸡，骨骼比雌鹰单薄瘦弱，不是秃脖儿，就是红脚杆，再就是瞳仁上长着白翳的白眼儿。这些公鹰的寿命都短得可怜，往往刚当上新郎就做新鬼。它霜点的第一位丈夫，就是去年冬天在黑风暴中饿死的白尾的父亲，在它刚孵出白尾的第二天就被一阵不怎么厉害的旋风吹折双翼坠地而亡。而它的第二任丈夫，也就是红脚杆的父亲秃脖儿，命运就更惨了，一天清晨迎着阳光飞翔，突然就双目失明一头撞在崖壁上。而与这些长着鹰羽的鸡交配后繁殖出来的后代，凡是公的，都秉承了单薄瘦弱猥琐丑陋渺小病态的遗传基因。

这是退化的变异，种气的衰微。

唉，要是当初自己能像黑灿那样坚毅勇敢就好了，霜点想，亲子就不会是红脚杆而是健康强壮头顶长着皇冠般绒羽的小雄鹰了。

去年春末当寻找配偶的季节来临时，黑灿对长着鹰羽的鸡们不理不睬，振翅飞向远方，融化在地平线尽头一片炫目的阳光里。半个月后，黑灿才带着满足与自信风尘仆仆飞回日曲卡山麓，产下一枚蛋，孵化出了黑顶。霜点不清楚黑灿这半个月究竟去了哪里，也许去了梅里雪山，也许去了玉龙雪山，也许去了碧罗雪山，但有一点霜点是明白的，黑顶是远方雄鹰的种，是新的混血，新的杂交，新的品系。

霜点突然明白了自己为什么在黑灿不幸罹难后毫不犹豫地将黑顶抱回来喂养。它渴望日曲卡山麓鹰的家族繁荣兴旺，它渴望逶迤的山脉宽广的天空有真正的雄鹰颉颃飞翔。在黑顶身上，寄托着它的思慕与企盼，理想和追求，寄托着它作为年轻的母鹰所做的五彩的梦。

不不，它想，它去年冬天已失去了白尾，今年冬天无任如何不能再失去红脚杆。它将一只爪子踩在黑顶背上，它要把它踩趴下，这样就可以用双爪将它搂住起飞，送往蛇洞前。

吱溜，黑顶朝前猛地一拱，从它胯下的豁口钻回巢去。

霜点回转身，想重新逮住黑顶。

巢内的一隅，黑顶与红脚杆挤在一起，就像鹰和鸡站立一排。

不不，母不嫌儿丑，红脚杆是它的心肝宝贝。

你要一代天骄，还是要一只长着鹰羽的鸡?

没有雄鹰的天空，是寂寞的天空，灰暗的天空，没有灵性的天空，缺乏盎然生趣的天空!

突然，霜点将双眼闭紧，走进巢去胡乱摸索。它觉得自己精神快崩溃了，无法再理智地选择，那就让命运来抉择吧，听天由命，摸着谁就是谁去做诱饵!

它的双爪搂住一个柔软的物体，它搂着那物体滚出巢去，它展翅飞离璎珞松，它顺着山谷强大的气流飘到蛇洞上方，它松开了双爪，它睁开了眼。

不不，它舍不得让亲子去做诱饵，它的本意要把黑顶扔下去的。它想换一换，可是，已经来不及了。啪，蛇洞前的雪地传来物体砸地的声响，扬起一团轻烟似的雪尘，还传来红脚杆从昏迷状态中跌醒后的挣扎与惊叫。

## 六

跟预料的差不多，霜点伫立在璎珞松横杈上，过了一会儿，老蛇嘶嘶吐着火红的信子从小石洞里蹿了出来，红脚杆骇然尖叫。

当蛇尾游出洞口后，霜点缩紧翅膀从高高的璎珞松一头扎了下去。这动作对鹰来说相当危险：鹰不是鹗，习惯直线下降；鹰骨骼较大，平时俯冲都要适度撑开翅膀有个旋转角度，不然的话，有可能会在空中失去平衡，身体像石头坠落。霜点不顾一切地像鹗扎进水里捉鱼那样扎下去，是想抢在老蛇的毒牙咬到红脚杆之前自己的双爪能攫住蛇身。只要有一丝可能使红脚杆蛇口余生，它就要竭尽全力去争取，希望既能捉住老蛇，又能保全红脚杆。

老蛇的反应比它想象的更敏捷，在它从横杈扎下去的瞬间，抬头瞥了一眼，细长的蛇身扭了扭，似乎要蹿回石洞去。嘎呀——霜点在半空中发出一声尖啸。它巴望老蛇能回蹿。它扎下去的落点就在石洞口，老蛇的动作再快也绝不可能抢在它落地前蹿进并缩回小石洞的。极有可能蛇头刚蹿进洞口，它的鹰爪也同时落地，可以不费事地就抓准老蛇致命的七寸。关键是老蛇一回蹿，就无暇去咬红脚杆了。

但老蛇只是扭了扭身体，并没按霜点的意愿转身回蹿，这条眼镜蛇一定经过无数次劫难，老辣得快变成蛇精了。它在极短的瞬间就明白自己中了圈套，并已陷入绝境；除非蛇身上长出翅膀，不可能抢在霜点封住退路前缩回小石洞的。它放弃了逃命的企图，细长的蛇身子弓动起伏，闪电般蹿向正在前面雪地上挣扎悸动的红脚杆。

千刀万剐的老蛇，晓得自己无法逃脱变成鹰食的厄运，索性破罐子破摔，临死也要赚个垫背的。

霜点坠落到离地面一丈的高度，猛地撑开翅膀，做了个短暂的滑翔。它降落在洞口，冲力太大，一个趔趄摔倒在地。它一秒钟也不敢耽误，就尖啸着跳跃着扑向老蛇。

老蛇头都不回，朝前猛蹿猛咬。

霜点顾不得调整姿势，也顾不得在地面扇动巨大的翅膀会拍断宝贵的翼羽，劈啪劈啪狠命摇动飞翼，身体腾升起来，一只铁钳似的鹰爪狠狠朝老蛇抓去。

可惜，已经迟了，老蛇已一口咬中红脚杆裸露的肩胛。咿——红脚杆发出最后的绝望的哀叫。老蛇还想咬第二口，霜点一只爪子抓住蛇腹，一只爪子抓住蛇脖，将老蛇攫上天空。

老蛇在鹰爪下徒劳地蠕动。

霜点一次一次升上天空，一次一次将老蛇往下扔，直到老蛇摔得像团烂草绳……

霜点将死蛇叼回瓔珞松上的鹰巢。它撕一片蛇肉塞进黑顶的嘴，就残忍地从黑顶的背上啄下一片羽毛。

记住，这是用血的代价换来的救命食物！

红脚杆死了，你理应为它祭洒几滴热血！

黑顶拼命吞咽着蛇肉，不叫唤不躲避也不呻吟，任凭霜点撕扯着自己身上的羽毛。

山风灌进巢洞，带血的鹰羽飘舞飞旋。

## 七

几个月后一个夏天的清晨，一只头顶长着一撮皇冠般黑羽的年轻的雄鹰追逐着草滩上一只惊慌失措的野兔。它黑褐色的双翼间有一道醒目的白羽，犹如挂着一条云带。它的投影在地面迅疾移动，像一张黑色的网，紧紧笼罩在野兔身上。突然，野兔在草地上打了个滚，仰躺在地，两条细长有力的后腿紧缩腹部。这是野兔家族用来对付来自天空袭击的祖传绝招——兔子蹬鹰，十分厉害，往往把鹰蹬得皮开肉绽羽毛飘零，负伤而逃。

巨犀崖那棵古老的瓔珞松上伫立着一只神情有点憔悴的母鹰。母鹰的视线一刻也没离开年轻的雄鹰。当看到野兔翻身仰躺，母鹰冷凝的眼神刹那间流露出一抹焦虑与不安。

年轻的雄鹰不慌不忙飞临野兔头顶，伸出一双爪子虚晃了两下。野兔两条后腿拼命朝天空踢蹬，却蹬了个空；年轻的雄鹰已从野兔头顶掠过，野兔翻身爬起，一溜烟朝右侧一片灌木丛蹿去，年轻的雄鹰早有准备，猛地偏仄翅膀，在低空潇洒地一个急拐弯，拦住了野兔的去路，一双紫褐色的遒劲有力的爪子闪电般刺进野兔背脊的肋骨。野兔尖叫着还往灌木丛蹿，企图把雄鹰拽进密匝匝的灌木，让锋利的荆棘割断鹰翼。雄鹰奋力拍扇巨大的翅膀，草滩上拔地而起一道黑色的虹，年轻的雄鹰气宇轩昂扶摇直上，野兔四肢腾空在鹰爪下徒劳挣扎。太阳升上日曲卡山峰，照耀着山顶终年不化的积雪。年轻的雄鹰昂着头，双眸炯炯，显得英气勃发。山风吹拂着它身上光滑如锦的羽毛，嘎嘎嘎嘎，它兴奋地朝初升的太阳甩去一串高傲的尖啸，声音洪亮饱满，富有青春的韵味和弹性，在静谧的山谷间跌宕回荡。它矫健的身影在霞光里划出一道道粗犷的弧线，音单寂寞的天空变得热闹而辉煌。

久违了，日曲卡山麓的雄鹰。

久违了，一代天骄。

嘎呀——伫立在璎珞松上的母鹰发出一声混含着甜蜜与苦涩、欣慰与忧伤的长啸。

# 【阅读提示】

## 鹰飞海峡

《天命》写一只母鹰为了蓝天白云有真正的雄鹰展翅，不得不忍痛将自己亲骨肉做诱饵捕捉一条老蛇的故事。曾获台北《民生报》、北京《东方少年》、河南海燕出版社联合举办的一九九二年海峡两岸少年小说、童话征文少年小说组佳作奖。这篇小说仅一万余字，却是我动物小说创作具有里程碑意义的一篇作品。从《天命》开始，我的动物小说源源不断变更成繁体字，被介绍到台湾。我是作品被引入台湾最多的大陆作家。几乎我所有的动物小说，都有繁体字版。

台湾是祖国的宝岛，也是我动物小说创作的风水宝地。

这篇动物小说，在表现手法和主题立意上，似乎都与传统动物小说有所背离。在从西方引进的经典动物小说里，没有哪位作家，会用大段大段的心理描写来塑造他笔下的动物；而在《天命》里，那只名叫霜点的母鹰，却有复杂的思想感情和心理活动，且有大段大段的心理描写。那些传统的动物小说，通常都是展示动物的生存状态，或者从人的角度，描写动物的本能行为，很少会有意识的在作品里表达深刻的社会伦理或人生哲理；而在《天命》里，母鹰霜点无疑有着强烈的使命感，亲手将自己的孩子送上了理想的祭坛，所蕴含的牺牲小我成全大我的哲理主题，在西方动物小说里是极难找到的。

我自己的感觉，由于无所顾忌地将笔触深入到动物角色的内心世界，我写得游刃有余，酣畅淋漓。读者给我的反馈意见，也是读得激情澎湃，热血沸腾。

我觉得，动物小说创作，应该留给作家更宽裕的实验和创新空间。生命写真是一种写法，行为揭秘也是一种写法，用动物的眼光观摩人类社会是一种写法，用人类的眼光探究动物世界也是一种写法。

国外有许多动物专题片，拍得极有震撼力，动物学家与摄影家组合在一起，花几年甚至十几年时间，在非洲丛林跟踪拍摄一种动物，非常直观非常细腻、非常准确地记录动物真实生活状态。比如说拍摄一个狮子家庭，从幼狮出生一直拍摄到它衰老死亡，整个过程用清晰的画面告诉观众。再优秀的动物小说家，恐怕也很难用自己的文字作品做到这一点。

国外优秀摄影师，不仅能拍到野生动物的日常生活场景，拍摄到它们求偶繁殖及生老病死，还能将镜头深入它们的心灵，拍出它们微妙的情感世界。例如有一部描写非洲鼬猫生活的电视片，里头有这样一个情节，在一场旱灾中，鼬猫父母都死了，只剩下两兄妹，为了活命，两兄妹被迫迁移到别的地方去。途中妹妹也不幸饿死了，害怕孤单的哥哥三次跑过去试图让妹妹站起来，妹妹永远不会醒来了，哥哥叼起一根树枝盖在妹妹身上，想替妹妹挡住暴晒的烈日。任何文字的描写都无法写出那种震撼的亲情。

动物小说创作只能扬长避短，在摄像机镜头够不着的死角地带，施展自己的艺术本领，拓展自己的艺术空间。我认真思考过这个问题，动物小说想要获得长久生命，必须是影视无法取代的一种戏剧性的东西，一种强烈的命运对照，一种鲜为人知的动物习性。这种动物习性正好跟人类某种社会习俗契合；不是矫揉造作地拼凑，不是牵强附会地类比，也不是生拉活扯地连接，而是非常自然地契合在一起。影视拍不出这些东西，只有文学描写才能达到这样的境界。

强化艺术构思，增加文学含量，更深层次对照和映衬人类社会，这也许是动物小说生存发展的必由之路。为了达到这样的艺术效果，即使对所谓的动物小说的纯粹性有所割舍和牺牲，也是值得的。

# 第5堂课

## 把希望留给后代

# 斑羚飞渡

我们狩猎队分成好几个小组，在猎狗的帮助下，把这群斑羚逼到戛洛山的伤心崖上。

斑羚又名青羊，形似家养山羊，但颌下无须，善于跳跃，每头成年斑羚重约六七十斤。被我们逼到伤心崖上的这群斑羚约有七八十只。

斑羚是我们这一带猎人最喜爱的猎物，虽然公羊和母羊头上都长着两支短小如匕首的尖利的羊角，但性情温驯，死到临头也不会反抗，猎杀时不会有危险；斑羚肉肥腻细嫩，是上等山珍，毛皮又是制裘的好材料，价钱卖得很俏。所以，当我们完成了对斑羚群的围追堵截，猎狗和猎枪组成了两道牢不可破的封锁线，狩猎队的队长，也就是曼广弄寨的村长帕珐高兴得手舞足蹈："阿罗，我们要发财了！嘿，这个冬天就算其他猎物一只也打不着，光这群斑羚就够我们一年的酒钱啦！"每位猎人都红光满面，脸笑成了一朵花。

对付伤心崖上的斑羚，好比瓮中捉鳖。

伤心崖是戛洛山上的一大景观，一座山峰，像被一把利斧从中间剖开，从山底下的流沙河抬头往上看，宛如一线天，其实隔河对峙的两座山峰相距约六米左右。两座山峰都是笔直的绝壁，到了山顶部位，都凌空向前伸出一块巨石，远远望去，就像一对彼此倾心的情人，正要热情地拥抱接吻。之所以取名伤心崖，是有一个古老的传说，说是在缅桂花盛开的那一年，有个名叫喃木娜雅的仙女看中了一个年轻猎人，偷了钥匙从天庭溜到人间与年轻猎人幽会，不幸被她保守的丈夫发现，仙女的丈夫突施妖法，将俩人点为石头。

这群斑羚走到了伤心崖，算是走上了绝路。往后退，是咆哮的狗群和十几支会喷火闪电的猎枪；往前走，是几十丈深的绝壁，而且朝里弯曲，除了壁虎，任何生命都休想能顺着倒悬的山壁爬下去，一旦摔下去，不管是掉在流沙河里还是砸在岸边的沙砾上，小命都得玩完；假如能跳到对面的山峰上去，当然就绝路逢生转危为安了，但两座山峰最窄的地方也有六米宽，且两山平行，没有落差可资利用；斑羚虽有肌腱发达的四条长腿，极善跳跃，是食草类动物中的跳远冠军，但就像人跳远有个极限一样，在同一个水平线上再健壮的公斑羚最多也只能跳出五米的成绩，母斑羚、小斑羚和老斑羚只能跳四米左右，能一跳跳过六米宽的山涧的斑羚堪称超级斑羚，而超级斑羚还没有生出来呢。

我们将斑羚逼进伤心崖后，围而不打，迟迟没放狗上去扑咬，也没开枪射击，这当然不是出于怜悯，而是担心斑羚们被我们逼急了，会不顾三七二十一集体坠岩从悬崖跳下去的；它们跳下去假如摔在岸上，当然节省了我们的子弹，但不可能个个都按我们的心愿跳得那么准，肯定有许多落到流沙河里，很快就会被湍急的河水冲得无影无踪。我们不想让到手的钱财再流失，我们要一网打尽。

村长帕珐让波农丁带五个人到悬崖底下的流沙河边去守着，负责在岸上捡拾和从水里打捞那些山顶跳下去的斑羚。

从伤心崖到流沙河，地势很陡，要绕半座山才下得去，最快也要走半小时。村长帕珐和波农丁约定，波农丁到了悬崖底下后，吹响牛角号，我们就立即开枪，同时放狗去咬。

我仍留在伤心崖上。我埋伏的位置离斑羚群只有四五十米，中间没有遮挡视线的障碍，斑羚们的一举一动都看得一目了然。

开始，斑羚们发现自己陷入了进退维谷的绝境，一片惊慌，胡乱窜逃，有一只母斑羚昏头昏脑竟然企图穿越封锁线，立刻被早已等得不耐烦了的猎狗撕成碎片。有一只老斑羚不知是老眼昏花没测准距离，还是故意要逞能，竟退后十几步一阵快速助跑奋力起跳，想跳过六米宽的山涧去，结果可想而知，它在离对面山峰还有一米多的空中做了个滑稽的挺身动作，哀咩一声，像颗流星似的笔直坠落下去，好一会儿，悬崖下才传来扑通的水花声。

可惜，少了一张羊皮，少了一锅羊肉。

过了一会，斑羚群渐渐安静下来，所有的眼光都集中在一只身材特别高大毛色深棕油光水滑的公斑羚身上，似乎在等候这只公斑羚拿出使整个种群能免遭灭绝的好办法来。毫无疑问，这只公斑羚是这群青羊的头羊，它头上的角比一般公斑羚要宽得多，形状像把镰刀，姑妄称它为镰刀头羊。镰刀头羊神态庄重地沿着悬崖巡视了一圈，抬头仰望雨后天晴湛蓝的苍穹，悲哀地咩了数声，表示自己也无能为力。

斑羚群又骚动起来。这时，被雨洗得一尘不染的天空突然出现一道彩虹，一头连着伤心崖，另一头飞越山涧，连着对面那座山峰，就像突然间架起了一座美丽的天桥。斑羚们凝望着彩虹，有一头灰黑色的母斑羚举步向彩虹走去，神情缥渺，似乎已进入了某种幻觉状态。也许，它们确实因为神经高度紧张而误以为那道虚幻的彩虹是一座实实在在的桥，可以通向生的彼岸；也许，它们清楚那道色泽鲜艳远看像桥的东西其实是水汽被阳光折射出来的幻影，但既然走投无路了，那就怀着梦想与幻觉走向毁灭，起码可以减轻对死亡的恐惧。

灰黑色的母斑羚的身体已经笼罩在彩虹炫目的斑斓光谱里，眼看就要一脚踩进深渊去。突然，镰刀头羊咩——发出一声吼叫，这叫声与我平常听到的羊叫迥然不同，没有柔和的颤音，没有甜腻的媚态，也没有绝望的叹息，音调虽然也保持了羊一贯的平和，但沉郁有力，透露出某种坚定不移的决心。

事后我想，镰刀头羊之所以在关键时刻想出这么一个挽救种群生存的绝妙办法来，或许就是受了那道彩虹的神秘启示，我总觉得彩虹那七彩光斑似乎与后来发生的斑羚群的飞渡有着一种美学上的沟通。

随着镰刀头羊的那声吼叫，灰黑色母斑羚如梦初醒，从悬崖边缘退了回来。

随着镰刀头羊的那声吼叫，整个斑羚群迅速分成两拨，老年斑羚为一拨，年轻斑羚为一拨。在老年斑羚队伍里，有公斑羚，也有母斑羚，身上的毛色都比较深，两支羊角基部的纹轮清晰可见；在年轻斑羚队伍里，年龄参差不齐，有身强力壮的中年斑羚，有刚刚踏进成年行列的大斑羚，也有稚气未脱的半大斑羚。两拨分开后，老年斑羚的数量显然要比年轻斑羚那拨少得多，大概少十几只。镰刀头羊本来站在年轻斑羚那拨里的，眼光在两拨斑羚间转了几个来回，悲怆地轻咩了一声，迈着沉重的步伐走到老年斑羚那一拨去了；有七八头中年公斑羚跟随着镰刀头羊，也自动从年轻斑羚那拨里走出来，归进老年斑羚的队伍。这么一倒腾，两拨斑羚的数量大致均衡了。

我看得很仔细，但弄不明白这是怎么回事。以年龄为标准划分出两拨来，这些斑羚究竟要干什么呢？

“波农丁这个老酒鬼，爬山比乌龟还爬得慢，怎么还没到悬崖底下？”村长帕珐小声咒骂道。他的两道剑眉拧成了疙瘩，显出内心的焦躁和不安。

村长帕珐是位有经验的猎手，事后我想，当时他一定已预感到会发生惊天动地的不平常的事，所以才会焦躁不安的，但他想象不出究竟会发生什么事。

我一面观察斑羚群的举动，一面频繁地看表，二十分钟过去了，二十二分钟过去了，二十五分钟过去了……按原计划，如果一切顺利的话，顶多再有三五分钟，悬崖底下就会传来牛角号闷沉的呜呜声，伤心崖上十来支猎枪就会喷吐出耀眼的火光。

这将是一场辉煌的狩猎，对人类而言。

这将是一场灭绝性的屠杀，对这群斑羚而言。

就在这时，我看见，从那拨老斑羚里走出一只老公羊来，颈上的毛长及胸部，脸上褶皱纵横，两支羊角早已被岁月风尘弄得残缺不全，一看就知道快到另一个世界去报到了。老公羊走出队列，朝那拨年轻斑羚示意性地咩了一声，一只半大的斑羚应声走了出来。一老一少走到伤心崖，后退了几步，突然，半大的斑羚朝前飞奔起来，差不多同时，老公羊也扬蹄快速助跑，半大的斑羚跑到悬崖边缘，纵身一跃，朝山涧对面跳去，老公羊紧跟在半大斑羚后面，头一勾，也从悬崖上蹿跃出去；这一老一少，跳跃的时间稍分先后，跳跃的幅度也略有差异，半大斑羚角度稍偏高些，老公羊角度稍偏低些，等于是一前一后，一高一低；我吃了一惊，怎么，自杀也要老少结成对子，一对一对去死吗？这只半大斑羚和这只老公羊，除非插上翅膀，是绝对不可能跳到对面那座山崖上去的！果然，半大斑羚只跳到四米左右的距离，身体就开始下倾，从最高点往下降落，空中划出一道可怕的弧形，我想，顶多再有一两秒钟，它就不可避免地要坠进深渊，坠进死亡的地狱去了；我正这样想着，突然一个我做梦都无法想象的镜头出现了，老公羊凭着娴熟的跳跃技巧，在半大斑羚从最高点往下降落的瞬间，身体出现在半大斑羚的蹄下，老公羊的跳跃能力显然要比半大斑羚略胜一筹，当它的身体出现在半大斑羚蹄下时，刚好处在跳跃弧线的最高点，就像两艘宇宙飞船在空中完成了对接一样，半大斑羚的四只蹄子在老公羊宽阔结实的背上猛蹬了一下，就像免费享受一块跳板一样，它在空中再度起跳，下坠的身体奇迹般地再度升高；而老公羊就像燃料已输送完了的火箭残壳，自动脱离宇宙飞船，不，比火箭残壳更悲惨，在半大斑羚的猛力踢蹬下，像只被突然折断了翅膀的鸟笔直坠落下去；虽然这第二次跳跃力度远不如第一次，高度也只有地面跳跃的一半，但足够跨越剩下的最后两米路程了；只见半大斑羚轻巧地落在对面山峰上，兴奋地咩叫一声，钻到磐石后面不见了。

试跳成功，紧接着，一对对斑羚凌空跃起，山涧上空划出一道道令人眼花缭乱的弧线，每一只年轻的斑羚成功飞渡，都意味着有一只老年斑羚摔得粉身碎骨。

山涧上空，和那道彩虹平行，架起了一座桥，那是一座用死亡做桥墩架设起来的桥。没有拥挤，没有争夺，次序井然，快速飞渡。我十分注意盯着那群注定要去送死的老斑羚，心想，或许有个别比较滑头的老斑羚，会从死亡那拨偷偷溜到新生那拨去，但让我震惊的是，从头至尾，没有一只老斑羚为自己调换位置的。

它们心甘情愿用生命为下一代开通一条生存的道路。

绝大部分老斑羚，都用高超的跳跃技艺，将年轻斑羚平安地飞渡到对岸的山峰，只有一头衰老的母斑羚，在和一只小斑羚空中衔接时，大概力不从心，没能让小斑羚精确地踩上自己的背，结果一老一少一起坠进深渊。

我没想到，在面临种群灭绝的关键时刻，斑羚群竟然能想出牺牲一半挽救一半的办法来赢得种群的生存机会。我没想到，老斑羚们会那么从容地走向死亡。

我看得目瞪口呆，所有的猎人都看得目瞪口呆，连狗也惊讶地张大嘴，长长的舌头拖出嘴外，停止了吠叫。

就在这时，呜——呜——悬崖下传来牛角号声，村长帕珐如梦初醒，连声高喊：“快开枪！快，快开枪！”

但已经晚了，伤心崖上，只剩下最后一只斑羚，唔，就是那只成功地指挥了这场斑羚群集体飞渡的镰刀头羊。这群斑羚不是偶数，恰恰是奇数，镰刀头羊孤零零地站在山峰上，既没有年轻的斑羚需要它做空中垫脚石飞渡到对岸去，也没有谁来飞渡它。

砰，砰砰，猎枪打响了，我看见，镰刀头羊宽阔的胸部冒出好几朵血花，它摇晃了一下，但没倒下去，迈着坚定的步伐，走向那道绚丽的彩虹。弯弯的彩虹一头连着伤心崖，一头连着对岸的山峰，像一座美丽的桥。

它走了上去，消失在一片灿烂中。

# 鱼道

在象形的方块汉字中，“道”是个多义字。老子《道德经》开篇第一句就是“道可道，非常道”，扑朔迷离，玄妙深奥，让人摸不着头脑。“道”既可指路，也可指说话，也可指品德，又可指一种宗教，又可指事物的规律……日本还有茶道、花道、剑道、武士道的说法，似乎这“道”字还进入了美学范畴，蕴含着特定的文化礼仪与文化氛围。前几天一位搞古文字研究的朋友来家闲聊，谈到“道”字，他说，“道”由一个“首”一个“辶”组合成，而人类的生育，只要是顺产，都是头先走出来，所以，“道”字最原始的解义，就是生殖过程，新生命的诞生，最美妙的自然现象。

朋友对“道”字标新立异的诠释，就像无意中敲击了电脑的某个键盘，使我储存在记忆深处的鱼母的故事一幕幕显示在眼前。

那天清晨，天还蒙蒙亮，我就到离寨子不远的孔雀湖去看我昨晚扎在芦苇秆上的八架金丝活扣是否逮着了野鸭。运气欠佳，八架金丝活扣七架空的，剩下的一架逮着只一文不值的小麻雀。爬山爬出一身臭汗来，我想冲个凉。孔雀湖占地上千公顷，青山环抱，碧波荡漾，水草丰盛，水鸟飞翔，景色极美。丰沛的湖水越过山丫，沿着一级一级石坎淌下去，灌进山下的河道，就成了流沙河的发源地。陡峭的山坡垂挂了一道宽约二三十米的大瀑布，是个天然淋浴场。太阳刚刚擦亮湖面，天色尚早，四周没有人，我脱光了顺着石坎钻进瀑布，让激流给我按摩。正洗得痛快，突然，隔着水帘我看见山下被瀑布冲出来的那片清澈的水潭里，有一条黑色的影子在晃动。我将一只手掌伸进瀑布去，撕开了水帘，哈，原来是一条大鱼在水潭游弋，乌黑的背鳍像面黑色的旗帜，在绿水间飘舞。

每年的四五月间，有一种名叫黑鲩的大鱼，就会从澜沧江下游溯江而上，游进流沙河，一直游到终点站——孔雀湖来产卵。鱼卵在温暖的孔雀湖孵化出来后，生活七八个月，长到比巴掌大一点时，便顺着瀑布冲下流沙河，游进澜沧江去。四五年后，这些小鱼长成一米来长重达百斤的大鱼，便会准确无误地顺着原路返回孔雀湖来产卵。孔雀湖既是鱼的产院，又是鱼的摇篮。

没能逮到野鸭，要是能拖条大鱼回去，也蛮不错的。我很兴奋，赶紧跑出石坎，到小树林折了根手腕粗的树枝，又扯了一根手指粗的藤子，准备捉鱼。

大鱼拼命甩动尾巴，游进瀑布，一个打挺，跃上一层石坎，然后，平躺在石面上，在瀑布的浇淋下，翕动着嘴鳃，大口大口喘息着。

我从没见过这么大的黑鲩，足足有一米半长，身体比大蟒蛇还粗，少说也有一百五十斤；黑鲩又叫螺丝青，普通的黑鲩脊背是黑色的，鱼肚皮是青蓝色的，但这条大鱼却浑身墨黑；它的肚子鼓得像只大大泡泡糖，毫无疑问，里面塞满了鱼子；一般的黑鲩嘴唇不长胡须，它却嘴唇两侧各有一根一寸长的触须，一看就知道，是一条有相当资历的大鱼，堪称鱼母。鱼母者，女中豪杰，女中魁首的意思。

两三丈高的山坡，被瀑布冲刷出七八道石坎，像层层梯田；我站在最高那层石坎，等候着鱼母光临。

鱼母喘息了一阵，又一个打挺，跳到更上一层的石坎，就像爬楼梯似的层层登高。开始时，它每跳一层躺在石板上喘息两三分钟，积蓄了力量后，再接着往上一层石坎跳，跳到第四层石坎后，它明显的气力不支了，间歇的时间越来越长，躺在石板上大口大口地喘息，往往要五六分钟后才能缓过劲来继续往上跳。

我知道，它已精疲力竭了。它从遥远的澜沧江下游游到这里，千里大洄游，途中极少吃东西，也从不休息，顶风破浪，昼夜兼程，逆流而上，既要提防野猪、狗熊这样的陆上猛兽来捕捉，又要躲避渔网和钓钩的暗算，一路艰难险阻，早已身心疲惫，心力交悴；鱼儿没有腿，也没有翅膀，若在深水里，还可凭借水的弹性，利用潮流和浪头的推力轻松地跳跃起来，现在是躺在石板上，身上只盖了一层薄薄的瀑布，对鱼儿来说，其跳跃的难度，好比人在沼泽地里跳高，任你蚂蚱似的使劲蹦跶，也最多能跳出平时的一半成绩。再说，鱼母又腆着胀鼓鼓的肚子，负重登高，更是雪上添霜，难上加难。

终于，鱼母跳到我站立的那层石坎上了。我提着棍子，赶到它的面前，瀑布正罩在它身上，飞溅起大朵水花。它望着我，眼光冷冷的，像被冰雪渍过。我咬着牙，抡起棍子，瞄准它的后脑勺，用一种打高尔夫球的姿势，一棍子下去。鱼母可真是条老奸巨猾的鱼，在我棍子砸下去的刹那间，鱼头和鱼尾向上翘起，弯成月牙形，又突然首尾耷落，像拐杖似的支撑石板，亚圆筒形的身体像马鞍似的弓了起来，整条鱼便以极快的速度弹射出去；我打了个空，啪，棍子砸在石头上，我虎口震得发麻，手里的棍子断成两截，一个踉跄，差点从石坎上摔下去。

假如鱼母多喘息几分钟，我想，它这一跳，可能会成功地跳到孔雀湖里去的，从我站的石坎到湖面，仅有一米高，它是完全能跃上去的；假如它跳进孔雀湖，往深水里一钻，我有天大的本事也奈何不了它了。幸好它没得到足够的喘息时间，它刚刚从下一层石坎跳上来，正处在半虚脱状态，虽然躲开了我的棍子，却没能跳够高度，只上升了半米左右，就落下来；它在我面前的石板上像皮球似的弹了弹，被湍急的瀑布一冲，随着水流一起冲了下去；就像人走楼梯走到最上一层不小心一脚踩滑，轰隆隆滚下去一样，我看见，鱼母从石坎上一级一级砸下去，砸得天昏地暗，跌得晕头转向，一直滚进山下那个大水潭里。它沉进水底，过了一会又飘上来，翻着鱼肚白，像根黑鹅毛似的在漩涡里打转。又过了一阵，它燕尾服似的鱼尾开始摆动，鱼肚白朝上的身体也慢慢扭转过来了，背鳍歪歪地氽在水面，挣扎着游出了漩涡。我想，它很快就会游走的，它死里逃生，它目睹了手持木棍的我，知道死神正在山丫上等着它，当然要逃走的。

我很懊恼，唉，就像掉了一只钱包。

就在这时，让我目瞪口呆的事发生了，鱼母游进瀑布，一摆尾，又开始往山丫上跳，它跳得无比艰难，往往要跳好几次才能跳上一层石坎，每次跳失败，都重重摔在石板上，传来叭的一声闷响。孔雀湖仿佛是个强磁场，紧紧吸引着它。我想，小鲤鱼跳龙门大概也是这份跳法的，但传说中的小鲤鱼跳的是幸福之门，一旦跳进了龙门就身价百倍，变成了威武雄壮的龙，而鱼母现在跳的却是鬼门关，跳向死亡，跳向地狱，跳向毁灭！它还跳得那么起劲，那么执着，那么顽强，实在令人感叹。

也不知过了多长时间，它终于又跳到我站立的那层石坎了。我看见，它的尾巴砸碎了，长长的背鳍也折断了，背部的鳞片也被粗糙的石头掀得七零八落，露出皱纹很深的鱼皮，它躺在我面前，鱼尾、鱼背、鱼嘴、鱼鳃、鱼眼里都在朝外渗着血丝，整个身体差不多被血涂红了，它已不是黑鲩，而变成了红鱼。让我惊讶的是，鱼母的身体的其他部位伤痕累累，那圆溜溜胀鼓鼓的肚皮却完好无损，连皮都没有擦破，看来，它十分注意保护自己蕴藏着小生命的肚皮。它的嘴缓慢而又沉重地翕动着，两只微微鼓出来的眼睛直勾勾望着我，我总觉得那两道被血丝过滤过的眼光有着某种暗示和期待。

我重重一棍击在它的脑壳上，它的后脑勺凹进去一个很深的洞。就像打在死鱼上一样，它纹丝不动，只是嘴巴停止了翕动。我有点纳闷，我觉得鱼母的表现很反常；它几秒钟前还从下面那层石坎跳上来的，就算力气耗尽，没能耐再使什么鬼花招了，但受到致命打击后，总该挣扎几下吧？我无法想象一条这么大的鱼母，生命之火会像吹熄蜡烛一样，一口气就吹灭了。要不是它的脑壳碎了，我真要怀疑它是在装死。

我从腰上解下绳子，从洞开的鱼嘴塞进去，又从鳃帮里穿出来，打了个结，提在手上。

当地有个很奇特的风俗，凡是在产卵期逮到大肚子黑鲩，打死后，都要抬到孔雀湖边，把鱼尾泡进水去，说是满足这些大鱼的愿望，让它们把肚子里的鱼子产进湖里去，不止有一个老乡告诉我说，如果不做这个仪式，这些千里迢迢从澜沧江下游前来产卵的大鱼死也不会瞑目，你即使把鱼切成段，放进油锅炸，它也会在锅里蹦跶，把油锅掀翻。

我不相信有这样的事。我从小就喜欢吃鱼子，鱼子放在油里一炸，喷喷香，蜜蜜鲜，又不用担心鱼刺会卡着喉咙，真是第一美食。鱼母肚子鼓得那么大，少说也能挖出满满两海碗鱼子来，我才不会那么傻把到手的鱼子扔进孔雀湖里去呢！

我吃力地拖着鱼母，翻上石坎，沿着宽宽的湖堤走了一截，到了岔路口，准备拐弯离开孔雀湖回寨子去，突然，我发觉手里的藤子增加了分量，沉得拖也拖不动了。我回头一看，哦，是湖边的一根树枝缠住了鱼头，我返身想把树枝拉开，可刚刚弯下腰来，却发现是鱼母的嘴咬住了树枝！这不可能，我想，鱼母脑浆都被我打出来了，直挺挺地躺在地上，分明是条死鱼，还会咬东西吗？肯定是这根树枝无意中插进了鱼嘴，我用力拔，奇怪的是，怎么也无法把树枝从紧闭的鱼嘴里拔出来。

我站在湖堤上，搔着头皮，想不通是怎么回事。

就在这时，我这辈子无法忘怀的事发生了，我只觉得攥在手里的藤子猛烈颤抖了一下，眼前闪耀起一片黑光，湖面爆起一片水花，还没反应过来是怎么回事，鱼母已从湖堤跳进湖去；它的动作快如闪电，我根本来不及看清一条死鱼是怎么炸尸似的跳跃起来的；它的嘴还紧紧咬着湖边那根树枝，鱼头枕在岸上，身体浸泡在水里；它尾部的生殖腔里，喷射出一片金黄的鱼子，碧水间飘起一条长长的黄绸带，不，更像是一条金色的虹，一端连接着死亡，一端连接着新生；色彩鲜艳的鱼子绵绵不绝地喷射出来，缓缓地沉进绿色的水草间……

它赢得了生命道路上的最后辉煌。

终于，鱼母胀鼓鼓的肚皮瘪了下去，尾部那道金色的虹也消逝了，插在它嘴里的那根树枝也徐徐地退了出来。这以后，我把它拖回寨子，刮剥鱼鳞，开膛破腹，挖鳃去肠，切成鱼块，清蒸油炸，它都动也没动过一下。

# 【阅读提示】

## 敬畏生命

在我的印象中，语文教材一般都选择正面歌颂英雄或描绘大好河山的文章，《斑羚飞渡》肯定不属于这类四平八稳的作品。《斑羚飞渡》最大的看点就是残忍的猎手将一大群斑羚逼到插翅难逃的悬崖上，企图集体屠杀一网打尽，面临种族灭绝的危急时刻，老斑羚们用“飞渡”的办法，将年轻斑羚安全运送到对岸山梁，而自己却无一例外地坠崖身亡。毫无疑问，这篇作品写得血腥而暴力，与遴选教材的传统视点格格不入，且随着环保意识不断深入人心，打猎普遍遭到禁止，成了落后与野蛮的近义词，《斑羚飞渡》描写的是地地道道的打猎生活，似乎也有不合时宜之嫌。

因此，当知道《斑羚飞渡》被选进人教版语文教材，我确实感到有点意外。

时代在进步，选择教材也有了海纳百川的气度。

当然，今天写狩猎作品，如果沿袭过去的写法，描写猎人为保护集体财产机智勇敢消灭害兽之类老掉牙的故事，那就一点意思也没有了。必须赋予古老的狩猎故事以崭新的时代精神，才能赢得青少年读者的青睐。

《斑羚飞渡》能给当代中小学生有益启示的地方，就是以一个特殊的视角，提出了尊重另类生灵这样一个具有鲜明时代特征的命题。

长期以来，人类犯有自高自大的毛病。人类以万物之主自居，把人类以外的所有会行走的生命统称为动物，并把动物理解为没有思想、没有感情，不会使用工具、缺乏创造力的低级生命。出于这样一种妄自尊大的心理，人类漠视人类以外的另类生灵，恣意掠夺它们赖以生存的土地，为谋取它们身上的皮毛、羽翎、牙齿、骨头和肉而大肆屠杀，为丰富业余生活而粗暴地剥夺它们的自由将它们长期囚禁在动物园的铁笼子里。人类这种无视动物福利、无视生命尊严的残忍行为，直接造成的恶果是大片森林毁坏，许多野生动物濒临灭绝，环境持续恶化，人类的生存受到威胁。更为严峻的是，对另类生灵的蹂躏和践踏，释放了人心中的恶，继而漠视、藐视和蔑视同类的生命，制造种种惨绝人寰的悲剧。

野外科学考察表明，野生动物并非人类想象的那么低能蠢笨：非洲大猩猩就会娴熟地用石块砸开坚果取出里面的果仁；有一种白鹳，能向水里扔鱼儿爱吃的草叶，当鱼儿游到水面来啄食诱饵时，它就伸出长长的嘴壳将鱼捉住；生活在城郊的乌鸦，能准确无误地辨别交通红绿灯，当十字路口亮起红灯时，就从电线杆上飞下来啄食从卡车上撒落下来的谷粒，一旦红灯翻成绿灯，立刻就拍扇翅膀由地面飞回电线杆，以避免被飞速行驶的车撞死。动物的感情世界也并不比人类逊色：生活在热带雨林的双角犀鸟，雌雄一旦结成配偶，便永相厮守，只有死亡才能将它们拆散；母狼在天敌逼近时，会乔装受伤的样子将危险引往相反的方向，以保护躲在巢穴里的幼狼免遭杀害……

《斑羚飞渡》其实就是一曲生命赞歌，老斑羚用自己的死换取年轻斑羚的生。生命就像接力棒，由上一代传给了下一代，斑羚们在人类黑洞洞的枪口下，所表现出来的凛然大义和壮烈情怀，不能不令人肃然起敬，只要是稍有点人性的人，无不感到心灵的震撼。

动物身上确实有许多东西值得我们人类去学习。

面对另类生灵，请放下我们血淋淋的屠刀。学会敬畏生命，学会尊重另类生灵，我们才能有健全的人格和高尚的人品。

# 第6堂课

## 牛——人类最忠实的朋友

# 雪崩

还没走到日曲卡雪峰，老天爷就刮起了暴风雪。尖锐的北风呼啸着从V型的风雪丫口窜来，卷起地上的积雪，压下天上的落雪，漫起山旮旯里的枯叶和沙砾，整个山道仿佛是被飞扬的芦花密密包裹起来的芦苇荡。

你扬起树枝在母牦牛艾蒂高翘的臀部抽了两下，催促它跑快些再跑快些，天黑前无论如何也要穿过日曲卡雪峰。雪峰下那条弯弯曲曲的羊肠小道是在陡崖上开凿出来的，石头路面被羊蹄马蹄牛蹄和兽爪人脚磨得油光锃亮。再铺一层雪片结一层冰凌，滑得就像涂了油。摸着黑走这样的山路可不是闹着玩的。

艾蒂不愧是你从小饲养大的牦牛，懂你的心事，撒开四蹄一路小跑。刚满半岁龄的花面崽紧紧跟在母牛的屁股后面。寂静的山野响起一串雪片被踩碎的嚓喇嚓喇的声响。

转过一道山岬，就是日曲卡雪峰了。滇北高原的山峦一般都是丘陵状，缓缓隆起，模样很像一只只发酵得恰到好处的馒头。唯独日曲卡雪峰，平地突兀，峻峭挺拔，高耸入云，就像一根支撑穹隆的天柱。此刻，山体的沟沟壑壑间积满了白雪，就像穿了件又肥又宽的羊皮袄，显得有点臃肿。尤其是冲着羊肠小道的那面山坡，顶上的积雪已厚达几丈，呈悬挂之势，像是高高蹲着的一匹张牙舞爪的白色怪兽，随时会扑跃下来吞噬一切。这不是幻觉，确确实实这里每年冬末时节都要发生一场惊天动地的雪崩。

日曲卡雪峰是一座仁慈的山，从不会像其他凶狠的雪山那样，突然爆发雪崩，把在山脚下经过的生灵埋葬在厚厚的雪层下。它总是在雪崩的半小时前就从陡斜的山脊线滑下一条雪尘，开始细如米线，逐渐变粗像条白带，在雪崩发生的前几分钟，又形成宽达数丈的雪的瀑布，凌空倾斜，在山道上空形成一道耀眼的白色弧线，伴随着訇訇如雷声响，警告山脚下过路的生灵赶快躲避。日曲卡雪峰确实有副好心肠，所以尽管年年雪崩，却从来没伤害过山民和牲畜。

你的大名就叫山娃子，从小在这一带山野摸爬滚打，对雪崩的奥秘当然一清二楚。

陡斜的山脊线没任何动静，你大胆地往前走。

石头路面上覆盖着冰雪，很滑很滑。

花面崽突然一脚踩空，咕咚一声从山道上摔下去。花面崽一只后蹄踩在一块冰砖上，冰砖吱溜滑下陡崖，花面崽也就摇晃一下身体跟着跌了下去。等你反应过来，想去揪住花面崽的尾巴，帮助它站稳，已经迟了。这一段崖子虽然不深，却很陡，花面崽几乎是笔直掉下去的。崖底爆起一团雪尘，还传来牛骨折断的脆响。

走在前面的母牦牛艾蒂，哞地惊叫起来，不顾一切地撒开四蹄，在结满冰凌的窄窄的山道上奔跑了一程，找到一处斜坡，四蹄踩在斜坡的积雪上，笨重的身体像滑梯似的滑进崖底。不一会，山谷里传来母牛和牛崽高一声低一声的哞叫。

你别无选择，也只好一脚深一脚浅地踩着积雪下到崖底。这是一个瓦钵状的山谷，面积不大，阴森森的有一股刺骨寒气。猛犸寨的人都管这山谷叫黑谷。其实，这山谷冬天一层白雪，夏天一地青苔，根本没有什么黑颜色的东西，起名黑谷，不过是用颜色来象征某种凶险。

你循着牛哞声很快找到了艾蒂和花面崽。

花面崽卧在一块凸凹不平的岩石上，积雪被砸出一个半尺深的坑。

你蹲在地上查看了一下，它身底下没有淌血。没有淌血比淌血更不妙，淌血说明伤着了皮肉，没有淌血说明伤着了筋骨。你扬起手中的树枝，嗷地喝叫一声，在花面崽屁股上狠狠抽了一家伙。你巴望它能挣扎着站立起来。可你很快失望了，它只是把细弱的脖颈扭了扭，表示极想挺立起来，身体却像坨僵硬的石头，怎么也动弹不了。你不愿相信它四条腿真的都骨折了，扬起树枝还要试一试，突然，艾蒂鼓起一双铜铃似的牛眼珠子，愤愤地朝你低吼了一声；花面崽也向你投来怨恚的眼光，凄凉地叫了一声。

你虽然还只是个十四岁的少年，却已是有六年牧龄的老放牛娃了，对牦牛的脾性摸得很透，晓得艾蒂是在警告你不要折磨它的已受了重伤的崽子。花面崽是在告诉你，它没心思跟你调皮捣蛋，它实在是无力站起来了。

这该怎么办才好？花面崽虽然只有半岁，少说也有百把斤重，你别说把它背回家去，抱也无法把它抱起来。艾蒂倒有身牛力气，却不会像猴那样驮猴娃行走，也不会像虎豹那样叼崽奔跑。

要是早知道半路会遇到这场暴风雪，你绝不会让花面崽尾随着艾蒂到雪山镇去运送两笼野雉的。阿爸曾劝过你说，山娃子嗳，去雪山镇路途远，带着牛崽是累赘，会添乱子的。你没听阿爸的话。现在，后悔也晚了。

雪越下越密，阴霾的天穹一片晦暗。怎么办？这条荒僻的山道平常就罕有人迹，暴风雪中就更见不到一个人影。看来只有回猛犸寨去搬救兵了。阿爸会有办法的，约上伦戛舅舅和阿努大叔，举着火把，带着竹竿绳索，就可把受了重伤的花面崽抬回家。你试探着拉了拉艾蒂的鼻绳，它犟着牛脖子瞪了你一眼。你知道，它要守护在牛犊身旁。这也好，你想，有艾蒂在就不怕野狼、豺狗和雪豹来扑咬花面崽了。牦牛头顶那两支琥珀色的牛角锋利得就像两把尖刀，护崽的母牦牛比老虎更凶猛哩！从日曲卡雪峰到猛犸寨来回约三个小时，虽然黑谷风雪迷漫，但牦牛生性耐寒，全身披挂着的一绺绺长毛能有效地抵御风雪，不用担心会被冻坏。你动手解开艾蒂身上的肚带，卸下驮架。两笼野雉在雪山镇卖了个俏价。驮架空空，没费多少力气就从艾蒂背上卸下来了。

你紧了紧身上的羊皮袄，准备离开黑谷。突然，脸上似乎被什么东西喷射了一下，冰凉冰凉，还有点生疼。不像是风把雪花刮到脸上，天上飞扬的雪花轻盈温柔，感觉是凉丝丝痒丝丝，而不会生疼。也不像是地上的沙砾被风卷起飞溅到脸上，沙砾落到脸上绝不会有那种刺骨的寒意。你无意中走动了几步，脸上那奇异的感觉顿时消失。你再走回刚才站立的位置，脸上又出现了无形的喷射。你惊讶地抬起头，日曲卡雪峰耸立在眼前，嶙峋的山体堆满了白雪，显得头重脚轻，摇摇欲坠。那条潇洒的山脊线正正对着你的脸，山脊线似乎在朦胧地流动。暮色苍茫，你以为是自己看花了眼，揉揉眼皮，妈呀，那朦胧的流动愈来愈清晰，像老天爷漏下了一条白色的丝线，顺着山脊线滑向大地。怪不得脸上会有冰凉的喷射，那是从寒冷的雪峰飞泻下来的冰粒！你突然觉得头皮发麻，手足发软，心儿怦怦乱跳。你十分清楚，山脊有雪粒流动将意味着什么。至多还有半个小时，这里就要发生惊天动地的雪崩，仁慈的日曲卡雪峰已在向你发出警告了。

沿着山脊线倾泻的流雪越来越明显，冰雪的颗粒也越来越大。

你呆呆地望着身旁的艾蒂和僵卧在岩石上的花面崽，难道说，神汉阿努大叔的预言果真要应验，艾蒂真的命中没崽，生一个就要死一个？

花面崽是艾蒂产下的第二胎牛犊。头胎牛犊生下才两个月就死了。

那是两年前的春天，艾蒂在牛厩干燥的稻草堆里产下了头胎牛犊。小家伙全身雪白，油汪汪亮闪闪，像只白月亮，很逗人喜爱。你每天从马背小学放学回家后就把艾蒂和白月亮带到野鸭滩去放牧。野鸭滩水美草肥，牦牛吃了能长膘。艾蒂是个很称职的母亲，寸步不离地守在白月亮身旁，无论是狗是人还是其他牦牛只要一挨近它的宝贝牛犊，它就会鼓起一双凶狠的牛眼，摇晃着脑顶那对琥珀色的牛角，哞——发出一声威严的吼叫。但对你是例外，无论你扳着白月亮的脖颈摔跤还是用狗尾巴草捅白月亮的鼻孔，它都不会气恼。

艾蒂大概做梦也不会想到，它最信任的小主人会杀了它心爱的白月亮。

那段时间，家里经常发生鸡被盗的事。有一只贪婪的白狐，总是在傍晚时分踩着淡淡的月光溜到院子的鸡窝里偷鸡。阿妈养了二十多只山茶鸡，不到一个月时间，只剩下七只了。阿爸在院子的篱笆墙下安置了捕兽铁夹，没逮着狡猾的白狐，倒把家里那条名叫阿花的狗夹断了一条后腿。那时你已满十二岁了，正渴望做个受伙伴们尊敬的小猎手，便操起阿爸那支箍着一道道铜圈的猎枪，埋伏在院子后面那片小树林里等待盗鸡贼前来送死。

那天是上弦月，月色清雅，树荫斑驳，眼前的一切都显得有点模糊。你看见一个白影子在树丛若隐若现，还传来草叶被折断的窸窣声。你断定必是白狐无疑，便果断地扣动了扳机。轰的一声巨响，霰弹像群啖肉喋血的小精灵扑向那团白影。白影猝然倒地，你还以为自己射中了该死的白狐，高兴地从地上蹦跳起来。这时前面树丛里突然哞地传来一声牛叫，那是艾蒂在叫，声音低沉颤抖，透着无限悲怆。你好生奇怪，只听说过兔死狐悲，没听说过狐死牛悲的。你钻进树丛赶过去一看，白月亮倒在月光下，小小的牛头被铅弹击碎了，汩汩流着血。你这才恍然大悟，你误把白月亮当作白狐打死了！艾蒂用牛嘴拱动着白月亮软耷耷的脖颈，徒劳地想让自己的宝贝重新站起来。你和艾蒂四目相视，牛眼里闪烁着一片憎恶与仇恨。你手中的猎枪还在冒着袅袅青烟，你脸上还挂着猎杀的兴奋与激动，艾蒂当然一眼就认准你是杀害它宝贝的凶手。随着一声压抑的低吼，艾蒂牛眼里爆起一道复仇的冷光。你还算反应快的，扔下猎枪转身就跑。艾蒂打着响鼻在背后追赶。幸亏离家不远，你失魂落魄地逃进屋，赶紧把门拴死。牛角乒乒乓乓撞在木门上，震得屋顶的木瓦稀里哗啦往下掉。

阿爸、伦戛舅舅和阿努大叔闻讯赶来，用盘头套绳和双球脚绊好不容易才把狂暴的艾蒂赶进牛厩。

牛厩圈住了艾蒂的身体，却圈不住那颗复仇的心。只要你山娃子的身影一出现，艾蒂就会用嘶哑悲凉的声调哞哞叫着，撅起那对匕首似的犄角，朝你冲将过来。结实的木栅栏好几块木板被犀利的牛角挑得稀烂。

“这么下去怎么得了，”阿妈忧心忡忡地对阿爸说，“万一哪天它冲出牛厩，我们山娃子不就……唉，干脆点，把猎枪拿来，宰了它吧，也省得我整天提心吊胆。”

阿爸阴沉着脸，望望牛厩里狂躁不安的艾蒂，又望望栅栏外的你，慢吞吞走回屋去取枪。

“不，阿妈，别宰艾蒂。”你拉住阿妈的手央求道，“是我不对，误伤了白月亮。我已经错过一次了，再杀艾蒂，不就是错上加错了吗？”

“它要用角撞你，它已经发疯了，是疯牛。”

“不，阿妈，它不是疯牛。”你大声申辩道，“它瞧见我开枪打死了它的宝贝，它恨我，才想撞我的。阿妈，假如有人伤着了我，你不也会去拼命吗？”

“小孩子家，别乱嚼牙巴骨说不吉利的话。快，朝身后自己的影子吐泡口水，去去邪。”阿妈搂着你的肩说，“真是个傻孩子，它是畜生，怎么可以跟人来比呢。”

“虽说是牦牛，也有舐犊之情的。”阿爸瓮声瓮气地说。

“我们总不能养个仇敌在家吧。”

“阿妈，我不是故意要害白月亮的。这是误会，我心里也难过得要命。艾蒂迟早会明白这一点的，它会原谅我的。”

“它是畜生，它懂个啥呀！”

“不，阿妈，艾蒂很聪明，它除了不会说话，啥都懂的。”你固执地说。

“唉，”阿妈叹了口气无可奈何地说，“那就随你的便吧。千万要小心，别走进牛厩去。”

阿爸什么也没说，只在你肩头重重捏了一把。这是男人间的暗语，表示信任和理解。

除非你插上翅膀，是不可能赶在雪崩前回猛犸寨搬来救兵的。日曲卡雪峰上的积雪将在半小时内无情地崩塌下来，填满整个黑谷，这里将变成一座高高隆起的巨大的雪坟。

你用肩膀顶住艾蒂的屁股，用力推搡。“艾蒂，这里就要雪崩了，我们快离开吧。你驮不走花面崽，我也抱不动它，这不怪我们心狠，实在是没办法。走吧，艾蒂，你留在这里没用的，救不了花面崽，反而会白白葬送自己！”艾蒂四条腿像生了根一样，一动不动。你绕到牛头前，一手扳住牛角，一手拉住鼻绳，用力朝外拽。“艾蒂，听话，来，抬起你的前蹄，走吧，走吧，花面崽肯定是没救了，你何苦要把自己也搭进去呢！”艾蒂拧着粗壮的牛脖子，任你怎么拽拉，就是不肯动弹。

山脊线上的流雪骤然变大，白丝线变成了白绸带，雪尘冰粒在高速倾泻中互相摩擦，泛起一缕缕惨白的光。流雪声沙沙响，这是山神在叹息。你不能再这样磨蹭了，时间是宝贵的，早一分钟离开黑谷就少一分危险。你将鼻绳在右手掌里绕了两圈紧扣，双脚蹬地，使劲拉。艾蒂狭长的牛脸无可奈何地扭了过来。好极了，再使一把劲就可迫使它开步走。瞧，它的一条前腿已抬离地面了。你索性把鼻绳扛在肩上，像纤夫拉舟似的朝前迈进。你侧着身乜斜着眼观察艾蒂的反应。它的脖颈已扭到了极限，两支牛角翻到脊背上，脸痛苦地翘向天空，鼻吻和身体形成一条水平线。鼻绳绷得如同琴弦，山脊线上的雪流偶尔冲下一块冰碴，落在牛鼻绳上，发出铮的音响。你产生了一种胜利在望的喜悦。你刚要继续加力，突然，你瞥见艾蒂那条蓬松如芦苇的牦牛尾巴急剧地在空中划了个圆圈，牛脖子倔强地猛烈向后摆动，铿的一声，它的鼻孔豁裂了，结实的麻绳从牛鼻里滑脱出来。你没防备，在雪地里栽了个筋斗。

艾蒂仍守护在花面崽身旁，半步也没挪动。它肉感很强的紫黛色的鼻吻被麻绳割得血肉模糊，冒出一汪黏稠的鲜血，很快被凛冽的寒气凝冻成坨坨，牛鼻上像绽开了一朵红罂粟。它瞅了你一眼，眼光分明有一种哀怨和责备；它低低地哞叫一声，似乎在劝你不要枉费心机了，它绝不会扔下自己心爱的宝贝不管的。

你沮丧地从雪地里爬起来，艾蒂果然像你所担心的那样，拉穿鼻孔都不愿回头。

山脊线上流动的雪带膨胀变宽，宛如一条洁白的哈达。惨白的天穹在向乌黑过渡，盆形山谷里反射着一层冷漠的雪光。

你无论如何也不能把艾蒂留在这里送给死神。你抖抖身上的雪尘，走到艾蒂面前，搂住毛茸茸的牛脖子，把自己热烘烘的脸贴在冰凉的牛脸上，喃喃地说，“艾蒂，我知道，你心里很苦，做妈妈的，谁都舍不得丢弃自己的孩子，无论是人是牛都一样的。可这是大灾呀，怪不得谁。艾蒂，你要坚强点。你还年轻，你还会有牛犊的。我用盐巴辣子对着山神起誓，回到家，我明天就给你找头最魁梧健壮，最俊美潇洒的公牦牛来作伴。等你再有了宝贝，我保证，让你和你新生的牛犊日夜待在我家的院子里，那儿绝对安全，没有风暴，没有雪崩，没有虎豹，没有豺狼，没有陡崖，没有深渊，没有饥饿，直到你的新生牛犊平平安安长大。艾蒂，你听懂没有？我求你了，我们走吧！这里马上就要雪崩，会把你活埋在厚厚的雪层里的。"

艾蒂牛眼里泛起一片晶莹，抬头望望积雪肿胀的日曲卡雪峰，心有所动的样子。你把自己被高原阳光晒得通红的双颊在牛脸上摩挲得更加起劲。遗憾的是你的努力还是白费了，艾蒂静默了一会，缓慢地然而又是坚决地把自己硕大的牛头深深低垂下去，挣脱了你的搂抱和摩挲。

你的心凉了半截。这简直就是对牛弹琴嘛。突然间，你心里涌动起一股好心被当作了驴肝肺的委屈和愤懑。你脑袋热辣辣的，有一种强烈的发泄冲动。你跳起来，从雪地捡起那根充作牛鞭的树枝，猛烈地朝艾蒂身上抽打。

"你这丧失理智的混蛋，你这不通人情的畜生，我让你走，你就得走！你这头笨牛蠢牛傻牛憨牛死牛疯牛，你敢跟我顶牛，我就宰了你！我是你的主人，你是我豢养的牲口，你的小命儿攥在我的手心。你走不走？不走我就打死你！"

树枝劈裂空气发出尖厉的嚣声，艾蒂屁股脊背上牛毛飞旋，厚厚的皮囊上爆起一条条蛇状血痕。它终于举步走动了。看来，调教野蛮的畜生，暴力还是有效的，你想。你很快发现自己的结论下得过早了。艾蒂是在走，却不是走出黑谷，而是走向渐渐漫过来的雪堆。

沿着山脊线倾泻的冰雪川流不息，在离花面崽躺卧处十几米远的地方隆起一座雪堆，雪堆充满活力，不断向四周扩展延伸，边缘已漫到花面崽身旁了。艾蒂走过去，像对付一匹威胁着宝贝生命的雪豹似的，用牛角拼命抵着雪堆，牛头摇晃着，牛角与冰雪磨砺迸出一片寒光。牛角再尖利，也是无法同飘柔二合一的雪堆匹敌的。雪流越涌越凶，很快将花面崽半边身子掩埋住了。艾蒂大概也觉得自己的努力是徒劳的，中止了用牛角搏斗，紧挨着花面崽伫立在靠雪堆的一侧，用自己庞大的身躯当作一堵结实的墙，为花面崽遮挡雪流。

你觉得自己被捉弄了，心头的怒火突突上窜。你操起扔在雪地上的驮架，狠狠朝艾蒂砸去；驮架击在牛腿上，发出木鼓般的震响；你不知从哪来的一股蛮力，把坚实的驮架砸成一堆碎木片。艾蒂趔趄，似乎要跪了下去，又挣扎着站稳了。你以为它遭到如此痛击，会转身向你还击的，这倒不错，你可以引它逃出黑谷。起码它该扭过头来朝你凶狠哞叫，以示不满。可它既没转身也没扭头，仿佛你压根儿就不存在似的。只有那条被驮架砸中的牛腿，一会儿悬吊起来，一会儿又踏回地面，证明被砸得确实不轻。

你就像骄阳下的雪人，浑身发软。你伏在艾蒂的背上，哭了起来。你知道你不该哭的，阿爸说过，男子汉的泪是用血做的，所以不该轻易地流。你已经满十四岁了，山里的孩子早熟，你早已觉得自己是个顶天立地的男子汉了。可眼泪就是不听话，像决堤的洪水，不停地流、汹涌地流澎湃地流、毫不知羞地流。你觉得自己无能为力，真是个十足的窝囊废。

你天天给关在牛厩里的艾蒂送草送水。你隔着木栅栏将清泉水倒进厩内的木槽，将鲜嫩的马鹿草扔进厩内的竹筐。开始，它一见你走近牛厩，便怒不可遏地冲撞栅栏，即便饿得眼睛发绿，只要你还待在牛厩旁，就不吃你割的草不饮你背的水。你并不计较，天天精心饲养它。半年后，它的态度逐渐缓和下来，见到你时虽然那双牛眼仍然血丝通红闪烁着冰凉的仇恨，但不再发疯般地用牛角冲撞栅栏。你就是赖在牛厩旁不走，它也照样咀嚼你投的草料饮用你倒的清泉。时间能冲淡仇恨，你想。你试图作进一步的和解努力。那天你故意把草料投到你伸手就可以触摸到的栅栏边，趁它低头用舌头卷食之际，将事先准备好的一把钢梳子探进厩去，轻轻梳理它身上的长毛。牦牛顶喜欢主人替自己梳毛。牦牛长着一身细密的长毛，能御寒，却也容易滋生寄生虫，曳地长毛还经常会被尘土草浆粘得脏兮兮乱糊糊，被梳理时便会觉得十分舒服惬意，半闭着牛眼作陶然状。相传生性凶蛮的牦牛就是因为太喜欢人类替它们梳毛了，才收敛野性俯首甘为人类的家畜。你想通过梳毛来向艾蒂传达自己误伤白月亮后内心的悔恨，并祈求它的宽宥。你举起钢梳子才碰到艾蒂的背脊，突然，它粗壮的牛脖子猛地一拧，两支牛角凶恶地朝你胳膊挑击，你赶紧将胳膊从栅栏里缩回来；钢梳子被牛角挑飞了，像只长尾巴丘鹬在天空作逍遥游。艾蒂没挑中你的胳膊，气得又用牛角在栅栏上疯撞了一通。

你明白了，这段时间艾蒂之所以不再见到你的身影就冲撞栅栏，是它知道用栗树围起来的栅栏太牢固，它的牛角是无法捅得破撞得开的。艾蒂之所以当着你的面也吃草也饮水，大概是觉得不吃白不吃，吃饱了好有力气来对付你。时间并不能消弭杀子的刻骨仇恨。

阿妈出主意说："艾蒂是因为死了崽才变得野蛮的，要是它重新生了崽，疯劲也许就会浇灭。我们伤了它一个崽，还它一个崽，谁也不欠谁的，两清了。"

你觉得阿妈的话有点道理，不妨试试。两个月后，牦牛进入了发情期。你特意从伦戛舅舅家的牦牛群里挑了头绰号叫风流汉的公牦牛给艾蒂配种。风流汉八岁牙口，毛光水滑，屁股凸出一块块腱子肉，两支褐色的宝角长着一圈圈横棱轮嵴，美观洒脱，很讨母牦牛的青睐。

风流汉进厩时，艾蒂正神情忧悒地卧在角隅。风流汉站在牛厩中央忽长忽短朝艾蒂发出哞叫，浑厚的穿透力极强的牛哞声显示它非凡的雄性气概。紧接着，它那根蓬松如拂尘的尾巴翘向天空挥洒舞蹈，纤颤猛抖轻撩细甩左绕右弯上挺下勾，令人眼花缭乱，用牦牛特有的身体语言诉说着爱的心曲。但艾蒂憔悴的牛脸上却无动于衷，懒懒地瞥了它一眼，又低头想它的心思。风流汉不知是求偶心切，还是太过于自信，冒冒失失向艾蒂靠拢。艾蒂倏地站起来，愠怒的眼光隐含着杀机，摇晃着头上的尖角，短促地哞叫一声，似乎在说，你这个无赖，滚远点，别来烦我，不然你会吃不了兜着走的。风流汉大概错以为艾蒂的拒绝不过是一种雌性的忸怩，黏黏糊糊继续朝前靠。艾蒂低着头闷声不响突然抵撞过来，风流汉猝不及防，脖子被牛角犁开了一条两指宽的血槽，血流如注。艾蒂仍不罢休，又猛烈朝前冲击，风流汉抵挡不住，在牛厩里绕圈圈奔逃。要不是阿爸掌握好时机突然打开牛厩木门，放它出来，后果不堪设想。

“这真是个馊主意，”阿爸一面用在石臼里捣烂的草药糊在风流汉创口上，一面说，“旧账未了，它哪有心思去谈情说爱嘛。可惜了这条公牛，怕是三个月不能配种了。”

阿妈神情沮丧，从牙缝里迸出一句：“这真是条油盐不进的瘟牛！”

你拉着前来帮忙的阿努大叔的手，央求道：“大叔，你给艾蒂施点魔法，让它不要再记我的仇了，行啵？”

阿努大叔是猛犸寨的神汉，谁家有红白喜事，都要请他去跳神。他会用两只熟鸡蛋一只生鸡蛋来扶乩占卜预测凶吉。可这一次阿努大叔也似乎无能为力了，摸着络腮胡子苦笑着说：“傻孩子，你大叔要真有这等魔法，早就施展了，还要等你来求吗？”

“阿努大叔，你一定要教教我，用啥办法才能让艾蒂原谅我的过失。”

阿努大叔沉思了一会，轻轻地说：“牦牛是通人性的，它晓得自己被关在牢笼里了，这心头的怨恨怕会是越积越重了哟。”

阿努大叔话音刚落，阿妈清秀的脸庞上那条柳眉陡地竖起：“发酒瘟的，你是想让牛角在山娃子身上捅个血窟窿吗？你是想让我儿子去给畜生抵命吗？”

阿努大叔那张狭长的脸上堆起了尴尬的笑：“嫂子，别生气，我阿努要真有这种坏心肠，上山撞着豹子，下河踩着鳄鱼！我的意思是说，要想让这头疯牛回心转意，就好比把鹅卵石孵成小鸡一样难喽。我说山娃子，你就别再为难自己了，让它在牛厩里养老送终，也算很对得起它了。”

阿妈两条柳眉这才稍稍平缓了些。

山脊线上的雪流已宽如瀑布，那悬挂在峰顶的巨大的雪块在昏暗的雪光中像匹面目狰狞张牙舞爪的怪兽，随时都有可能扑进黑谷。你拭干眼泪，跺跺脚，毅然转身朝黑谷外走去。你犯不着为了一头母牦牛再继续滞留在危险的黑谷里。小路陡峭滑溜，你跌跌撞撞地攀爬着。你觉得自己心里应该是很踏实的，你没做错什么，你并不是抛弃艾蒂独自逃命。你求过它骂过它揍过它拉过它，软硬兼施什么办法都用尽了，它就是不肯离开黑谷，你有什么办法，你能拗得过牛脾气吗？你没什么过意不去的，你想，它这是自己要找死。你根本不用担心损失了两头牦牛会受到爸妈的责备。家里虽然不富裕，两头牦牛还赔得起。你是家里的独生子，别说区区两头牦牛，就是金山银山堆在爸妈面前，也舍不得你发生意外的。其实，这也不能算是太大的损失，等到春暖花开冰消雪融，仍可以在黑谷里找到冻成冰块的艾蒂和花面崽，像是在冰柜里储存了一冬天，牛肉还是新鲜的。

你没有任何理由不离开黑谷。

快爬出陡崖时，你忍不住回头望了一眼。你明明知道艾蒂绝不可能跟着你一起撤离黑谷，可就是丢不开这份幻想。它果然还站在风雪凄迷的谷底，它身体的左侧是无力动弹的花面崽，右侧是迅速垒高的雪堆，冰雪已垒齐它的肩胛，黑牦牛染成了白牦牛。它大概以为它健壮的身躯能抵挡住风雪的侵袭，这挺可笑的，你想，它终归是畜生，不会明白黑谷即将变成雪坟，别说一头牦牛，即使一百头牦牛也会在眨眼的工夫被崩塌的雪埋得无影无踪。

你继续往黑谷外走去。不知为什么，越走步履越沉重，背后像有根无形的线，紧紧拴着你的心。

你虽然找出种种理由来努力地安慰自己，却总摆不脱惘然若失的感觉。在你幼稚的少年的心怀里，艾蒂是你亲密的伙伴和朋友，彼此有一种很难拆得散砍得断烧得毁踩得烂的感情。

你终于爬出了黑谷。黑谷像只白脸盆摆在你的脚下。你抛开了死亡，你安全了。你知道，日曲卡雪峰的雪崩得再厉害，也不会漫出黑谷的。你站在黑谷边缘，凝望着谷底的艾蒂。雪崩快发生了，你想看看一旦雪崩开始，铺天盖地的雪块从天而降，黑谷发出雷霆般震响，艾蒂会如何表现？你希望它能在生死转换的瞬间觉悟到是它自己错了，后悔没听你的话跟你离开黑谷。你很看重这一点，你觉得这是你最后的安慰了。

山脊线上的雪流织成幅宽数丈的雪的瀑布，气势恢宏，浩浩荡荡地向黑谷倾泻，尽管在黑夜，几里外都能看得清清楚楚。怪不得猛犸寨的山民们都把日曲卡雪峰视作图腾，起誓赌咒都借重这座雪峰的威望。它确实仁慈得就像一尊神，唯恐雪崩会误伤经过山脚的生灵，在作最后的警告。

想到起誓赌咒，你忍不住打了个寒噤。

你猛地拉开牛厩的门栏，跨了进去。你赤膊穿条裤衩，阳光在你黧黑的皮肤上涂了层厚厚的橘黄。高原秋天的日头并不烫人，你是赌气脱光衣裳的。要是艾蒂真的至死也不肯原谅你，即使你穿起双层羊皮袄，也挡不住尖利的牛角的。要捅，就让它捅得更爽快些吧。

艾蒂垂着头颅，蜷缩在一堆肮脏的粪草上，一群绿头苍蝇在它躯体四周嗡嗡飞翔。这两个月来，艾蒂食量锐减，黑色的长毛失去了光泽，健壮的身体瘦得只剩下一张皮囊裹着一副牛骨架。这两天情形更坏，艾蒂干脆绝食，连水也不喝了，整天卧在地上，神情萎靡，望着远处的日曲卡雪峰发呆。阿爸在厩外用一块石头砸在它背脊上，它一惊，吃力地站起来，还没等站稳，又咕咚跪卧下去。请了雪山镇的兽医来，连药箱都没打开，只隔着栅栏瞄了两眼，就说："趁它还有一口气，送屠宰场吧；活牛肉总比死牛肉要好吃些。"

阿妈瞄了你一眼说："唉，苦命的牛。算啦，我们也不图这笔钱，就让它老死在牛厩里吧。在后山挖个坑，囫囵埋了，也算对得起它了。唉，真是条苦命的牛啊。"

阿妈说这番话时显得愁眉苦脸，还叹了两口长气；但你总觉得阿妈的语调轻松得有些轻浮，有一种难以掩饰的虚伪。

让艾蒂成为牛厩里的死囚，你觉得并不比把它牵进血腥的屠宰场更慈悲些。

你晓得，艾蒂才六岁，对牦牛来说，正是青春好年华，离老死还远着呢。阿努大叔说得对，它本来就怀着失子的悲痛，又看到自己被关在牢笼里，这心头的怨恨就越积越重，生命也就被折磨得衰竭了。它快要死了，一旦它死去，你永远也无法弥补自己误伤了一颗母性的心灵所犯下的罪过。悔恨将会像一座无法卸脱的大山沉重地压在你的背上。无论如何，你要设法拯救它的性命！

你打开牛厩的门栏，打开心的牢门。

你晓得，走进牛厩，要冒很大的风险。虽说艾蒂已衰竭得站都站不稳了，但牛角仍很坚硬犀利，那庞大的身躯，对付像你这么个乳臭刚干的娃娃，还是绰绰有余的。阿爸赶着牦牛群到新草场去了。阿妈到水碓房舂谷子去了。他们若在家，是绝不会允许你打开牛厩门栏的。家里没人，院子空荡荡，发生意外，没人来救助。但你还是毅然决然地跨进牛厩。

你不相信自己一年来的努力都是瞎子点灯白费蜡；你不相信过去和艾蒂之间亲密的友谊已完全被仇恨冲得一干二净；你不相信这么长时间艾蒂还没看出你真诚的悔恨；你不相信生性忠厚的艾蒂果真要用你的命来血祭白月亮。

门栏的木轴发出吱吱刺耳的怪响，艾蒂缓缓抬起头来，朝门栏张望。一瞬间，它痴呆黯淡的双眼流光溢彩，像两堆突然被点燃的篝火，迸发出骇人的光芒。那根已无力挥扫牛虻的尾巴也生气勃勃地奓开了须毛。它抬头望望湛蓝的天空漂浮的白云，又急遽将眼光落回你脸，似乎想证实眼前的情景并非是幻觉。

“艾蒂，我来了。”你喃喃地说道，“我晓得你恨我，我也恨我自己。我不该误伤白月亮，更不该把你关在这里。”

艾蒂的反应比你想象的更猛烈。你刚跨进门栏两步，它便腾地站了起来，牛头高昂，凶神恶煞般地瞪着你。它的动作十分敏捷，四只牛蹄曲成弓形在地面麻利地一磕，身体便像有弹性似的升了起来，与早晨相比，宛如换了一头牛。萎靡的病态奇迹般地消失了，凹塌的肩峰在一瞬间极有气派地耸隆起来。看得出来，它全部的生命都聚焦在复仇上了。

你仍一步步朝它走去。

突然，它一甩脖颈发出一声长哞，声音高亢雄浑，发自丹田，如嚎如吼，气概非凡。长哞声还在空中回荡，它就勾紧牛头，挺着一对琥珀色的牛角笔直朝你撞过来。这对牛角用仇恨磨过，被悲愤淬过，角尖闪烁着逼人的寒光。肩峰四周的黑色长毛朝后飘扬，映衬出冲击的磅礴气势。

一股冷气从尾尻沿着脊椎升上你的脑门，你全身冰凉麻木，几乎不会动弹。回转身逃出牛厩已经来不及了；牛厩空空连一棵可以藏身的树也没有。你不可能空手扳倒一头疯牛。刹那间，你后悔了。你不该如此冒失闯进牛厩来，它毕竟是畜生，不懂得微妙复杂的感情，它只晓得为它死去的牛犊复仇。这真是多余的怜悯和同情。你就要死了，牛角将在你裸露的胸脯捅出两个血窟窿。你被极度的恐惧攫住整个身心，四肢僵木，望着艾蒂发呆。它挟着风飞快冲到你面前，两支牛角像出鞘的匕首直插你的胸脯。你绝望地闭起眼睛。奇怪，时间像凝固，半天没出现肌肤被戳通撕裂的疼痛。你睁开眼，简直不敢相信自己的眼睛，艾蒂后肢绷直前肢微曲身体向前倾斜，似乎仍在勇猛冲击；牛脖子上的毛一绺绺竖直，两侧的胸肋随着粗重的喘息声猛烈起伏着，完全是一副牦牛同雪豹抵架的姿势；寒光闪耀的牛角离你裸露的胸脯仅仅一毫米远。

它及时停下来了。牦牛不愧是懂感情的动物，虽然恨你，却不忍心伤害你。

一股暖流在你胸中激荡，你伸出手，抚摸它憔悴的脸庞和枯瘦的肩胛，你的眼睛热辣辣的，滚出一串泪。这是悔恨的泪，感激的泪。泪水滴在艾蒂额头，顺着长长的牛鼻梁漫进它的嘴唇。牛舌蠕动着，似乎在品尝着泪的滋味。突然，它发出一声长哞，声音低沉喑哑，发自肺腑，如泣如诉，摄人心魄。它虽然是头不会开口说话的畜生，但它什么都懂；它知道你不是有意伤害白月亮的；它知道你是出于无奈才把它囚禁在牛厩里；它知道你的内疚和悔恨；它也知道你是在冒着生命的危险打开牛厩门栏想拯救它的性命。它不能不恨你，也不能不爱你，强烈的爱和恨在它心里交织着冲突着，所以才会一见你就凶恶地举着牛角抵撞过来，又在最后一瞬间勒住了自己的野性冲动。

你情不自禁抱住它硕大的牛头，就像抱住一个受了委屈的伙伴。它庞大的躯体摇晃了一下，就像冰山被阳光泡酥了，四肢软绵绵地站不住，咕咚跪倒在地上。它激情熄灭了，力气耗尽了，长毛枯槁，肩峰凹塌，又恢复了原先病怏怏的神态，只有那双牛眼，越来越清亮，泛起一片晶莹，滚出两颗泪珠。

“艾蒂，我对着神圣的日曲卡雪峰起誓，我一定给你找个称心如意的伴，让你生下活泼可爱的牛犊，成为世界上最幸福的母牛！”

你也跪在地上，捏着拳头郑重地说道。

“山娃子，快，朝自己身后的影子啐三泡口水，收回你刚才的誓言！”阿努大叔不知什么时候进牛厩的，站在你背后说。

“阿努大叔，我起的誓有啥不对吗？”

“小孩子家不懂事。男人的誓言是蘸着血写在他生命上的。可不是闹着玩的。”

“阿努大叔，你放心好了，我就是用我的生命在起誓。是我误伤了白月亮，我得赔它。我不收回我的誓言。”

“孩子啊，我用千年羊骨给艾蒂占过卦，它命中无崽，生一个就要死一个，你发了毒誓，将来后悔都来不及的。”

“我不信。你这是骗人。”

阿努大叔摇头叹息地走了。

你念过书，知道神汉是一种愚昧和迷信，你才不信阿努大叔有预测未来的本事呢。

艾蒂仿佛听懂了你的誓言，默默注视着远方的日曲卡雪峰，颔首致意。

说也奇怪，没有灌汤药，也没有在牛屁股上扎针，艾蒂的病就不治而愈。它贪婪地嚼咬着你割来的草料，不到一个月，又变成一头毛色光滑丰满健壮的母牛了。

翌年冬天，艾蒂在火塘边产下了一头浑身漆黑，面颊上分布着四块对称白斑的小牛犊。你给这头小牛犊起了个别致的名字：花面崽。

你连滚带爬从安全地域又回到阴森恐怖的黑谷。你要抢在雪崩前把艾蒂引出黑谷。你发过誓要让它做幸福的母亲的，如果听任它被雪崩埋葬，你的誓言就永远也无法兑现了。你是个男子汉，男人的誓言浓如血烈如酒重如山，只有连狗都瞧不起的懦夫才会让自己的誓言淡如水稀如云贱如草。

离艾蒂还有十几步远，你就轻轻抽出佩挂在腰间的长刀，藏在身后。这是一把锋利无比的祖传猎刀，曾剖开过狗熊的胸膛。冰雪溅落在薄薄的刀刃上，发出清脆的颤音。

你有把握把艾蒂引出黑谷。你摸透了艾蒂的脾性，它把花面崽视为自己的命根子，你当着它的面割断了花面崽的脖子，不用邀请，它就会踩着你的影子疯狂地朝你追击。

你不是鲁莽的孩子，在踅回黑谷的路上你已观察好了奔逃的路线和脱险的办法。善良忠厚的艾蒂绝对想不到你会采取如此残酷的做法。当你突然挥刀劈倒花面崽后，艾蒂一定惊呆发愣，而你却有充分的思想准备，扔下沾血的刀拔腿就跑，等它清醒过来，彼此已拉开了好几十米的距离。牦牛并不是善跑的动物，尤其上坡，庞大的身躯是一种累赘，很影响速度。感谢老天爷，从谷底到安全地域一路都是上坡。你是山里的孩子，爬坡赛跑是你的拿手好戏，你想你不会被艾蒂追上的。逃出黑谷后，山梁上就有一棵几围粗的冷杉树，你可以爬到树上避难。再进化一千万年，牦牛也不会爬树的。在即将发生的这场性命攸关的人与牛的赛跑中，你觉得自己赢的希望是很大的。

山脊线的雪流夹杂着稠密的雪团冰块，日曲卡雪峰上不时传来闷沉如雷的轰响，那是巨大的雪块在开裂在摇晃。雪块的表层流动着一层不祥的青光，宛如打着哈欠已经醒来的青面獠牙的妖怪。黑谷里弥漫着一股死亡的气息。艾蒂身上披着厚厚一层白雪，在雪团冰块的袭击下岿然不动，好似一座冰雕。

你心里很明白，你把艾蒂救出黑谷，它也绝不会对你感恩戴德的，恰恰相反，你冒险救出去的将是不共戴天的仇敌。当你亮出背后的长刀，在艾蒂的眼里，你就是老虎就是雪豹就是豺狼就是生番就是屠夫就是妖魔。你已经误伤了白月亮，又当着它的面杀死花面崽，这血仇恐怕一辈子也化解不开了。

这没什么，你想。阿爸常说，男人活在世上总要受各种各样委屈的。

又一串冰层开裂的响声滚下黑谷，花面崽似乎预感到灭顶之灾即将来临，竖直柔嫩的脖颈，哞哞惊慌地叫着。艾蒂用粉红色的舌头在花面崽脸颊和脑门上不停地舔吻着，像是在告诉自己的宝贝，别怕，妈妈在你身边。

多么感人的母亲的慈爱，你握刀的手有点软了。你从艾蒂背上抓起一把雪，狠狠抹了抹脸，抹去这多余的柔情。

你弓着腰扑上去闪电般朝花面崽竖直的脖颈砍了一刀。

盆形黑谷里耀起一道弧形的白光。

你的手臂一阵发麻，传来牛骨被钢刀斫断的咔嚓声。你看见花面崽的头颅像长了翅膀似的飞离躯体，在空中打了个旋转，稳稳地落到雪地上。

艾蒂震惊了，悲怆地长哞一声，身上那层白雪霎时间被怒火炸得像群惊飞的白鸟。它又变成一头黑牦牛，怒不可遏地朝你冲来。

你回过神来，撒腿奔逃。这是一步之遥的追击，幸亏是爬坡，你手脚并用，使出吃奶的劲，才躲过了牛角的锋芒。

你终于逃出了黑谷，同你预料的一样，艾蒂盯着你的身影穷追不舍，也跟出了黑谷。你踉踉跄跄朝那棵傲立在山梁上的冷杉树奔去。你终于抢先几步来到树旁，你搂着树干，往上攀爬，糟糕，树干上挂着一层冰凌，你刚爬到树半腰，一脚没抠稳，吱溜又滑落下来。艾蒂嘴腔里喷出的那股腥臊的热气流灌进你的衣领。再继续爬树肯定会被牛角活活钉在树干上的。你双脚用力在树上一蹬，身体斜斜地弹射出去。

咚，艾蒂的双角深深刺进树干，震得树冠哗啦啦颤抖，抖落一层暴雨似的冰凌雪尘。

你在雪地里打了两个滚，爬起来沿着山梁往前跑。艾蒂发疯般地追撵上来。

在平地上，牦牛奔跑的耐力和速度都要超过人。

你跑着跑着，突然觉得背后像被谁猛击了一掌，身体轻盈地飞了起来，在半空中形成一条抛物线，刚好落在陡崖的边缘，好险哪，再稍稍飞远一些，就跌进黑谷了。你手撑着白雪想站起来，身体沉得像石头，动都动不了。你晓得自己已被牛角撞着了，奇怪的是背部并不觉得疼，只是有点发麻，还燠热得难受。你反转手臂在背上摸了摸，摸到一层黏黏的液体，再擦擦眼前的雪，白雪变成了红雪。

艾蒂气咻咻地赶过来，威严地站在你面前，两只牛眼可怕地发绿，迸射出两股凶光。它又朝你垂下尖角。这可恶的畜生，还嫌撞得不够吗？这一次，牛角并没刺进你的身体，而是探进你身体底下的雪层。牛脖上的肌肉拧成麻花。你明白了，这疯牛是要将细长的牛角像铲刀似的把你铲起来抛进黑谷去！它是要在花面崽遇害的地方进行血祭。你受了重伤，匍匐在地上无力抗拒，只好听任它摆布了。

牛角将你的身体抬了起来，就在这时，对面的日曲卡雪峰訇地传来山崩地裂般的巨响。艾蒂从你身体底下抽出牛角，和你一起循声望去，山峰上悬吊着的巨大的雪块坠落下来，砸在半山腰上，碎成几瓣，扬起沙暴似的雪尘。厚达数米的雪尘铺盖黑谷，眨眼工夫，黑谷里的岩石、灌木、小路和花面崽的躯体统统消失得无影无踪。挺拔峻峭的日曲卡雪峰仿佛不堪忍受积蓄了整整一个冬天的冰雪的重负，不停地抖动身躯，山壁上的冰雪一片片一块块朝黑谷倾倒，黑谷里沸腾起翻江倒海般的雪浪，蔚为壮观。

艾蒂站在陡崖边缘，呆呆地看着。突然，它伸直脖颈朝黑谷对面的日曲卡雪峰哞叫了一声。你从来没听到过如此绵长凄厉的哞叫，音调忽而高亢忽而低沉，忽而嘶哑忽而圆润，像是揪心的悲鸣，又像是灵魂的哭泣。你躺在地上，听得毛骨悚然。

突然，它转身站到你面前，朝你垂下倔强的头颅。一条温热的湿漉漉的牛舌在你额角轻轻舔了舔。你看见，两滴忏悔的泪从它茸毛密布的牛脸滚下来。

艾蒂，这没什么，我也有对不起你的地方。

你张开嘴想说，却说不出声来，喉咙里溢出一口腥热的血。

蓦地，艾蒂迈开四蹄跨出陡崖，朝黑谷冲下去。艾蒂，你这是要干什么呀？你想伸手去揪住那条蓬松的尾巴，但你已连抬手的力气也没有了。日曲卡雪峰还在猛烈地抖落雪块，黑谷差不多已被冰雪填满。你看见，艾蒂琥珀色的牛角在冰雪上抵撞出一个窟窿，四条健壮的牛腿划拉着，像条黑色的大鱼，游向雪层深处。它一定是想赶回花面崽身边。

艾蒂，快回来，生活还可以重新开始，我起过誓，会让你养大一头活泼可爱的小牛犊的。

又一片崩塌的雪扑进黑谷，窟窿不见了，黑色的大鱼也不见了。黑谷盛满了冰雪，隆起圆圆的穹顶。

你身体热得要命，眼皮也睁不开了。

## 【阅读提示】

# 闲话牛与人

牛是人类最早驯化的家畜之一。人类究竟是怎样成功地把脾性暴烈的野牛驯化成俯首贴耳的家牛的，历来众说纷纭。

我对先人如何驯化野牛有自己独到的见解，我以为太古时代的某天某位先人外出狩猎，突然发现一只恶豹和一头野牛正在搏斗，野牛已伤痕累累快不行了，先人认出这只恶豹前几日咬杀了他的一个兄弟，为了复仇，先人举着木棒和石块介入这场纠纷。先人也极难单独对付豹子，危急关头，负伤的野牛赶过来用牛角捅死了恶豹，替先人解了围。鲜血凝结了牢不可破的战斗友谊。先人出于感激，替牛疗伤。牛觉得人这种异类动物心肠蛮好，和人生活在一起能不遭猛兽袭击，有安全感，于是就留在了先人身边。那时先人还没开化，并不觉得自己是万物之灵长，天地之主宰，而把自己摆在一个和牛平等的位置，把牛看作是可以同甘苦的朋友。牛出于报恩，闲来无事就帮先人驮运东西或牵拉木犁。牛老死或病死后，先人不仅不食，还像对待同类那样举行安葬仪式。牛对人愈加信赖，愈加感恩戴德，矢志不渝地跟着人类过日子。后来，人进化了，变聪明了，就翻脸不认牛，利用牛的滴水之恩涌泉相报的品性让它整天拉犁驮架服苦役，对老牛也觉得弃之可惜，安葬麻烦，不如吃掉安逸。我觉得我这种解释角度新颖，是翻开了历史新的一页，虽然正宗的科学家未免会对我的理论嗤之以鼻。

现在牛与人的关系，真是不忍往细里说。

农家爱牛，我在农村插队六年，对此有切身体会。我的房东家境清贫，六十年代末才总算七拼八凑了一笔钱买回一头牯子牛，全家当它宝贝疙瘩，天天牵它到河里给它冲澡，用梳子替它篦虱子，用葵扇替它驱牛虻；它生了病，翻山越岭替它去请兽医，宁肯自己吃南瓜汤，也要用红糖熬糯米粥给它补养。不是亲人胜似亲人，令我感动。其实不仅农家，可以说人人都爱牛。人们对牛毫不吝啬溢美之词，称它是劳动人民的朋友，颂扬它脾性温顺吃苦耐劳，说它吃进去的是草，挤出来的是奶；充满敬意地把勤勤恳恳工作的人比喻为老黄牛，把乐于奉献的人比喻为孺子牛。仿佛牛是高尚与道德的化身，是人类行为的楷模。

但这只是两个物种间关系的一个侧面，还存在着另一个血淋淋的侧面。

人类用极小的代价将牛犊养大，然后用铁器蛮横地将牛鼻扎通，用鼻绳——变相的锁链锁住牛，驱使它套上木轭在没膝的泥沼中牵拉犁铧艰难跋涉，役使它背着鞍架在崎岖的山道上汗流浃背地运送货物。假如牛想偷懒，鞭子就会毫不留情地在它背上抽出一道道血痕。

就说我那位房东吧，在我插队的最后一年，那头牯子牛牙口已过十岁，青春磨损，容颜衰老，多耕两趟地就会累得口吐白沫，房东便有了嫌弃之心，全家商量后决定催肥了零卖。只有劁过（即像制造太监似的阉割）的公牛才会肥，于是就把它四蹄捆绑紧了，掀翻在地，用类似古刑具拶子的木夹夹住牛卵泡，慢慢将睾丸夹扁轧碎。牯子牛在地上声嘶力竭地哞叫。包括房东在内的围观者脸上都挂着一抹暧昧的笑意。三个月后，牛催肥了，就要开宰。那天，当牛被屠夫牵走时，房东一家子都流泪了，老牛也热泪盈眶，但等到新鲜的牛肉做成佳肴，房东一家却吃得兴高采烈、满嘴流油。

爱也深沉，吃也痛快。

即使那些对牛的品性佩服得五体投地，并不知是出于自谦、自豪，抑或自傲而自诩为牛的人，也没听说有人不吃牛肉的。

每想到这一点，我就觉得有点滑稽。我觉得牛与人的关系是很够档次的黑色幽默。面对将爱戴与杀吃这两种水火不能相容的感情同时施于牛的人类，我作为其庞大种群的一分子，会有一种羞赧与愧疚。但我也和其他人一样，羞赧归羞赧，愧疚归愧疚，牛肉是照吃不误的，尤其爱吃将五脏六腑剁碎后煮得又糯又香的牛杂碎。

不知道这是人类的虚伪，还是人类的成熟与明智。

但孩子对待动物的态度就完全不同。我们家就曾发生过这么一件小事。我儿子九岁那年，一位朋友送他一只小兔，小兔全身绒毛雪白，两只兔眼像两粒红玛瑙，挺惹人爱。儿子天天捡菜叶喂它，小兔很乖巧，听到儿子的脚步声便会从沙发底下或冰箱背后跳出来，直立起两条后肢去咬儿子手中的菜叶。儿子给小兔起名叫小乖乖。几个月后，小乖乖变成大兔。一次有客从远方来，我便倒提兔腿将兔脑袋闷进水里呛死，这种杀兔法据说能使兔肉更鲜美，然后剥皮削骨做了一大锅红烧兔肉，准备飨客。儿子放学回家，伤心地哭起来。我谆谆教诲，兔就是兔，它存在的价值就是为了丰盛人类的餐桌，兔生来就是被人吃的，杀它合情合理，自然顺畅，犯不着为它流泪。我觉得我说的道理放之四海而皆准，但儿子偏不听，搂抱着给兔子当窝用的纸盒，嘴里念叨着小乖乖、小乖乖，悲痛欲绝。我、妻和朋友都觉得儿子太幼稚，太不懂事，太孩子气，实在可笑；可同时我们又觉得受到了某种无形的压力，灵魂好像在遭受某种形式的拷问。三个成年人脸上虽然都还挂着微笑，笑意却生涩并有点尴尬，围着餐桌，迟迟不动筷箸。最后妻将一锅红烧兔肉倒进纸盒埋葬花园，儿子才勉强止住泪。

我觉得孩子的思维与感情，有点像太古时的先人；孩子的心里，还没形成物种的优越感。他们平等地看待周围的动物，他们觉得自己和动物是可以进行真诚的感情交流与心灵互渗。他们无法把爱与吃这两种截然不同的感情合二为一。他们不会制造黑色幽默。他们的价值取向和成年人的价值取向有着质的差异。

于是就有了《雪崩》这篇动物小说。

用成年人的价值观去判断，山娃子所作所为显然幼稚可笑，死得也毫无必要。成年人眼里，牛就是牛，怎么能跟人相提并论呢？在山娃子的阿妈看来，误伤了那头名叫白月亮的母牛，当然惋惜，却并非什么了不得的罪过，面对发疯发狂的母牛，最佳办法就是斩草除根，一劳永逸地解决问题。这谈不上什么残酷，是很实在的选择。为了人的利益而牺牲牛，顺理成章，天经地义。然而，山娃子却不这样想，他是少年，他还没学会站在人的高度草菅牛命，他不惜用自己的生命去忏悔去赎罪。

与太古时的先人相比，现代人的精神日益丰满。丰满当然比枯瘦好，但太丰满了却会显得臃肿，就要减肥。我觉得优秀的儿童文学对成人读者来说，就是一种精神减肥，使斑驳杂乱、混沌累赘、肿胀的精神世界变得清秀苗条、单纯自然、明净；使成年人成熟得已渐冷寂的心在孩子气可笑的举动面前引起一阵纤颤，给世界增添些许温馨。

这是我所以要写《雪崩》的动机。

# 第7堂课

## 永恒的母爱

# 巨蜥母亲

## 一、绿顶点和红指甲在同一地点产卵

绿顶点从箐沟里咬来一块草皮，拖到马蹄形灌木丛里，将地上最后一点裸露的沙土遮盖好，然后，后退几十米，仔细端详了一番。那只它辛辛苦苦挖了整整一夜才挖出来的沙坑，此刻已经被填得平平整整，上面严严实实铺了一层草皮，就像穿了一身迷彩装一样，很难再看出什么破绽来了。它这才长长舒了口气，拖着疲乏的身体，缓慢朝两三百米外的珍珠水塘爬去。

这是一条长约两米的雌巨蜥，全身灰黑，脑门心却长着一块绿斑，就像一片绿叶掉在了头上，名字就叫绿顶点。它是昨天夜里悄悄来到这片茂密的灌木丛，在松软的红沙土上挖了一个半米深的坑，当作自己的产房，将二十枚卵产在沙坑里，排成一个整齐的六角星，然后又用浮土将沙坑填平，再从约一里外的箐沟衔来草皮，细心地将沙坑伪装起来。

绿顶点必须谨慎再谨慎。它已经是第四次产卵了，套一句流行语，它已经是第三次做准妈妈了，不幸的是，它前三次产下的卵，都中途夭折了，多次失败，让它变得格外小心谨慎。热带雨林，危机重重。老虎、豹子、鳄鱼、蟒蛇、眼镜蛇、黑熊、野猪、狗獾、鹳鸟……地上爬的，水里游的，天上飞的，许多食肉禽兽都钻头觅缝想尝尝巨蜥卵鲜美的滋味！它一定要吸取以往三次失败的教训，把每一个防范细节都做得尽善尽美，保证刚产下的这窝宝贝蛋能孵化出一群活泼可爱的小巨蜥。

绿顶点一面缓慢向前爬行，一面轻轻摆动那条长长的大尾巴，将留在潮湿沙地上的脚印扫除干净。这也是一种防范，以防视觉敏锐的食肉兽跟踪它的脚印，找到那窝宝贝卵。

爬出五十米开外，是一条隆起的土丘，翻过土丘，是一片热带雨林，穿过长满层层叠叠植物的雨林，便是碧波荡漾的珍珠水塘了。

绿顶点又饥又渴又累，想着能早点去到珍珠水塘，饮一通甘甜的水，最好能捉一只正在泥塘里打滚的野猪崽子，填饱辘辘饥肠。于是，它加快速度，两只强有力的前爪攀住土丘边缘，大尾巴支在地上，两条后腿用力一蹬，整个头部和大半个身体便蹭地一下蹿出一米多高土丘，只要再使把劲，很快就能翻过土丘去。

但突然间，绿顶点停止了翻爬土丘的动作，眼睛直勾勾盯着前方，身体像块石头一样一动不动，只有那条鲜红的叉形舌头，从微微开启的嘴吻间伸出来，快速吞吐着，就像一朵跳动的火苗。

分叉的舌头，是巨蜥身上最重要的器官之一，能灵敏地感知左右两个方向的气味来源，捕捉到飘浮在空中的气味颗粒，以此来准确判别猎物或天敌所在的位置。

绿顶点看见，在它的面前，也就五六米远的地方，赫然出现一个同类，也在快速吞吐着火焰似的叉形舌须，也是灰黑色的身躯，有一点不同的是，左前脚中间两枚指爪色泽鲜红，就像涂了一层丹蔻。哦，就叫它红指甲好了。

绿顶点那条细长分叉的舌头，也在同一瞬间准确捕捉到了丰富的信息：对方也是一条雌巨蜥，年纪比它轻，大概牙口七岁左右，肚皮空瘪瘪，散发出产后虚弱的征兆,四只爪子和大尾巴上蘸满红色泥沙，犬牙交错的唇齿间还粘着许多青草。

绿顶点的视线向红指甲身后延伸，约五十米开外，灌木丛深处，有一块地方，虽然也盖满草皮，但四周散落不少新土，还是明显能看出被翻动过的痕迹。

毫无疑问，那是红指甲刚刚产完卵的土坑。

刹那间，一股血流直冲绿顶点的脑门。巨蜥虽然是冷血动物，但遇到生命攸关的紧急情况时，体内仍然会血流涌动，激情燃烧。绿顶点立刻昂起头，张开嘴，露出满嘴尖利的牙齿，摆开一副扑咬的架势。

红指甲也从惊愕中回过神来，龇牙咧嘴，抖动身体，摆出殊死搏杀的姿态。

巨蜥属于爬行动物，许多爬行动物都有同类相食的陋习，巨蜥也不例外，成年巨蜥饥饿时会捕食幼蜥，也会掘食土坑里的巨蜥卵。所以，产完卵的雌巨蜥，是绝不会允许有其他巨蜥在自己产房附近出现的！

绿顶点的第一个念头，就是扑上去，暴风骤雨般狠命撕咬，把红指甲从这片灌木丛赶走，赶得越远越好！

绿顶点猛地身体向前耸动了半米，红指甲并未胆怯地向后退缩，恰恰相反，也嗖地向前蹿行一米，张开大嘴，显示出决不妥协决不退缩的勇气来。

双方都将脑袋尽量昂起，身体尽量抬高，努力在气势上压倒对方。树林一片寂静，只有雀鸟在啁啾。巨蜥虽然舌头很长，但不会大声吼叫，生气时只会发出咝咝轻微的声响。虽然对峙的双方都沉默无声，但此时无声胜有声，于无声中听惊雷，彼此都感觉到了激烈的心跳和厮杀爆发前的紧张。

绿顶点又往前冲出两步，红指甲也不甘示弱，尾巴用力一摇，也往前跨了两步。此时此刻，两根火焰似的叉形舌头，吞吞吐吐，就差那么两公分，舌尖就要触碰到一起了。

但就在这节骨眼上，绿顶点突然间心里打了个寒噤，向前扑蹿的动作停顿了下来。

要是有取胜把握，绿顶点毫不犹豫就会冲上去展开一场生死搏杀。但眼睛看到的和叉形舌头捕捉到的所有信息告诉它，这是一场势均力敌的搏杀，无论从意志还是从力量来说，它都没有取胜把握。对方也是一条刚刚掘坑产卵的雌巨蜥，凡产完卵的雌巨蜥，在自己的产房附近，为了保护自己的宝贝卵，都有搏杀到底的意志和流尽最后一滴血的勇气；对方身体大小与自己相当，也有犬牙交错的大嘴和强有力的尾巴，年纪比自己要轻两三岁，体力绝不会比自己弱，打斗起来，自己是很难占上风的。

倘若现在是在争一顿美食，或者在争一块水源，绿顶点或许会明智地选择撤退。犯不着两败俱伤，犯不着同归于尽。活着，是最重要的，避免受伤，是最重要的。但此时此刻，它绝不可能撤退。它的身后是刚刚产下的一窝宝贝卵，即使粉身碎骨，它也绝不能后退半步。虽然它费了九牛二虎之力在土坑上盖了一层草皮，就像穿上了迷彩装，但这样的伪装，只能骗过鹳鸟或野猪的眼睛，绝对瞒不过另一只雌巨蜥的眼睛。它很清楚，倘若它撤退了，红指甲会轻而易举地找到它的产房，毫不迟疑地将它辛辛苦苦产下的二十枚卵吞进肚皮去。

任何一只雌巨蜥都会这样做的。食物是有限的，生存资源是有限的，消灭了对方产下的卵，就是为将来孵化出来的自己的小宝贝消灭了潜在的竞争对手，就是为自己的小宝贝扫除了一个生存障碍。吞下对方的卵，也能为自己产后虚弱的身体补充营养，何乐而不为呢?

所以，绿顶点无论如何也不会选择撤退。

唉，怪自己太粗心大意了，竟然没发觉有另一只雌巨蜥也在这个地方产卵。怪自己太钟爱这块珍珠水塘了，也怪这条隆起的土丘，遮挡了视线，阻断了声音，隔绝了气味，没能及时发现红指甲也在同一块区域掘坑产卵。

要是现在二十枚宝贝卵还在它绿顶点的肚皮里，看到红指甲已经在珍珠水塘附近产卵了，它会选择悄悄离开的，珍珠水塘虽好，但同时有两条雌巨蜥来这里产卵，天堂就变成地狱了。现在，卵已经产下了，大错已经铸成，想后悔也已经来不及了。它不可能重新掘开土坑，把二十枚卵吞进肚去然后再找个合适地方重新产一遍的，它也无法用嘴衔着宝贝卵转移到另一个地方去孵化，雌巨蜥没这个本事。

无法挪窝，无法重来，便只有坚守。

红指甲作为一只刚产完卵的雌巨蜥，想法当然与绿顶点大同小异。彼此谁也不肯撤退，谁都抱着要死守下去的决心。

双方都张着大嘴，露出尖利的犬牙，剑拔弩张，互相对峙着。

绿顶点在心里盘算，一场殊死搏杀肯定是避免不了了，希望能等到一个最佳进攻时机，比如飞来一只黄蜂，或者草丛里蹦起一只蚂蚱，让对方瞬间走神，或短暂地分散了注意力，这个时候，它竭尽全力扑蹿上去撕咬，或许就能占上风，咬红指甲个措手不及。还有一种可能，长时间的对峙，红指甲忍受不了了，精神快要崩溃了，扭头想退却，这当然是进攻的绝佳机会，它猛扑上去，一口咬住红指甲的颈侧，死死咬住再也不松口，一击而制胜。

遗憾的是，等了老半天，既没黄蜂飞临，也没蚂蚱蹦起，对方也没出现扭头退却的迹象，一句话，没等来绝佳的进攻机会。

双方就这样盘算着、等待着、僵持着。

晨雾散尽，太阳一点点爬高，阳光由轻柔变得猛烈，气温由温暖变得炎热，绿顶点体内就像着了火一样，炙热得快要窒息了。

巨蜥属于爬行类变温动物。变温动物也叫冷血动物。所谓变温动物，就是体内没有调节体温的机制，环境温度高了，体温也随之升高，环境温度低了，体温也随之降低。所以，巨蜥既不能生活在寒冷的地方，气温偏低，巨蜥体温也随之变低，身体会显得僵木而不灵活，也不能长时间暴露在强烈的阳光下，气温过高，巨蜥体温也持续升高，火烧火燎，变得非常难受。

两条雌巨蜥，趴在没有树荫遮凉的土丘上，长时间暴露在亚热带猛烈的阳光下，身体都快干裂了，都渴望着能爬到阴凉的湿地去，散发体内多余的热量。但谁也不敢先动弹，生怕自己退缩时，会给对方抢得攻击的先机。

时间在悄悄流逝，两条雌巨蜥，谁也不晓得该如何收场。

## 二、齐心协力对付黑尾蟒

一条突然出现的黑尾蟒，打破了绿顶点和红指甲之间的僵持。

这是一条约五米长的黑尾蟒，从珍珠水塘登上岸，正沿着潮湿的灌木丛，长长的身体波浪似的扭动着，向土丘游来。

绿顶点和红指甲不约而同地扭转脖颈，朝那条黑尾蟒张望，又不约而同地快速吞吐那条叉形舌头，收集黑尾蟒的气味信息。

从黑尾蟒身上传播出来的气味颗粒，绿顶点掌握了两个关键信息：第一，这是一条已经蜕过七层皮的壮年母蟒蛇，牙口约八岁左右；第二，这是一条正在钻头觅缝找寻猎物的蟒蛇，肚子空瘪瘪，眼睛里闪烁着饥馑的光。

绿顶点扭转的脖颈又摆正，直勾勾望着红指甲，仿佛心有灵犀，这个时候，红指甲扭转的脖颈也摆正了，双方对视了两秒钟，突然间，各自都往后退了一步，就好像达成了某种默契似的，又一起将高耸的脑袋垂落下来，身体平平地贴在地上，然后，好像商量好了一样，各自迅速转身向自己的产房撤退。

对雌巨蜥而言，这是面对天敌接近自己宝贝卵时的一种本能反应。

在西双版纳热带雨林，很多猛禽走兽都对巨蜥卵构成威胁，其中蟒蛇是威胁最大的天敌之一。蟒蛇与巨蜥一样，也属于爬行动物，也需要温热的气候、茂密的树林和丰沛的水源，蟒蛇和巨蜥的食物也大体相同，多以鸟卵、啮齿动物和小型哺乳动物为食；它们的繁殖方式也大同小异，在松软的沙土地上挖一个浅坑，产下卵来进行孵化。自然界有一条规律：行为与食性越相近的动物，它们之间的紧张度也越高。母蟒蛇喜欢搜寻并扫荡巨蜥产房，为自己宝贝争夺生存空间，母巨蜥也同样乐意将找到的蟒蛇卵吃掉，以提高自己后代的存活几率。这是一对不可调和的矛盾。密林深处，经常爆发蟒蛇与巨蜥之间的恶斗。

蟒蛇颊窝有热感应器，巨蜥卵在土坑里发育，会散发一定的热量，很容易被经过的蟒蛇搜寻到。巨蜥所产下的卵，起码有五分之一会被蟒蛇摧毁。

绿顶点和红指甲，发现蟒蛇靠近自己的产房，出于母性的本能，当然会迅速做出防范反应。同类之间虽然也有争斗，但比起蟒蛇来，危险性毕竟要小一些。

绿顶点退下隆起的土丘，迅速退到自己产房前灌丛里，忐忑不安地等待着。

红指甲也迅速退回到自己的产房前，躲进灌丛，紧张地做好御敌准备。

绿顶点和红指甲都惊讶地发现，它们的产房，离得这么近，相距顶多五十米，中间就隔着几丛低矮的灌木，灌丛的左侧是绿顶点产下的一窝卵，灌丛的右侧是红指甲产下的一窝卵。这是巨蜥世界绝无仅有的怪事：两条雌巨蜥，在同一个时间、同一个地点，犯了一个同样性质的错误。

沙沙沙，那条五米长的黑尾蟒，正沿着隆起的土丘不紧不慢地爬了过来。

绿顶点暗暗在心里祈祷，黑尾蟒能向右转，哦，尊敬的蟒女士，请向右转吧，右转好，右边有你感兴趣的食物！假如黑尾蟒果真如它所愿能向右转，爬向红指甲的产房，红指甲出于保护宝贝卵强烈的母性，必然会奋起反击，巨蜥虽然带着一个巨字，但毕竟只有两米多长，在五米长的黑尾蟒面前，还是小字辈的，红指甲与黑尾蟒搏杀，红指甲肯定是凶多吉少，先是被黑尾蟒绞索一样绞死，然后被吞进黑洞洞的蛇腹去。还有一种可能，红指甲面对凶狠的黑尾蟒，在最后一秒钟害怕了，胆怯了，逃跑了，那么，黑尾蟒就会长驱直入找到红指甲藏在土坑里的宝贝卵，就像人类吃汤圆一样，把红指甲的宝贝卵吞进肚去。

不管是搏杀后吞食了红指甲，还是红指甲溃逃后吞食了红指甲的宝贝卵，按照蟒蛇的习性，黑蟒蛇饱餐一顿后，就会离开，找个隐秘的洞穴，懒洋洋睡上十天半月，把肚子里的食物消化掉，然后才会再次出来觅食。

黑蟒蛇带来的生存危机，也就烟消云散了。

黑尾蟒果真扭动水桶般粗壮的身体，布满褐色斑纹的脑袋微微向右转动。

绿顶点心里暗暗窃喜，天遂人愿，不不，天遂蜥愿，祸水要往红指甲方向流了。

黑尾蟒那根鲜红的舌须，在往右侧不断伸缩吞吐，以确认右侧有无感兴趣的猎物。绿顶点将身体紧贴在地面，纹丝不动，连大气也不敢喘，等待黑蟒蛇完成向右转的意图。

它虽然看不见红指甲的表情，也听不见红指甲任何声音，但它完全能猜得出来，此时此刻，红指甲恐怕连指爪都吓白了，紧张得一颗心都快跳出嗓子眼了。

黑尾蟒已完成了转身动作，轻轻甩动尾巴，开始向右游走而去了。

就在这节骨眼上，突然，绿顶点身后草丛里传来“哗啦”声响。声音其实并不大，好像是两根细细的枯枝折断了，但在寂静的荒野，在这紧张得都听得见自己心跳的时候，这轻微的枯枝折断声，却显得特别突兀、特别刺耳，比听到平地一声惊雷更让它感到揪心。

绿顶点无声地扭转脖颈向后望去，原来是一只小松鼠，从树枝上跳下来，落到枯枝败叶上，弄出让它揪心的响动来。

那条黑蟒蛇，在松鼠落地的一瞬间，长长的身体停止了游动，唰地一下，脑袋竖了起来，瞪起一双疑惑的眼睛，抖动火苗似的蛇信子，左探探，右看看，似乎在重新寻思自己该往哪个方向觅食。

让绿顶点心惊肉跳的事还是发生了，黑尾蟒左右查探一阵，改变游走方向，往左边嗖嗖爬了过来。肇事的小松鼠早就逃回到附近一棵高大的木棉树上去了，祸水却不可阻挡地向绿顶点流了过来。

此时此刻，绿顶点有两个选择，或者殊死抵抗，或者逃之夭夭。抵抗的冲动很强烈，逃跑的诱惑也很强烈。它虽是人类眼中的冷血动物，却也有缠绵的母爱，为了能保全自己产下的一窝宝贝卵，它有勇气与来犯者拼个你死我活；但它也晓得，身长五米的黑尾蟒，是热带雨林顶级杀手，自己取胜的可能极小，一旦自己葬身蛇腹，失去了它的庇护，自己那窝宝贝卵绝无可能成功孵化出一群活泼可爱的巨蜥宝宝；留得青山在，不愁没柴烧，在强大的天敌面前，最明智的选择，就是逃跑。但它仅仅犹豫了几秒钟，就克服了恐惧本能，下决心要阻挡黑尾蟒接近自己的产房、吞食自己的卵宝宝。

它已经是第四次产卵了，前三次所产的卵，都被不同的食肉动物糟蹋了。它是一个失败的母亲，它特别渴望能做一个成功的母亲。不能成功地成为一个母亲，毋宁死！

黑尾蟒离绿顶点躲藏的草丛只有七八米远了，更糟糕的是，黑尾蟒火苗似跳动的蛇信子所指的方向，恰恰就是绿顶点身后那窝宝贝卵。黑尾蟒嘴角滴出晶亮的蛇涎，露出食欲和馋相，毫无疑问，黑尾蟒颊窝灵敏的热感应器已感知到了巨蜥卵的存在，它正兴致勃勃准备享用一顿蜥卵大餐呢。

绿顶点卯足了劲，准备冲出去扑咬。它希望能以迅雷不及掩耳之势蹿到黑蟒蛇身边，一口咬住蛇的脖子，打蛇打七寸，便有可能一击而制胜，赢得这场保卵大战的胜利。但它其实心里也明白，蟒蛇的反应能力绝不比巨蜥差，还没等它咬到七寸，自己就有可能被蟒蛇长长的身体五花大绑起来。就算它能成功咬住蟒蛇的脖子，蟒蛇粗壮的身体也会刹那间做出反应，绞索似的套住它身体，将它勒得喘不过气来。

这是一场胜算极小的搏杀，以卵击石的攻击。

但它必须向蟒蛇扑咬，它绝不能眼睁睁看着自己辛辛苦苦产下的宝贝卵被黑尾蟒像吃汤圆一样一只一只吞进肚去。

绿顶点紧绷的身体微微前后颠动，这是巨蜥即将闪电般扑咬的信号。黑尾蟒似乎还没察觉到绿顶点的存在，仍瞪着一双玻璃珠子似的眼睛，径直往那窝巨蜥卵游去。

现在出击，距离似乎还稍嫌远了一点。巨蜥发起突然袭击，最佳距离是三米。在三米距离内，巨蜥能像离弦的箭一样飙向目标，在对方做出反应前，咬向致命的七寸。绿顶点想，也许还应该再耐心等数秒钟，等该死的黑尾蟒再靠近些，彼此距离缩短到三米之内，再发起攻击，一击而制胜的可能性就要大得多。

几秒钟时间，却漫长得像一万年。

绿顶点突然就想起红指甲来。右侧方向，悄无声息。虽然看不见也听不见红指甲任何动静，但绿顶点完全能想象得到，此时此刻，红指甲一定躲在茂密的灌丛里窃喜。祸水流到它绿顶点身上来了，鹬蚌相争，渔翁得利，当然心里会乐开花。它与黑尾蟒即将爆发的恶战，双方同归于尽也罢，黑尾蟒把它活活吞噬了也罢，无论最终是什么结局，真正受益的肯定是红指甲。唉唉，便宜了红指甲。都是短命的小松鼠惹的祸，它真恨不得将肇事的小松鼠抓住，咬个粉身碎骨，方解心头之恨。

黑尾蟒再跨一步，彼此的距离就缩短到三米之内了。绿顶点把散乱的思绪收敛起来，死死盯着黑尾蟒的七寸，就要飙蹿出去了。就在这时，突然，黑尾蟒停止游走，身体腾地竖直，脑袋昂起足有两米高。蛇都有这个本事，能用尾巴支地，将身体竖直至身长一半的高度。登高望远，可以更大范围窥测四周可疑的动静。

黑尾蟒在两米的高度东张西望，鲜红的蛇信子快速吞吐。突然，黑尾蟒可怕的大嘴张开了，脑袋不再摇摆，直愣愣指向草丛中的绿顶点。

绿顶点脑袋嗡的一声，差点没有急晕过去。黑尾蟒的举动表明，这家伙已经发现躲在草丛中的它，摆开进攻架势了。

怪自己太看重所谓的有效攻击距离了，白白错失了偷袭良机。现在，只能面对面硬拼了。偷袭尚无取胜把握，面对面硬拼，肯定会死得很难看。可它已没有退路，它的身后是它的产房，产房里有一窝它辛辛苦苦产下的宝贝卵，它要和宝贝卵共存亡，它只有硬拼了。

绿顶点也站立起来，用强有力的大尾巴支撑地面，最大限度地抬高自己的身体，张开布满犬牙的大嘴，调整了自己的战术，由偷袭改为防御，准备应对黑尾蟒的攻击。它明白，自己丧失了偷袭机会，也就意味着失去取胜的可能，最好的结果，就是与凶猛的黑尾蟒同归于尽。巨蜥的进攻速度是没法与蟒蛇媲美的，蟒蛇的进攻动作快疾如风，无论它怎么咬，也摆脱不了被蟒蛇五花大绑的悲惨命运。最好的办法，就是等待黑尾蟒飙飞过来，当蟒蛇长长的身体将它缠绕起来时，它寻找机会一口咬准蟒蛇致命的七寸，再也不松开嘴。

这是唯一可以与黑尾蟒同归于尽的办法。

一条两米多长的巨蜥和一条五米长的蟒蛇，都竭力抬高自己的身体，相距不到三米，紧张对峙着。黑尾蟒竖立的身体左右摆动，摆动的幅度越来越大，这是蛇进攻的前奏。

眼瞅着腥风血雨就要落到绿顶点头上了。突然，黑尾蟒身后传来唰唰声响，一条黑色影子，旋风般刮向蟒蛇那条黑色的尾巴。黑尾蟒立即扭转身去对付来自身后的威胁。但已经迟了，那黑色影子已经落到蟒尾上，那蟒尾就像被火炭烫了一下，在地上胡乱蹦甩。黑尾蟒张开大嘴朝那黑色影子咬去。黑色影子敏捷地跳闪开了。

绿顶点这才惊讶地发现，在黑尾蟒背后偷袭蟒尾的，竟然是红指甲！

红指甲跳闪到一边后，还张着嘴，绿顶点看见，红指甲交错的犬牙间，有殷殷血丝，似乎还望得见褐色斑纹的蟒蛇皮，毫无疑问，红指甲在蟒尾上狠狠咬了一口。

绿顶点不晓得红指甲为何要在黑蟒蛇即将向它发起攻击时从背后偷袭蟒尾，鹬蚌即将相争，渔翁就要得利，偷着乐还来不及呢，干吗要出手相助？不不，巨蜥世界既不存在互相救助的说法，也根本不存在舍己救人这个词。一切都是利益的博弈，一切都是为了更有利于自己的生存。也许，红指甲是觉得这条黑尾蟒太强大了，怕黑尾蟒先收拾了绿顶点，再回过头去收拾自己；也许，红指甲饥渴难忍，看到蟒尾就在面前，出于食肉动物的猎杀本能，想咬一块蟒蛇肉来解解馋；也许，红指甲是被黑尾蟒吓得神志有点不清了，失去判断能力，见黑尾蟒背朝着自己，便引发了偷袭的冲动……

不管怎么说，祸水流向了红指甲，它绿顶点算是摆脱了危机。

黑尾蟒尾巴被咬伤，岂肯善罢甘休，恶狠狠朝红指甲扑咬，红指甲躲闪着，往土丘方向退却。红指甲的用意很明显，是想把黑尾蟒从自己的产床前引开，引到别的地方去。

以自己为诱饵，把危险从自己窝巢或幼雏面前引开，这是许多动物在紧急时刻惯用的手段。巨蜥也懂得这样的战术。

但黑尾蟒的游蹿速度比红指甲逃窜的速度快多了，刚去到土丘前，黑尾蟒突然弹跳起来，长长的身体魔幻般地飙飞出去，落到红指甲面前，红指甲想翻滚躲避，但已经迟了，黑尾蟒的身体刹那间灵活地套卷起来，就像一条巨大而结实的绳索一下套在了红指甲身上。红指甲狠狠咬住了黑尾蟒的身体，但黑尾蟒好像不怎么怕疼，身上强有力的肌肉快速收紧，把红指甲捆绑起来。

绿顶点跟随在黑尾蟒身后，相距也就三四米远，看得很清楚，也就几秒钟时间，红指甲已经被黑尾蟒缠绕得无法动弹，蟒蛇的缠绕能力极强，很快，红指甲就已被勒得双眼凸出，眼球布满血丝，仿佛要从眼眶里掉出来。它虽然还咬住黑尾蟒身体，但力量大减，已不可能更深更狠地继续狠命噬咬了，只要黑尾蟒再用点力勒紧，红指甲很快就会因窒息而无可奈何地松开嘴来。

蟒蛇是大自然威力强大的绞索机，很少有动物能从蟒蛇的绞杀中侥幸逃脱。

绿顶点明白，假如不发生奇迹，两三分钟后，红指甲就会被黑尾蟒勒得气绝身亡。再过一两个小时，红指甲就会被黑尾蟒囫囵吞进肚去。

这正是它最想要的结果。红指甲从这个世界上消失了，就意味着它的竞争对手消失了，它所有的担心和疑虑也消失了，它那窝宝贝卵将来生存道路上的障碍也消失了。

它何乐而不为，此时此刻，它应该窃喜才对。

但不知为什么，它就是高兴不起来，相反，心里很恼怒，也很纠结。要是刚才红指甲不跳出来在蟒尾上狠咬一口，现在遭黑尾蟒绞杀的，就是它绿顶点了。不管红指甲是出于什么原因从背后向黑尾蟒发起偷袭，关键时刻帮它解了围，把它从死神手里救了出来，这是不容否定的事实。红指甲救过它，现在红指甲命悬一线，它是不是也该出手相助？不不，这种知恩图报的感情，好像不该在巨蜥身上发生。绿顶点想，它是冷血动物，冷血动物的本质，就是冷漠、冷峻、冷酷，还应该加一个冷毒。它应该冷冷地注视着面前所发生的一切，用冷静的表情、冷凝的眼光看着黑尾蟒一点一点将红指甲绞杀致死。红指甲死了，笼罩在它和它那窝宝贝卵头上的死亡阴霾也就烟消云散了。对巨蜥来说，一切感情都是奢侈，它能平平安安活下去，一窝宝贝卵能顺顺利利孵化出来，才是最最重要的。可是……可是……心口总觉得堵得慌，就像在太阳底下暴晒时间太长，会变温的血液沸腾得像要燃烧起来了。

我不能犯傻，绝不该在这个时候去袭击黑尾蟒！绿顶点想，可它的四只爪子，却好像不受大脑控制了，迅速朝黑尾蟒逼近。现在我是渔翁了，鹬蚌相争，我只要坐视不管，我就能轻松得利！它不断告诫自己，可它的嘴，却从背后狠狠咬住了黑尾蟒的颈部。

冷血也罢，热血也罢，情感的力量是很难用理智来控制的。

黑尾蟒专心致志在绞杀红指甲，冷不防背后受到攻击，且被狠咬了蛇最薄弱的七寸，立刻乱了方寸，收紧的身体旋即松开了。就像绳索被解开了一样，红指甲获得了喘息的机会，挣扎着从蛇圈里爬了出来。

黑尾蟒在地上蹦跶了几下，长长的身体又绕成套圈，向绿顶点套来。绿顶点早有防备，立刻松开嘴，撒腿就跑。

黑尾蟒衔尾猛追。

黑尾蟒的游蹿速度很快，嗖嗖嗖，就像一股冷风一样朝绿顶点吹过来。绿顶点感觉到，那条冰凉的蛇信子，几乎就要触碰到它的尾巴了。它后悔自己不该冒冒失失去咬蛇的七寸，替红指甲解了围，而自己却被燃烧着复仇毒焰的黑尾蟒给盯上了。舍己救人，傻也不傻？冤也不冤？它想，红指甲已被黑尾蟒勒得半死不活，好不容易死里逃生，胆子都已吓破了，力气也已耗尽了，不可能傻乎乎再来帮它了。

引火烧身，它是巨蜥世界天字第一号大傻瓜啊！

沙沙沙，黑尾蟒游蹿的速度越来越快，布满褐色菱状斑纹的脑袋，已悬在绿顶点身体上方，至多还有数秒钟，黑尾蟒就会照准绿顶点的脖颈咬下来，当绿顶点翻滚挣扎时，黑尾蟒长长的身体就会灵活地卷成一团，将绿顶点捆扎起来。

它已逃脱不了被黑尾蟒绞杀的悲惨命运，绿顶点想。它死了，它刚刚产下的一窝宝贝卵也不可避免追随它去往另一个世界。可怜的孩子，还没来到这个世界，就夭折了。怪只能它自己心太软，感情太冲动。什么叫感情，对巨蜥这样冷血动物来说，感情就是毒饵。可惜，它明白得太晚了。

黑尾蟒落到绿顶点身上，蟒蛇的皮肤凉冰冰、滑溜溜，眨眼间形成一个套圈，敏捷而又准确地往绿顶点脖颈上套。可突然间，黑尾蟒嘴巴歪扭露出痛苦的表情，已经落到绿顶点身上的蛇头往身后反蹿，长长的身体形成的套圈也散了形。绿顶点趁机从黑尾蟒身下逃了出去，再一次闯过了鬼门关。

逃出三四米远后，绿顶点好奇地扭头望了一眼。再一次出乎它的意料，原来是红指甲又从背后偷袭了黑尾蟒，在蟒尾上狠狠咬了一口，遭到攻击的黑尾蟒不得不扔下绿顶点，转身去对付红指甲。

狂怒的黑尾蟒连连蹿咬，红指甲左右躲闪。这一次，绿顶点不再犹豫，立刻蹿上去，照准那条蟒尾咬了一口。黑尾蟒不得不再次扔下红指甲，回转身来对付绿顶点。

心有灵犀一点通，绿顶点和红指甲都明白了一点：只要它们能互相救援，左右骚扰，前后夹击，黑尾蟒就无法占到便宜。如果它们分散开来自顾自逃命，要么宝贝卵遭到黑尾蟒的洗劫，要么自己被黑尾蟒绞杀。

合作有利于生存，那就合作吧。

对习惯于独来独往的巨蜥来说，互为依靠，互相支援，战胜强敌，这是十分新鲜的生存经验。

就这样，两条雌巨蜥，或一前一后，或一左一右，与黑尾蟒展开搏杀。黑尾蟒向红指甲进攻，绿顶点就绕到背后偷袭蟒尾，当黑尾蟒向绿顶点进攻时，红指甲就绕到背后偷袭蟒尾。黑尾蟒受到两面夹击，顾此失彼，疲于奔命，很快就累得支撑不住了，那条漂亮的蟒尾，也被咬得皮开肉绽，鲜血淋漓。

突然，黑尾蟒滚动比毛竹还粗壮的身躯，向绿顶点猛烈冲撞过来，绿顶点斜蹿躲闪，黑尾蟒并没衔尾追赶，而是蹿入草丛，落荒而逃。

绿顶点和红指甲在后面追赶，不不，是在后面驱赶，将危险赶得越远越好。黑尾蟒逃得很快，沙沙沙，在荒草丛中犁出一条小小的甬道，很快就消失在茂密的灌丛里。

危险终于远去。可以预料，尾巴被咬烂的黑尾蟒，今生今世，再也不会回到曾留下惨痛失败记忆的地方来了。

确认黑尾蟒已经逃跑，绿顶点已累得筋疲力尽，嘴干得就像含了一口灼热的火山灰，肚子也饿得一阵阵抽搐。扭头看看红指甲，也饥渴难耐，也力气耗尽。于是，两条巨雌蜥，不约而同地迈步向珍珠塘爬去，它们急需要用清凉的水降低自己的体温，急需找到果腹的食物，来塞饱自己的肚皮。

## 三、双方都想你吃了我，我吞了你

绿顶点趴在水塘边缘，脑袋和上半截身体晾在岸上，尾巴和下半截身体泡在水中，惬意地闭目养神。这是巨蜥独特的休闲方式，这种半晒半泡的姿势，既享受阳光的温暖，又享受水的清凉，还能自动调节身体温度。

相距约二三十米，那条名叫红指甲的雌巨蜥，也趴在一块礁石上，静静享受水的清凉和阳光的温暖。

巨蜥卵的孵化周期很长，大约需要六个月左右。巨蜥卵是自然孵化的，不需要雌巨蜥抱窝，但并不意味着雌巨蜥产完卵后会一走了之。出于母爱和责任心，在此期间，雌巨蜥会滞留在产房周围活动，以防其他食肉兽盗食自己的宝贝卵。绿顶点和红指甲，都是刚刚产完卵的雌巨蜥，是不会轻易离开珍珠水塘的。

绿顶点眺望红指甲，觉得很别扭。巨蜥生来就没有家的概念，巨蜥天生就是不合群的动物，即使不同性别的成年巨蜥，也仅仅在短暂的发情期相聚在一起，完成交配后，便分道扬镳，再无牵挂和往来。巨蜥是最典型的独来独往的食肉兽。现在，它和红指甲，却待在同一个珍珠塘，共同拥有这片小小的水域，当然会觉得很别扭。更让绿顶点无法忍受的是，它和红指甲都在同一片灌丛产卵，按常规，双方理所当然会为下一代的生存资源打得头破血流，争个你死我活，但此时此刻彼此之间却没发生可怕的搏杀。你晒你的太阳，我泡我的清凉，相安无事。这完全不符合巨蜥的行为规范。

天空掉下一只野鸭来，落到水塘里。这是一只飞翼间镶有金蓝色羽毛的绿头野鸭，不知什么原因翅膀受伤了，浮在水面上，一只翅膀收敛在背部，另一只翅膀却耷拉下来，落到了水里。绿头野鸭不断用扁扁的嘴喙梳理受伤的翅膀。绿头野鸭是巨蜥食谱中的美味佳肴，受伤的禽鸟容易捕捉，绿顶点立刻就有了猎食的冲动。巨蜥善游泳，它划动长长的尾巴，就像摇动船橹一样，向绿头野鸭追去。绿头野鸭很机敏，几次想飞都飞不起来，便嘎嘎叫着，划动一双金黄的蹼，迅速逃避。也不知怎么回事，绿头野鸭竟然往红指甲游去。要是正常光景，猎物逃到了红指甲面前，所有权似乎就转移到红指甲身上了，绿顶点再追过去的话，等于就是越界追撵，必然会引发一场恶斗。但此时此刻，红指甲闭目养神，对经过自己身边去追逐绿头野鸭的绿顶点视而不见，并没有摆出扑咬的架势来。

绿顶点顺利捉到绿头野鸭，吃了个痛快。

这以后，又发生了很微妙的事情。有好几次，绿顶点在珍珠水塘吃饱喝足，按照雌巨蜥的生活习性，要回产房去查看动静，爬到那条隆起的土丘，刚好红指甲视察完自己的产房，想返回珍珠水塘，双方在隆起的土丘碰头，不期相遇。窄路相逢，彼此有利益冲突，应该是一件很凶险的事情，但好像约好了一样，每一次相遇，各自都将脑袋转向另一边，就好像没看见似的，擦身而过，我走我的路，你走你的路，相安无事。

产完卵的雌巨蜥，照理说，从来就是以邻为壑，容不得别的同类出现。可现在，却与也刚刚产完卵的红指甲睦邻相处了，这种行为，无疑与雌巨蜥的本能相冲突，心里当然会觉得很不舒服。绿顶点当然明白，之所以它和红指甲没爆发生死搏杀，原因就是前几日它们曾联手对付那条凶恶的黑尾蟒，在强大的天敌面前，为了活命，红指甲救过它，它也救过红指甲，似乎有那么一点并肩战斗的情谊，不好意思撕破脸皮来厮杀。

虽然彼此都主动避让，但绿顶点心里很明白，它与红指甲之间的矛盾并没有解决，无非是被一层温情的面纱暂时掩盖而已。明摆着的，就这么一块适宜小巨蜥居住和成长的珍珠水塘，容不下两窝同时孵化的小巨蜥，作为母亲，绝对不会谦让，绝对会为自己宝贝的生存空间而大打出手。卧榻之侧岂容他人酣睡？和平是短暂的，感情是易变的，争斗是必然的，矛盾永远不可调和，就看这场生死恶斗什么时候爆发而已。

绿顶点的警惕心须臾不敢放松，什么时候神经都绷得紧紧的，暗中窥视红指甲的举动，随时准备与红指甲决一死战。

这天下午，绿顶点运气不错，在珍珠水塘左侧的烂泥潭里找到一只腐烂的野猪娃，巨蜥并不忌讳吃腐肉，狼吞虎咽，把整只野猪娃都吞进肚去，食物来之不易，当然不能浪费。只吃得肚儿溜圆，直打饱嗝。吃饱了，便爬到树荫下，休闲消食。太阳西下，阳光热而不烫，微风爽而不凉，惬意得发悃。抬头望望，两百多米外，红指甲正在湿地掘食田螺。四周很安静，用叉形舌头试探了一遍，空气中也没任何其他可疑的气味颗粒。于是，它迷迷糊糊睡着了。也不知睡了多长时间，一只鹩哥飞落到它身旁，发出滴滴——唧——嘹亮的鸣叫，把它从睡梦中惊醒。睁开眼睛，第一个念头就是扭头去看看红指甲还在不在掘食田螺。可湿地里空空如也，根本看不见红指甲的影子。它心头一惊，噌地站起来，尾巴支地，脖颈竭力升高，扩大搜寻范围，目力所及，仍望不见红指甲的身影。

它立刻迈动四肢，一秒钟也不敢耽搁，竭尽全力朝两三百米开外的那片灌丛飞奔而去。灌丛里，有它辛辛苦苦挖掘出来的产房，产房里，有它一窝宝贝卵。

红指甲不见了，这家伙一定是趁它熟睡之际，去掘食它的宝贝卵了。绿顶点想，两窝卵离得这么近，谁都想为自己的后代扫清生存障碍，谁都想为自己小宝贝争取最大利益，这是无法调和的矛盾。它应该早料到红指甲会来这一手的，怪自己被所谓的感情迷糊了双眼。多阴险狡猾的红指甲啊，在隆起的土丘与它狭路相逢将头扭开装出一副谦让的样子，允许它追赶绿头野鸭一直追到红指甲身边，这一切的一切，其实玩的都是障眼法，蒙蔽它的眼睛，麻痹它的心灵，让它丧失警惕，然后寻找机会，悄悄去到它的产房，捣毁它的宝贝卵。

唉唉，巨蜥原本就是冷血动物，所谓感情，都是骗术中的毒饵！

绿顶点穿过隆起的土丘，一口气奔到那片灌丛，在离自己产房约五十多米远时，恰好遇到正往珍珠水塘爬去的红指甲。这家伙肚皮鼓凸，一看就晓得刚吞吃了什么东西，嘴角还滴着白色的汁液，疑似巨蜥卵的蛋清。啊啊，果真扫荡了它的产房，掘食了它的宝贝卵！仇人相见，分外眼红。绿顶点发疯般地冲上去撕咬，红指甲仿佛早有准备，撒腿就跑。做了伤天害理的事，所以心虚想跑是吗？绿顶点拼命追赶，但红指甲跑得比兔子还快，一溜烟逃远了。逃得了和尚逃不了庙，你等着瞧吧！绿顶点心里还有更重要的牵挂，便停止追撵，急急忙忙去查看自己的产房，如果自己的宝贝卵真的被红指甲盗食，它一定以牙还牙以血还血，也冲到红指甲产房去，将红指甲一窝卵全部吞进肚去。

绿顶点恶毒地想着，扒开茂密的灌丛，来到自己的产房。出乎它的意料，产房完好无损，前几日它盖在土坑上的草皮，长出了一层绿茸茸的草苗，几只小蝴蝶在悠悠飞舞，没有任何被粗暴挖掘过的痕迹。

它又用叉形舌头在土坑上方伸缩探测，土坑里透出宝贝卵正在发育成长的生命气息，产房安然无恙，宝贝卵安然无恙。

啊啊，虚惊一场。啊啊，是自己多心了，错怪了红指甲。

绿顶点未免有点羞愧，回到珍珠水塘，在乱石滩上，恰巧又遇到红指甲，绿顶点第一次有了愧疚的感觉，当红指甲迎面走来时，还离得四五米远，绿顶点就拐到草丛里去了，也算是一种让路的意思，以示自己的歉意。

半个月后的一天傍晚，绿顶点像往常一样，沿着那条隆起的土丘，前往它产卵的那片灌丛，察看有无可疑动静。这是例行巡视，它之所以逗留在珍珠水塘，目的很明确，就是守护和照看自己产下的宝贝卵。这是它每天必须要做的事情。它去到自己的产房，哦，平安无事，一切正常。它扩大巡视范围，以产床为轴心，缓慢兜着圈子，以捕捉可疑的气味或动静。让它欣慰的是，方圆三百米内，没有发现任何值得警惕的陌生气味和异常动静。它满意地舒展一下腰，准备离去。就在这个时候，突然刮来一股凉风，乌云密布，电闪雷鸣，下起了暴雨。巨蜥是变温动物，气温下降，它体温也随之下降。冷雨落下来了，豆大的雨粒浇在身上，冷得它打了个寒噤。体温下降后，生命活力也就降低，四肢也变得有点僵木了。于是，它吃力地划动四条腿，想找个能遮挡的地方躲躲风雨。爬了几步，它突然发现，自己面前出现一个微微下陷的椭圆形土坑，虽然雨雾迷蒙，但凭借灵敏的叉形舌头，它还是探测到了这是红指甲的产房。土坑上面覆盖了一层新土，被雨水浇淋，新土有点下沉，所以微微有点下陷。它用尖尖的嘴吻伸进土坑，感觉到生命的热量。哦，红指甲的卵正在发育成长。

突然间，绿顶点冒出一个想法，它尖尖的嘴吻已经伸进土坑了，何不再往下拱，只要再继续往下拱半尺深，就能咬住红指甲的卵。这挺方便的，对它来讲。巨蜥没有同类相食的禁忌，吃掉这窝卵对它来讲，没有任何心理障碍。它今天运气不好，到现在为止，还没进过食，肚子早就饿得咕咕叫了，冷雨如注，饥寒交迫，它的身体都冷得僵木了，这窝卵，刚好够它塞饱肚皮。肚子填饱了，寒冷的感觉就会缓解。下这么大的雨，红指甲肯定是在珍珠水塘附近某个旮旯角落里躲雨，身体僵木，行动不便，绝不会冒雨跑到这里来察看产房，也绝不会听到或闻到它掘食卵的动静。现在盗食这窝卵，还有一个好处，当它吃完卵离去后，暴雨会将它留下的痕迹冲洗干净，会把它的气味吹散殆尽，红指甲查不出来是它干的。最关键的是，它吞食了这窝卵，就等于一劳永逸解决了它与红指甲之间不可调和的生存矛盾。

为了度过眼前的饥寒交迫，它应该毫无顾忌地吃掉红指甲这窝卵！

为了它的小宝贝将来的平安和幸福，它也应该毫不犹豫地吃掉红指甲这窝卵！

不吃白不吃，吃了也白吃。机不可失，时不我待，吃吧！

绿顶点稳了稳神，腿部肌肉绷紧，尖尖的嘴吻就要用力刺进土坑去。奇怪的是，那嘴吻似乎不听使唤了，怎么用力也刺不进松软的土层去。总觉得有一种比食欲更强大的力量，阻止它去叼咬土坑里的卵。不错，红指甲与它之间有着不同调和的矛盾，但趁着暴雨如注，偷偷地把红指甲的卵吃掉，是不是也太卑鄙无耻了啊。它记得很清楚，就在半个月前，当它吃饱喝足糊里糊涂睡着时，红指甲独自来到这片灌丛，也是有机会掘食它的宝贝卵的，可红指甲没这么做，它又怎么能忍心去捣毁红指甲的产房呢？人心都是肉长的，雌巨蜥的心也是肉长的啊。它不能昧着良心恩将仇报啊。

想到这里，绿顶点想要捣毁红指甲卵的冲动消失了。肚子虽然还饿得咕咕叫，但面对着自己嘴吻下的一窝巨蜥卵却神秘地失去了食欲。那些个巨蜥卵，在绿顶点的感觉里，仿佛突然间变成了有毒的果实，不不，是变成了长满倒刺的刺猬，心理上有一种强烈的排斥和恐惧，不仅倒胃口，还产生了躲避的念头。

于是，绿顶点往后退了两步，然后扭头离开了。就像躲开长满荆棘的刺窠。

白白丧失了一个既可以填饱肚皮恢复生命活力，又能一劳永逸为自己小宝宝扫清生存障碍的绝佳机会。

暴雨还在下个不停，绿顶点体温还在下降，身体变得越来越僵木，连爬动的力气也没有了，好不容易挪到那条隆起的土丘下，呆滞地趴在那里一动不动。一个多小时后，暴雨停了，云破天开，气温回升，绿顶点体温也跟着回升，这才有力气爬回珍珠水塘去找寻食物。

事后想想，绿顶点自己也觉得惊诧，都饿得半死不活了，都冷得全身僵木了，却守着一窝别人的卵舍不得叼食，也不知这是犯贱还是犯傻。

转眼四个月过去了，雌巨蜥绿顶点和红指甲之间仍维持着脆弱的和平。

更深夜静，绿顶点会悄无声息地爬到自己产卵点，伸出叉形舌头，在土坑上温柔地触碰抚摸。土坑里传来丝丝缕缕声音，灵敏的叉形舌头，也感觉到了小生命甜美的气息。它明白，自己的二十枚宝贝卵，埋在浅浅的土坑里，白天沐浴着温暖的阳光，夜晚吸收着蒸腾的地气，正在卵壳里茁壮发育成长。于是，一股母性的柔情，在它胸膛里弥漫开来。

再有两个月，奇妙的生物钟便会指向破壳而出的时刻，可爱的小家伙就会蹭破卵壳，钻出土坑，来到这个既有阳光也有风雨的世界。绿顶点心里很清楚，小小珍珠水塘，是养不活两窝四十只小巨蜥的，在求生愿望的指引下，四十只小巨蜥会为争夺有限的生存资源而大打出手，起码有一半会在自相残杀中死于非命。

这个巨大的矛盾究竟会如何收场，它心里很纠结，不知道该怎么办才好。

## 四、该死的印度鳄来了

雌巨蜥绿顶点虽然趴在磐石背后的阴影里，整块肚皮都贴在潮湿的泥土上，仍觉得体内就像有一只火炉在烧烤，热得难受。真正的怒火中烧，爬行动物赖以生存的降温机制好像也失灵了。这条可恶的印度鳄来到这里已经两天了，两天来，不分白天黑夜，雌巨蜥绿顶点都在密切注视着印度鳄的一举一动。它希望这条印度鳄只是珍珠水塘的匆匆过客，就像一个长途跋涉的旅人，把小小的珍珠水塘当作半道上遇到的驿站，走累了歇歇脚，口干了饮点水，肚子饿了觅点食，吃饱喝足休整一番后，便离开此地继续赶路。现在看来，它的希望破灭了。这条该死的印度鳄，在珍珠水塘逗留了两天，不仅看不出任何想要离去的迹象，恰恰相反，这家伙昨天夜里竟然不辞劳苦围着水塘爬了两圈，一面爬还一面甩动又扁又长的尾巴摩擦草茎树根，留下明显的气味与痕迹，好像在勘察自己的领地一样。种种迹象表明，这条印度鳄把珍珠水塘视为自己的领地，要在这里长期待下去了。这是彻头彻尾的侵略，地地道道的霸占，它绿顶点绝对不能容忍。

每个生命都需要生存空间。鸟类需要自己的领空，鱼类需要自己的领海，陆上动物需要自己的领地。对巨蜥这样的大型爬行动物来说，有很严格的生存限制。首先要远离贪得无厌的人类，居住地附近必须要有水源，还要有丰富的食物资源，由于爬行动物不是恒温动物，不能控制自身的体温，只能靠外界温度的变化来调节自己的体温，因此对气候也很挑剔，既不能太热，也不能太冷，太热或太冷对爬行动物的生存都会造成不利影响。珍珠水塘称得上是巨蜥这样大型爬行动物最理想的栖息地。珍珠水塘虽然面积不大，占地仅十来亩，但坐落在人迹杳然的崇山峻岭之中，不用担惊受怕会遭到猎人或猎狗的屠杀，水塘中央有一眼暗泉，汩汩冒着一串串珍珠似的泉水，终年不断，连续三个月不下雨水塘也不会干涸，水质清澈纯净，甘甜爽口，生长着许多小鱼小虾，水塘四周的树林和草丛间，生活着角雉、麻鸡、鸬鹚、野鸭等各种禽鸟，水塘还吸引了众多小动物，每到黄昏，黑麂、黄羊、野猪、草兔等纷纷到这儿饮水沐浴，源源不断为它绿顶点提供丰盛的食物。最难得的是，这儿地势不高不低，气候不冷不热，东面有大树蔽日，西面有沙滩可洗日光浴，中午烈日炎炎时，可爬到东面大树下避暑，傍晚气温转凉时，可爬到西面沙滩上晒晚霞，非常方便就能利用环境温差将自己的体温调节到最佳状态。可以这么说，对巨蜥这样的大型爬行动物来说，珍珠水塘居家过日子之适宜，算得上五星级宾馆或豪华型别墅了。

与它绿顶点一模一样，红指甲也用愤怒的眼光日夜监视这条印度鳄。

绿顶点和红指甲都特别看重这块珍珠水塘，离珍珠水塘两三百米远的灌丛里，藏着它们的两窝宝贝卵。小家伙孵化出来后，有这块富饶的珍珠水塘，便有了生存的保障。

这是它们为自己孩子苦心经营的一个安乐窝，或者说是苦苦寻觅到的一块风水宝地，绝不容许这条印度鳄霸占！

霸占珍珠水塘的是一条雄印度鳄，绿顶点和红指甲心里都很清楚，一旦这条雄印度鳄在珍珠水塘居住下来，雄性的气味便会扩散出去，异性相吸，过不了多久，便会有雌印度鳄被吸引到这里来，珍珠水塘便成了鳄鱼的世界了。再过两个月，当它的一窝卵孵化出可爱的小宝宝，小宝宝游到珍珠水塘，就成了鳄鱼精美的点心，来一个吃一个，来两个吃一双，很快就会把所有小巨蜥吃得一干二净。

它们一定要把这条该死的印度鳄赶走，它们一定要夺回自己小宝宝的生存权。

无论是绿顶点还是红指甲，心里都很清楚，单打独斗，一条巨蜥对付一条鳄鱼，绝没有取胜的可能。印度鳄又叫恒河鳄，是世界上现存的二十五种鳄鱼中体态最庞大、性格最暴烈的一种鳄鱼。鳄鱼和巨蜥虽然都是古老的爬行动物，但彼此的生理构造有很大差异，鳄鱼的呼吸功能比巨蜥发达，因此鳄鱼可以长时间在水中潜泳，而巨蜥虽然也能泅水，但游泳的技巧比起鳄鱼来差了一大截。鳄鱼的嘴比巨蜥的嘴大一倍以上，血盆大口里犬牙交错，比钢锯还锋利，鳄鱼咬一口抵得上巨蜥咬三口，鳄鱼的皮囊上密布退化的鳞片，疙疙瘩瘩，又硬又厚，就像穿着一身铠甲，即使虎牙也很难咬穿，相比之下，巨蜥的皮肤又薄又光，容易受到尖爪利齿的伤害。鳄鱼同巨蜥一样都长着一条与身体差不多长的大尾巴，也都能甩动大尾巴对付天敌或猎物，但鳄鱼尾巴裹着一层坚硬的角质鳞甲，就像一条钢鞭，巨蜥尾巴充其量像条普通的皮鞭，杀伤力远不如鳄鱼的尾巴，在鳄鱼面前，巨蜥唯一的优势，就是在陆地上奔跑的速度比鳄鱼稍稍快一些。就算是同样大小同等长度的鳄鱼和巨蜥，鳄鱼也比巨蜥厉害，格斗起来，鳄鱼会占上风，所以，巨蜥遇到和自己身体差不多大小或比自己大的鳄鱼，一般都采取避让的策略，远远望见鳄鱼的影子便扭头躲开去，识时务者为俊杰，别给自己惹麻烦。更何况现在面对的是一条长达四米的印度鳄，一条巨蜥无论使用什么招数，都无法将其从珍珠水塘赶走的。

两条巨蜥联合起来，或许还有将印度鳄赶走的希望。

在这一点上，它们的立场和态度完全一致。所以，尽管这两条成年雌巨蜥之间有着很难调和的生存矛盾，但大敌当前，为了各自巨蜥宝宝能平安出壳，它们也只能暂时放下彼此间的矛盾，合成一股力量，专心对付不速之客印度鳄了。

巨蜥和印度鳄，力量差距太大，即便两条巨蜥联合起来，面对面搏杀，两条巨蜥也不是一条印度鳄的对手。印度鳄身强体壮，一口就可咬断巨蜥的脖子，而巨蜥一口下去，至多能在印度鳄身上咬下一块肉来。

要想成功将印度鳄赶走，只能靠智谋。

绿顶点和红指甲想到的第一个办法，就是阻止印度鳄猎食。

这或许可以被称作断粮战术。

有许多食草动物都会跑到珍珠水塘来喝水，印度鳄最惯用的狩猎伎俩，就是埋伏在水下，在水草或芦苇的掩护下，以潜泳的方式悄悄接近猎物，到达有效距离后，突然从水里蹿跳出来，一口咬住猎物，将猎物拖进水里淹死，然后再将猎物大卸八块，慢慢享用。

绿顶点和红指甲就守在珍珠水塘岸边，它们熟悉印度鳄的狩猎习惯，它们自己也经常使用水下埋伏的方法捕杀猎物，所以当这条印度鳄试图潜水接近猎物时，它们总能及时察觉到，便抢先一步去到那里，龇牙咧嘴向懵然无知正埋头喝水的食草动物进行佯攻，在那些食草动物眼里，巨蜥也是吃肉不吐骨头的恶兽，立刻就吓得四散奔逃。

印度鳄的伏击伎俩无可奈何地流产了。

一连半个月，绿顶点和红指甲一而再、再而三使用吓走猎物的办法，使得这条印度鳄没吃过一顿饱饭。

印度鳄属于爬行动物，凡爬行动物都有耐饿的本领，可以连续数日不进食，也不会饿死，一旦获得食物，便像个饕餮鬼一样把肚子撑得圆圆的。但连续半个月吃不到东西，印度鳄耐饿本领再强也有点撑不住了，消瘦了整整一圈，绷紧的皮肤也松弛下来。绿顶点还注意到一个细节，印度鳄趴到岸上来晒太阳的次数越来越多，在太阳底下滞留的时间也越来越长。对爬行动物来说，这是一条很重要的信息。爬行动物多为冷血动物，也就是变温动物，这说明这条印度鳄体内储存的热量已差不多消耗殆尽，坚持不了多久了，很快就会向命运低头妥协，从珍珠水塘撤走。

现在，离巨蜥宝宝出壳还有一个月左右，从目前的情形看，绿顶点和红指甲的断粮战术再坚持数日，必能取得成功。

坚持就是胜利，这是一条人类社会和动物界都适用的亘古不变的真理。

绿顶点做梦也没想到，这条看起来呆头呆脑的印度鳄，居然会在关键时刻使出声东击西的战术，使得它和红指甲辛苦了半个多月的断粮战术差一点就功亏一篑。

那是夕阳火红的傍晚，一群约七八只黑麂来到珍珠水塘饮水。黑麂全身黑色，属于小型鹿类，吠叫声响亮，所以也叫吠鹿。黑麂只有山羊这么大，雄麂头上两支短短的犄角，雌麂头顶无角，皮薄肉嫩，是各种食肉猛兽的最爱。饥肠辘辘的印度鳄一看到黑麂便两眼放光，一下潜进水里，向岸边游弋，寻找猎杀机会。绿顶点和红指甲便按照预想的那样，向黑麂佯攻，受惊的黑麂逃离了岸边。

想扑食黑麂？没门！想继续赖在珍珠水塘？痴心妄想！

猎物跑掉了，印度鳄恨得牙齿痒痒，只好潜回水塘中央。

逃散的黑麂在水塘外围兜了一圈，大概是太渴了，急不可耐想喝到水，又奔到水塘边来，伸长细嫩的脖颈，用舌头卷水喝。

印度鳄便又从水塘中央悄悄潜泳过来。

绿顶点和红指甲便又急急忙忙奔过去驱赶黑麂。你们想找死呀？水塘里有埋伏！水塘里有饥肠辘辘的印度鳄！赶快跑吧，跑得越远越好！

黑麂当然无法领会绿顶点和红指甲的用意，还以为这两条巨蜥是要想猎杀它们呢，倒是对绿顶点和红指甲充满了敌意和警惕，只顾着躲避绿顶点和红指甲。绿顶点和红指甲从水塘东面赶过来，黑麂们撤往水塘西面，绿顶点和红指甲从水塘南面赶过来，黑麂们撤往水塘北面，玩起了捉迷藏。

绿顶点和红指甲疲于奔命，勉强阻止黑麂靠近珍珠水塘。

黑麂大概真的急需补充水分，也可能觉得绕着珍珠水塘与两条巨蜥玩捉迷藏挺有趣的，仗着自己奔跑速度比巨蜥快得多，所以胆子越来越大，奔到水塘边卷两口水喝，等绿顶点和红指甲气急败坏快要扑到自己身边时，呦地惊叫一声，撒腿飞奔而去。

绿顶点和红指甲就像消防队员，哪里有险情就扑向哪里。

也不知哪只调皮的黑鹿想出个歪主意来，这群黑鹿突然就化整为零，以珍珠水塘为圆心，散落在各个方向，绿顶点和红指甲赶往东面，西面、南面和北面的黑鹿照样喝水，就东面的黑鹿撒腿奔逃，绿顶点和红指甲赶往北面，西面、南面和东面的黑鹿照样喝水，就北面的黑鹿撒腿奔逃。

绿顶点和红指甲，最多也只能兵分两路进行堵截，它们没有分身术，堵得了南北，截不住东西，摁下葫芦浮起瓢，总有黑鹿跑到水塘边去喝水。

唉唉，好心都当成驴肝肺了！你们的胆子也忒大了啊，真要被印度鳄咬住，你们想哭都来不及了啊！绿顶点尾巴噼里啪啦摔打，发泄心中的愤懑。

不见棺材不掉泪，你们真的活得不耐烦了呀？天作孽，犹可救，自作孽，不可活！你们是一门心思想找死啊！红指甲也大口喘息，悲愤地想。

就在这时，绿顶点和红指甲最不愿意看到的事情发生了，有一只臀部有一块白斑的黑鹿，姑且就叫它白臀黑鹿吧，大概玩捉迷藏玩得太热了，跑到珍珠水塘北岸，突然就扑通跳进水塘去，站在齐膝深的浅水里，喝了几口水，越喝越来劲了，脑袋浸到水里一阵甩动，哗啦哗啦搅起片片水花，也算是洗了个凉水澡吧。

红指甲正在背面拦截想要靠近珍珠水塘的另一只黑鹿，见状大惊，急忙向白臀黑鹿冲去。危险！你哪里是在跳水塘啊，你是在往火坑里跳啊！

一条微微隆起的水波，静悄悄向白臀黑鹿荡漾而来。白臀黑鹿浑然不知危险正在逼近，反而注意力都集中在红指甲身上，扭头朝岸边奔窜而来的红指甲张望，一点没觉察到水里有一条黑影已潜到它身边。

突然间，哗啦一声，珍珠水塘爆起一朵硕大的水花，印度鳄犬牙交错的嘴吻，以闪电般的速度刺向白臀黑麂。

听到水花爆裂的声响，白臀黑麂这才惊出一身冷汗，蹿跳起来想夺路而逃。但已经迟了，印度鳄的嘴巴已经咬向这只黑麂雪白的屁股了。生死关口，白臀黑麂是拼足全部力气蹿跳，跃出水面逃命，印度鳄也是跃出水面领空噬咬，高速运动，噬咬的准头必然会打折扣，咔嚓一口，印度鳄恰巧咬住了白臀黑麂那条短而粗的尾巴。

扑通一声，印度鳄在咬住白臀黑麂尾巴后，又双双跌入水中，溅起一朵巨大的浪花。

白臀黑麂呦呦叫着，拼命蹦跶，竭尽全力想鳄口逃生。印度鳄则紧紧咬住白臀黑麂的尾巴，用力往深水区拖拽。这是鳄鱼捕捉猎物的绝招，在浅水区咬住猎物后，将其拖入深水区淹死。双方在水里展开一场性命攸关的拔河赛。

毕竟是两栖霸王鳄鱼，又是在水里，印度鳄很快就把白臀黑麂拖向水塘中央。水还不太深，白臀黑麂的墨玉似的嘴吻还露出水面，拼命挣扎，尾巴像弓弦一样绷紧到了极限，噗噗，粪便也喷溅出来了，遗憾的是，这条印度鳄好像并不怕臭也不怕脏，根本不在乎粪便喷到自己嘴巴里，仍使劲将白臀黑麂往水塘中央拖拽。

如果白臀黑麂可以自由选择，它宁愿尾巴被拉断了，这样就可以逃命了。

对黑麂而言，尾巴当然重要，但生命更加宝贵，失去一条尾巴，能够保住性命，还是很划得来的事情。遗憾的是，黑麂的尾巴短而粗壮，牢牢地长在屁股上，怎么拉也没能拉断。黑麂不是壁虎，壁虎遇到危险时能轻易将尾巴折断，丢车保帅，丢尾保命，不久以后断尾壁虎就能长出一条新尾巴来，但黑麂没有这样的断尾再造本领。

转眼间，水就淹没到白臀黑鹿眼睛了，只有两只耳朵还漂浮在水面上。

绿顶点目睹变故，有一种大祸临头的恐惧。一旦让印度鳄吃掉白臀黑鹿，它和红指甲努力了半个多月的断粮战术就可悲地流产了，印度鳄节省点吃的话，这只白臀黑鹿够吃一个星期，现在离巨蜥宝宝出壳的时间已不足一个月，印度鳄有了这只白臀黑鹿，即使以后再找不到食物了，也是能够支撑到巨蜥宝宝出壳的啊。更不幸的是，印度鳄战胜了它和红指甲精心设计的断粮战术，肯定信心倍增，士气高涨，更难以对付了。

这是成败的关节点，也是生死存亡的转折点。

这个时候，绿顶点正在珍珠水塘南岸驱赶其他黑鹿，隔岸观火，远水救不了近火，即使想去挽救败局，时间上也是来不及了。

这个时候，红指甲正在珍珠水塘北岸，与正在拖拽白臀黑鹿的印度鳄近在咫尺。

白臀黑鹿还在竭力挣扎，再一次勉强将嘴吻伸出水面，呦——发出最后一声垂死的鸣叫。似乎一切都无可挽救了，似乎一切都要完蛋了，白臀黑鹿要完蛋了，断粮战术要完蛋了，即将出壳的巨蜥宝宝也要完蛋了。

突然，红指甲飞快划动四肢，扑通跳进水塘，大尾巴像一根桨，急遽摆动，流线型的身体就像一枚鱼雷一样飞速撞向印度鳄，张开嘴，毫不迟疑地在印度鳄右后腿狠狠咬了一口。

受到攻击的印度鳄本能地张开了嘴，已经被水淹没头顶的白臀黑鹿趁机跃出水面，连滚带爬登上岸来，头也不回逃之夭夭了。

巨蜥救黑鹿，而且是冒着巨大的风险从凶恶的印度鳄嘴里救出了黑鹿，这也算是动物界绝无仅有的怪事情了。

神秘的大自然无奇不有。

所有的黑鹿，也都吓得魂飞魄散，转眼间便逃得无影无踪。

最后一秒钟，形势奇迹般地发生了大逆转。

印度鳄在被咬的一瞬间，大幅度扫动那条粗壮的尾巴，红指甲躲闪不及，被鳄尾击中脖颈，就像被狠狠抽了一个脖儿拐，仰面倒在水里。怒不可遏的印度鳄又一次跃出水面，以泰山压顶之势向红指甲扑了下来。好一个红指甲，似乎早有准备，连打几个滚，躲过了印度鳄的扑击，屁滚尿流爬上岸来，撒腿狂奔。印度鳄也气急败坏地追上岸来，但在陆地上，鳄鱼的优势荡然无存，奔跑速度远不及巨蜥。很快，红指甲便逃离了危险。

当那条印度鳄气咻咻地返回珍珠水塘，绿顶点赶紧爬到红指甲身边，红指甲惊魂甫定，蜷缩在草丛里大口喘息。再看红指甲的脖子，驼峰似的肿得老高，脑袋无可奈何往左仄转，变成歪脖子了。

绿顶点心里明白，是红指甲冒着九死一生的危险化解了这场生存危机。红指甲关键时刻置自己的性命于不顾扑向穷凶极恶的印度鳄，说到底当然是为了它自己所产下的那窝宝贝卵能平安孵化长大，但客观上却也拯救了它绿顶点所产下的那窝宝贝卵，为即将出壳的巨蜥宝宝扫平了生存道路上又一个障碍。

绿顶点觉得自己似乎欠了红指甲一份人情。

白臀黑鹿鳄口脱险后，绿顶点以为印度鳄很快就会离开珍珠水塘，食物源被掐断了，找不到东西吃，饿得皮包骨头，理应挪挪窝了啊。天下大得很，好地方多得是，何必赖在珍珠水塘挨饿呢。但出乎绿顶点的意料，一天过去了，印度鳄没有走；三天过去了，印度鳄还没有走；一个星期过去了，印度鳄仍泡在珍珠水塘里不走。印度鳄似乎是决心要打一场持久战了，为了对付两条雌巨蜥的断粮战术，印度鳄钻进芦苇丛，螺蛳、蝌蚪、蛤蟆、蟛蜞、蚯蚓、屎壳郎……找到什么吃什么。堂堂印度鳄吃这些小玩意儿，就好比人类吃树皮草根观音土。这些小玩意儿当然塞不满印度鳄的牙缝。为了补充能量，这家伙时不时游到岸边来，尾巴泡在水里，身体搁在岸上，长时间一动不动，一方面最大限度地减低体能消耗，一方面吸收阳光的热量。

变温动物，是可以靠晒太阳来增强生命活力的。

绿顶点和红指甲急得像热锅上的蚂蚁。屈指算来，还有半个多月它俩的巨蜥宝宝就要出壳了，如果不能将这条印度鳄赶走，巨蜥宝宝们一出壳就会遭遇灭顶之灾。看来，这条狡猾的印度鳄已经找到了对付它们断粮战术的办法，那就是到泥潭掘食昆虫、螺蛳等小动物来充饥，并静止不动晒太阳来节省能量。针对新情况，必须想出新办法来。它们无力去阻止印度鳄到芦苇丛像叫花子一样去掘食昆虫和螺蛳，只剩下一个办法了，那就是不让印度鳄长时间静止不动晒太阳，换句话说，就是要让印度鳄动起来，以消耗它的体能，以消耗它的热量，让它无法再靠晒太阳和节省体能来度过饥荒。

问题是，印度鳄可不是什么木偶玩具，你想叫它动弹，它就会乖乖动弹的。

它不理会生命在于运动这个道理，它就是懒得动弹，它就是不愿动弹，它就愿意过叫花子的生活，捡一点残羹剩饭，然后一动不动躺在太阳下闭目养神，你又能奈它何？

想来想去，唯一可行的办法，就是主动出击，不断骚扰，迫使印度鳄动弹，快速消耗其体能。让你连叫花子也当不成，看你还怎么在珍珠水塘待下去？

这天早晨，太阳一出来，印度鳄就从水塘里钻出来，像往常一样，又踪到岸边晒太阳。早晨的阳光，明媚而温暖。印度鳄肚子里空空如也，便趴在沙滩上一动不动，闭目养神，以节省体力。

绿顶点和红指甲悄悄绕到印度鳄身后，准备实施骚扰战术。

它们相信，断粮战术和骚扰战术同时并用，一定能赶在巨蜥宝宝出壳前将该死的印度鳄赶出珍珠水塘。

但有一个问题很棘手，别的动物采用骚扰战术，通常是在被骚扰对象跟前大吼大叫，弄出很大响动来，以惊扰对方。遗憾的是巨蜥没有声带，不会吼叫，天生就是一种很安静的动物，就算放开喉咙吼叫，也只能发出轻微的咝咝声，就像苍蝇在嗡嗡飞。

用吼叫来进行骚扰绝对是行不通的了。还有另一种骚扰办法，印度鳄不就睡在岸边吗？它们在印度鳄身边玩跳水，扑通扑通，溅起一朵朵浪花，也能弄出很大响声来，不愁惊扰不了印度鳄。但这种玩跳水的办法，好玩是好玩，效果肯定也不错，却风险极大。鳄鱼名字里就带着一个鱼字，长期生活在水里，水性比巨蜥好得多，在印度鳄身边玩跳水，就好比班门弄斧，稍有不慎就有可能被印度鳄拖进水里闷死，变成印度鳄的食物了。

思来想去，唯有在沙滩上从背后偷袭印度鳄，趁其昏昏欲睡之际，闷声不响靠上去，咬一口就走。这种偷咬一口的骚扰战术，效果一定好极了。这样做当然也有风险，但比玩跳水风险低多了。在陆地上，巨蜥比鳄鱼灵活得多，奔跑速度也快得多。

绿顶点沿着水塘边的湿泥，缓慢划动四肢，缩紧那条又长又粗的尾巴，轻轻挪动身体，尽量不发出声响，一点一点向那条该死的印度鳄靠近。

早晨的阳光浓得像胭脂，涂抹在水面上，将珍珠水塘打扮得分外艳丽。

印度鳄就像一块礁石，静静卧躺在沙滩上。几片落叶被晨风托起，在印度鳄头上打着旋，撞击印度鳄长长的嘴吻，印度鳄纹丝不动，没有任何反应。一切迹象表明，印度鳄正在昏睡，睡得稀里糊涂。

这是发起攻击的好机会，绿顶点想，从背后不声不响地绕过去，咬它个猝不及防，也许就能将印度鳄咬得魂飞魄散，从珍珠水塘逃之夭夭！

用偷咬的办法骚扰印度鳄，只需要一条巨蜥就可以了。也就是说，绿顶点和红指甲之间，只需要其中一个去冒险就可以了。如果能自由选择，绿顶点当然希望是红指甲去冒险。人人都爱惜自己的生命，把这句话套在巨蜥身上，就是条条巨蜥都爱惜自己的生命。还有一句话叫作人都是自私的，套用在巨蜥身上，就是巨蜥都是自私的。能让别人去冒险，自己坐得渔利，何乐而不为呢？但看看红指甲，缩在岸边草丛里，并没有一丝一毫敢闯龙潭虎穴的气概，恰恰相反，还用那根叉形舌头，吞吞吐吐，一会儿指向它绿顶点，一会儿指向昏睡的印度鳄，在它绿顶点和印度鳄之间，来来回回扫描，用意十分明显，是在用巨蜥特有的形体语言说："这次该轮到你出手了！你怎么好意思老躲在后面啊，羞不羞啊！该出手时就出手，风风火火去咬印度鳄！"

绿顶点当然不会听任红指甲摆布。红指甲不是将军，它绿顶点也不是小兵，凭什么我要听从命令按你的吩咐去做呀？它完全可以对红指甲不理不睬。我就不去偷咬印度鳄，你能把我怎么样！可它虽然一百个不愿意，却还是壮起胆子向昏睡中的印度鳄爬去。

上一次当印度鳄已经咬住白臀黑鹿的尾巴时，是红指甲冒着九死一生的危险，以敢闯龙潭虎穴的神勇，从背后袭击印度鳄，化解了生存危机。上次是红指甲，这次就该轮到它绿顶点了。付出与得到应当是对等的。利益均沾，责任和义务当然也应该平分。这次轮到你，下次轮到我，这才算公平。联盟内部，还是要讲公平原则的，不然的话，联盟立刻就会瓦解，变成一盘散沙。

别怕，出其不意，攻其不备，获胜的可能性是很大的，雌巨蜥绿顶点不断鼓励自己。它先观察好退路，哦，一口咬下去后，什么也不要想，不管是咬得轻了还是咬得重了，也不管印度鳄会是什么反应，立刻就扭头奔逃，它相信，咬个短平快，玩个时间差，学学蜻蜓点水，是能够逃脱印度鳄的反扑的。火中取栗，只要动作够快，是有可能既不被火烧伤，又成功将栗取出来的。

可不知怎么搞的，每前进一步，绿顶点的心就颤抖一下，抑制不住的恐惧感弥漫全身。对手太强大了，强大得它没法不害怕。离印度鳄只有五六米了，绿顶点看得越来越清楚，这是一条成年公鳄，从嘴吻到尾尖体长足足有五米，背脊上棱棱角角，粗糙得就像钉了许多生锈的铜钉，脖子有多重褶皱，显得凶悍老辣，一看就晓得是一条在丛林草泽生活了多年的老公鳄。它心里很清楚，它从背后偷袭，最大的风险就是印度鳄那条大尾巴，在它咬下去的瞬间，印度鳄会本能地扫动尾巴反击，一旦被鳄尾击中，它生的希望微乎其微。

四公尺……两公尺……绿顶点现在已经差不多和印度鳄首尾相衔了，只要纵身一跃，就能扑到印度鳄身上。它谨慎地伸出长长的叉形舌头，在空中吞吐收缩，探查前面这条印度鳄是否已经醒来。巨蜥和蛇一样，有一条可以伸出嘴腔的舌须，这是巨蜥身上最重要的多功能器官，既可以散热，帮助调节体温，又能感应四周物体细微的热量变化，帮助探明猎物或天敌所在的方位。此刻，它的叉形舌须像一具反应灵敏的探测器，仔细探查印度鳄的动静。印度鳄的体温没有任何波动，心跳平稳，出气均匀，这表明印度鳄并没发现来自背后的威胁。这是发动偷袭最佳时机。

为了它的巨蜥宝宝们能平安来到这个世界，它只有豁出去了，绿顶点稳了稳激烈的心跳，猛地扑蹿上去，照准印度鳄的肚皮，咔嚓咬了一口。咬下去的同时，立刻舵也似的急旋尾巴，身体一百八十度转弯，撒腿就跑。

被惊醒的印度鳄嗖的一声抡起尾巴重重甩打过来，幸运的是，绿顶点躲闪及时，鳄尾打了个空。印度鳄气咻咻追赶，绿顶点拼命逃窜，只恨爹娘没像蜈蚣那样给它生出一百条腿来。到底是在陆地上，绿顶点又事先选定了逃跑路线，往岸上奔逃四五十米，绿顶点就把印度鳄甩到了身后。

离开了水，印度鳄就变得笨拙而虚弱。

印度鳄害怕再受到偷袭，不敢再趴在岸上晒日光浴了，钻进水塘去，整个白天都不敢再靠岸。绿顶点和红指甲寸步不离地守在岸边。

白天的珍珠水塘，太阳一晒，水温很高，泡泡还是挺舒服的。印度鳄还能氽浮在水上，脊背和嘴吻露出水面，四肢和肚皮泡到水里，这样也能靠脊背吸收一些阳光。但太阳落山后，水温渐凉，饿着肚子泡在水里，感觉就很不舒服，很想游上岸来，趴在白天被太阳晒得热乎乎的沙滩上来取暖，但当它登上岸刚打了个盹，绿顶点和红指甲便轮流上阵，如法炮制，从背后进行偷袭……

平心而论，绿顶点和红指甲的背后偷袭，对印度鳄造成不了多大伤害，但心理上却造成了很大创伤。屡屡被咬，让它的自信心一再受挫，神经变得高度紧张，草木皆兵，一有风吹草动，便立刻昂首张嘴，摆出一副扑咬架势。这当然要消耗体能，变得越来越虚弱了。

印度鳄真的被害苦了，吃不到一顿饱饭，也享受不到温热的阳光，甚至连睡觉也睡不安生。珍珠水塘已经从天堂变成地狱了。地狱还值得留恋吗？天下大得很，干吗非要待在这里受罪呢？此处不留爷，自有留爷处！这么一想，印度鳄便萌生了去意。就在绿顶点和红指甲采用断粮和偷袭相结合的骚扰战术第六天，傍晚时分，印度鳄拖着疲惫的身体，爬出珍珠水塘，钻进一条狭长的箐沟，头也不回地走了。

绿顶点和红指甲终于从强大的印度鳄手里夺回了珍珠水塘。

# 五、白鹳不是什么好鸟

宝贝卵孵化已进入第六个月，雌巨蜥绿顶点耳朵贴在土坑上，已能清晰听到小家伙们在卵壳里扭动的沙沙声，要是不出意外，顶多还有半个月，小巨蜥们就会蹭破厚厚的卵壳来到这个世界。按照惯例，绿顶点已停止觅食，寸步不离地守在U型土坑前，夜里睡觉也睁着一只眼，等待小家伙们诞生。对巨蜥妈妈来说，越临近小宝贝破壳而出，就越要小心翼翼看护，以免在最后关头遭受意外。

对巨蜥这种冷血动物来说，母爱很短暂，所有的母爱都集中在产下卵起至卵孵化成小巨蜥这段时间内，越接近小家伙破壳而出，母爱也就越浓烈，守护在产卵点的时间也就越长，警惕性也就越高。一直要等到小巨蜥们破壳而出，爬向附近的水源，雌巨蜥才会悄然离去。随着雌巨蜥的离去，母爱也就戛然而止。从此以后，雌巨蜥与儿女们天各一方，形同陌路，再也不会见面。按照巨蜥的生活规则，小巨蜥们是从来也见不到妈妈的。但它们虽然见不到妈妈，却能享受到妈妈耗尽心血为它们开创的温馨安全的生存环境。

现在，绿顶点最担心也最需要提防的就是红指甲了。最近一段时间，绿顶点明显感觉到，它与红指甲之间的关系又变得剑拔弩张了。路上相遇，彼此的眼光都是冷冰冰的。有一次，它追撵一头小马鹿，经过红指甲身边，红指甲突然蹿了出来，龇牙咧嘴，向它摆开一副扑咬架势，阻止它继续追撵小马鹿。小马鹿趁机逃之夭夭了。还有一次，它到珍珠水塘饮水，恰巧红指甲也在饮水，互相一照面，红指甲勃然大怒，跳到水里，又拍又打又跳又咬，好像水里藏着一个妖怪，正在与妖怪搏斗一样，弄得水花四溅，搅起一阵阵泥浪，其实当时水里除了几个蝌蚪，什么也没有，毫无疑问，红指甲是冲着它在发怒。更夸张的是，就在昨天下午，它在自己的产卵点四周巡视，察看有无可疑动静，无意间靠近红指甲的产卵点。它和红指甲产卵点相距也就五十来米远，一不留神就会挨近对方的产卵点，这也是很正常的事，过去也曾发生过类似的情形，对方在灌丛里甩动尾巴，蜥尾抽打树枝草叶，发出咔嚓哗啦声响，以提醒对方注意，事情也就平息了。但这一次，红指甲反应却异常激烈，迅猛冲过来，不问青红皂白，张嘴就朝它脖颈咬来，要不是它躲闪得快，后果不堪设想。它无端遭到攻击，当然怒火中烧，也摆出一副扑咬架势，双方对峙了很长时间，直到天黑下来了，气温也降下来了，身体也僵木了，筋疲力尽了，双方这才罢休。

红指甲的态度是如此，扪心自问，它绿顶点的态度也好不到哪里去。随着宝宝出壳的时间日益临近，绿顶点明显感觉到，自己对红指甲的感情也直线降到了冰点。闻到红指甲的气味，就会萌生驱赶的念头，看到红指甲的身影，就会滋生扑咬的冲动。它甚至这样幻想，来一只饥饿的孟加拉虎，刚好撞上红指甲，老虎凶猛，饿虎扑食，啊呜一口就把红指甲给咬杀了，它与红指甲之间的矛盾也就迎刃而解了。遗憾的是，始终没有孟加拉虎光临珍珠水塘。它还这样幻想，红指甲如果突发疾病就好了，误食了有毒的东西，口吐白沫，继而口吐鲜血，或者闹起肚子，开始拉稀，继而便血，把肠子也拉出来了，一命呜呼，矛盾也就自然而然解决了。遗憾的是，红指甲身体很健康，根本就没有病。

彼此都心怀叵测，彼此都眼巴巴盼着对方赶快消失。半斤对八两，针尖对麦芒，两条雌巨蜥的想法惊人一致，没什么本质区别。

绿顶点心里很清楚，它与红指甲之间的关系为何又陡然变得紧张起来，原因很简单，双方的巨蜥宝宝都即将出壳了。珍珠水塘空间狭小，生存资源有限，不可能同时养大两窝巨蜥宝宝。只能是淘汰一窝，存活一窝，这是无法回避的矛盾，也是无法调和的矛盾，谁都不可能谦让，谁都不可能退却。虽然曾经一起与黑尾蟒浴血奋战，虽然互相配合赶走了可怕的印度鳄，彼此间似乎凝结了一层对巨蜥来说非常陌生的所谓战斗情谊。但无论这种战斗情谊如何绚丽，一旦关乎自己后代的生存，也立刻会变得黯然失色。

既然冲突在所难免，绿顶点当然要早做准备。它希望能找到这样一个机会：它幸运地找到食物饱餐一顿，而红指甲却饥肠辘辘，以饱制饿，获胜的概率就会大很多；或者红指甲犯困睡着了，它悄悄靠拢去，趁对方睡梦中进行致命噬咬，这样赢的可能性也会很大。

遗憾的是，等了好几天，这样的机会始终没等来。

绿顶点没有料到，就在它精心策划，准备与红指甲展开一场生死对决时，一个来自天空的威胁突然降临到它头上。

这天清晨，绿顶点在自己产卵点附近草窠里正睡回笼觉，突然被一阵咯咚咯咚的敲击声惊醒，抬头循声望去，原来是一群大鸟，栖息在离它产卵点约两百米开外一棵枝繁叶茂大榕树上。这些大鸟体羽洁白，翼羽黑色，长着一只巨大无比的嘴壳，一眼就能认出是白鹳。白鹳没有鸣管，不会鸣叫，靠坚硬的大嘴壳敲击树干发出声响来联络同伴。这群白鹳有十多只，停栖在绿色树冠间，把好几根树枝都压弯了。

绿顶点一看到这群白鹳，便有一种末日来临般的恐惧，不由自主地浑身颤抖起来。它去年产下的一窝宝贝卵，就是葬身在白鹳大嘴壳下的。血腥的一幕浮现它的脑海。去年它的产卵点设在南腊河畔一片沙土地里，距离南腊河大概有三四百米。它记得很清楚，也是这么一个薄雾袅绕的清晨，二十枚卵孵化成二十只活泼可爱的巨蜥宝宝。太阳出来了，金色的阳光吸干了薄雾，在温暖的阳光照耀下，巨蜥宝宝吸足了热量，在一种本能的指引下，开始向南腊河进发。按照惯例，绿顶点躲藏在附近的草丛里，目送宝贝们离去。事先它已经在产卵点和南腊河之间踏勘了好几个来回，四周没有任何可疑动静和可疑气味，它确信这是一条安全的求生之路。哦，孩子们，大胆往前走，妈妈已经为你们扫清了生存障碍，这条路上没有蟒蛇，没有鳄鱼，没有野猪，没有任何会伤害你们的食肉兽，放心往前走吧，莫迟疑，莫停下，莫回头，一鼓作气往前走，走进能养育你们成长的南腊河！绿顶点一面目送着宝贝们离去，一面在心里默默为孩子们加油鼓劲。在前面开路的两只巨蜥宝宝果然顺顺利利爬出两百来米远，其他巨蜥宝宝则三三两两跟随其后，排成一条歪歪扭扭的一字纵队，向南腊河爬去。对刚刚出生的巨蜥宝宝来说，这是人生的第一次探险。就在这个时候，天空突然响起啪啦啪啦翅膀拍扇的声响，绿顶点抬头望去，原来是一群白鹳，也不知是从哪里飞来的，突然就出现在巨蜥宝宝们的头顶。为首的那只白鹳，大嘴壳特别红，红得有点发紫了，姑且就叫紫嘴壳吧，在巨蜥宝宝头顶盘旋了三圈，突然双翼高吊，降落在地，大嘴壳闪电般一啄，将一只巨蜥宝宝叼在嘴里，可怜的巨蜥宝宝，脑袋被鹳嘴夹住了，四肢和尾巴还在徒劳地挣扎。白鹳的嘴壳耸动了几下，巨蜥宝宝便被吞进大嘴壳去，白鹳长长的脖颈鼓起一个包，包块顺着食道一点点下滑，很快便滑进鸟嗉里去了。

刚刚孵化出来的半尺长的巨蜥宝宝，是白鹳垂涎三尺的美食。

其他白鹳也纷纷学着紫嘴壳的样，双翼高吊飘落下来，啄食仓皇奔逃的巨蜥宝宝。

绿顶点从草丛里冲出来，向正在行凶的白鹳扑咬。但白鹳反应敏捷，还没等绿顶点靠近，长长的腿用力一蹬，摇扇翅膀便轻盈地飞了起来，它只能咬到一团空气。

巨蜥宝宝虽然刚刚孵化出来，却敏锐地感觉到了危险，出于求生的本能，四处逃窜，有的钻进灌丛，有的挤进地缝，有的顺着树干往上爬想躲到树冠上去。但无论小家伙们想逃到哪里，都逃不过来自天空的一双双鹳眼。白鹳长长的脚杆、长长的脖颈和长长的大嘴壳，能轻易地将钻进灌丛和地缝的巨蜥宝宝叼啄出来，往树上爬的巨蜥宝宝命运就更悲惨了，哼哧哼哧好不容易快爬到树冠了，一只白鹳优雅地拍扇翅膀扶摇而上，就像采果子一样将巨蜥宝宝从树枝上采下来了。

面对强大的白鹳，上天入地，巨蜥宝宝也逃不脱被吃掉的厄运。

短短几分钟时间，绿顶点眼睁睁看着自己耗费巨大心血孵化出来的二十只巨蜥宝宝被一群白鹳吃得一干二净。

对巨蜥宝宝而言，这是人生的第一次旅行，却是名副其实的死亡之旅。

现在，该死的白鹳又出现了！更让绿顶点揪心的是，它看清楚了，这一群白鹳，领头的那只雄鹳，大嘴壳红得发紫，就是去年将它巨蜥宝宝一窝端的元凶紫嘴壳！

这群白鹳尝到过啄食刚刚孵化出来的幼蜥的甜头，毫无疑问，只要有相同的机会，便会重复这种行为，吞食所有能找到的幼蜥。

再过半个月，绿顶点今年产下的一窝宝贝卵便要孵化出壳了，这群白鹳栖息的大榕树，就在它产卵点通往珍珠水塘的半路上，如果它不能及时将这群白鹳赶走，巨蜥宝宝悲惨的死亡之旅又将重演。

一定要抢在巨蜥宝宝出壳前将这群白鹳赶走！

绝不能让死亡之旅的悲剧重演！

就在绿顶点盘算着该如何将这群白鹳从珍珠水塘上空赶走，它发现，红指甲似乎也有着与它相同的心思，红指甲也站在隆起的土丘上，昂着头，神色凝重，一会儿痛苦地摇头晃脑，好像见到了不同戴天的仇敌，一会儿又身体不断向前律动，好像恨不得能插上翅膀去追咬在天空翱翔的白鹳。可以想象，红指甲也曾遭遇过刚孵化的巨蜥宝宝被白鹳吞噬的惨痛经历。突然间，绿顶点缓慢划动四肢，向红指甲走去。仿佛心有灵犀，红指甲也在向绿顶点缓慢而坚定地走过来。

绿顶点与红指甲，两条有着相同遭遇的雌巨蜥，在一丛剑麻前相遇了。绿顶点吞吐着长长的叉形舌头，一点一点向红指甲靠拢。叉形舌头，是巨蜥身上最重要的器官，不仅可以测试温度，还可以探测四周气味颗粒，还有一个很重要的功能，就是同类相遇时，可以用叉形舌头传递自己的心声。很多爬行动物都没有声带，巨蜥也没有声带，同类之间无法用声音进行联络，于是，叉形舌头便成了同类之间重要的沟通工具。当内心愤慨，讨厌对方，希望对方离自己远一点，那条叉形舌头颜色会红得发黑，慢速吞吐，显得滞拙而呆板，吞吐着内心的怨毒；当内心欣然，希望对方靠自己再近一点，那条叉形舌头就会红得鲜艳，显得活泼而灵巧，吞吐着内心的喜悦。一般来说，巨蜥是一种不合群的孤独的动物，独来独往，只有在发情期与中意的异性相遇，叉形舌头的颜色才会红得鲜艳，才会活泼灵巧。

此时此刻，绿顶点那根叉形舌头色泽鲜艳，吞吐灵巧。

绿顶点发现，红指甲那根叉形舌头也色泽鲜艳，吞吐灵巧。

它们遭遇共同的强敌，它们面临共同的危机。彼此心里都很清楚，目前的情形，只有团结起来，两条雌巨蜥合成一股力量，才有可能成功驱赶这群白鹳。

两根鲜艳的叉形舌头，互相轻轻触碰，彼此传递这样一个信息：为了即将出世的巨蜥宝宝免遭灭顶之灾，你我要精诚合作，互相信任，并肩作战。

没有永远的敌人，也没有永远的朋友，只有永远的利益。在共同的利益面前，两条雌巨蜥形成了神圣同盟。

虽然两条雌巨蜥联合起来对付白鹳，但要想把这群白鹳赶走绝非易事。不错，成年巨蜥体长两米，只要有可能，成年巨蜥很乐意捉只白鹳来解馋。单打独斗，白鹳当然不是巨蜥的对手。但白鹳会飞，巨蜥没有翅膀，这一点决定巨蜥处于不利地位。开始时，绿顶点和红指甲半夜爬上大榕树，想奇袭停栖在树枝上睡觉的白鹳，但白鹳警觉性颇高，夜晚专门设有哨兵站岗，还没等它们爬到跟前，白鹳哨兵就用大嘴壳哐啷哐啷猛烈敲击树干，发出警报。霎时间，所有的白鹳凌空飞起，绿顶点和红指甲累得贼死，好不容易爬到树梢了，却一无所获，只得灰溜溜又爬下树来。它们又想在珍珠水塘打伏击，早早躲藏在水塘浅水区的芦苇丛里，两条雌巨蜥分别躲藏在左右两丛芦苇里，形成一个伏击圈，准备等白鹳降落到珍珠水塘来捕食鱼虾时趁机扑杀，它们相信，只要能成功扑杀一两只白鹳，其余白鹳就会吓得魂飞魄散逃之夭夭。但它们在水塘边草丛一连埋伏了三天，这群白鹳天天都到珍珠水塘来捕鱼捞虾，却没有一只白鹳走进它们的伏击圈。原来，白鹳生性机敏，警惕性颇高，每次降落前，都会在低空盘旋三匝，居高临下，鸟瞰地面，它们躲藏在芦苇丛，从其他角度不易被发现，但从空中看下来却一目了然。此计不成，再动脑子，巨蜥不仅会爬树，也善游泳，便赶在白鹳到来之前，潜入珍珠水塘，身体完全泡在水下，只露出一双眼睛和两个鼻孔，只等白鹳前来送死。但白鹳是涉禽而非水禽，同样是在水边活动的禽鸟，却分水禽和涉禽两种：所谓水禽，是指以水面为生活环境的禽鸟，可以整天泡在水里，会游泳会潜水会飞翔，野鸭、大雁、天鹅等都属于水禽；所谓涉禽，是指那些适应在沼泽和水边生活的鸟类，它们的腿特别细长，颈和脚趾也较长，适于涉水行走，不适合游泳，休息时常一只脚站立，大部分是从水底、污泥中或地面获得食物，鹭鸶、鹈鹕、丹顶鹤都属于涉禽，白鹳就是典型的涉禽。涉禽只在浅水区或沼泽活动，不会到深水区去。绿顶点和红指甲在珍珠水塘水中央潜伏了老半天，也没有一只白鹳游过来送死，倒是自己的身体长时间泡在水里，冷得都快僵木了。没办法，只好互相用叉形舌头打了个招呼，改伏击为主动出击，划动四肢向那只名叫紫嘴壳的领头的白鹳游去。紫嘴壳在浅水区啄食田螺，绿顶点和红指甲游到浅水区后，划动的指爪免不了会搅起泥浆，紫嘴壳好像特别善于玩捉迷藏，看看搅动的泥浆向自己漫延过来了，不慌不忙迈动长长的脚杆，紧走几步便巧妙地避开了。绿顶点和红指甲又采用迂回战术，一个从岸边包抄，一个从正面穿插，眼瞅着对方退无可退，突然间，紫嘴壳细长的脚杆在河床上用力一蹬，拍扇翅膀，飞了起来。唉，又是竹篮子打水一场空。一计不成再来一计，绿顶点和红指甲在珍珠水塘边各找了一个显眼的地方，仰面躺倒，一动不动，就像是一具尸体，这是很多动物都会玩的诈死战术，以装死来引诱对方啄食自己。哦，我已经死了，我身上的肉随便你来咬，白捡的便宜，走过路过不要错过，等对方来到自己身边时，突然诈尸还魂，咬它没商量，咬它个灵魂出窍！绿顶点曾经用这种装死的办法，猎获过一只秃鹫。但这一招，对白鹳却丝毫不起作用，白鹳只吃活物不吃尸体，只对刚出壳的巨蜥宝宝有食欲，而对体长两米多的成年巨蜥完全不感兴趣。绿顶点和红指甲在空旷的沙砾上仰面躺了老半天，火辣辣的太阳把皮肤都快晒裂了，白鹳群就在不远的珍珠水塘边觅食，却没有哪只白鹳有兴趣跑来看它们一眼。没有观众的表演，演技再好也是白演。没办法，只好翻个身活过来算了，悻悻地爬进灌丛去了。

凡巨蜥所能想到的所有办法，绿顶点和红指甲都用尽了，但仍未能将这群白鹳赶走。

时间不等人，时间也不等巨蜥。几经折腾，又好几天过去了。屈指一算，离巨蜥宝宝出壳仅剩三天了，这群白鹳仍然栖居在通往珍珠水塘半道那棵大榕树上。

绿顶点急得火烧眉毛，红指甲也急得坐卧不安。

应了一句急中生智的古话，也不知怎么回事，绿顶点和红指甲就同时想到了风雨之夜悄悄爬到榕树上进行潜伏的主意来。那是一个风狂雨骤的夜晚，天空黑得伸手不见五指，绿顶点和红指甲不约而同地去到那棵大榕树下，黑黢黢的树冠上，不时传来翅膀振动的声音，完全可以想象，狂风摇动树枝，冷雨打湿羽毛，栖息在树冠上的白鹳惊恐不安，注意力都集中在狂风骤雨上，已无法像平常那样警觉树下的可疑动静了。

绿顶点和红指甲一先一后，顺着树干往上爬。一下雨，热带雨林气温骤降，巨蜥身体便有一种僵木的感觉。雨飘湿树干，树皮滑溜溜的，十分难爬。尖利的指爪抠紧树皮，竭尽全力往上攀爬，才勉强升上去几寸。树干上有不少节疤，光溜溜的，比涂了油还滑，爬上去三步，又滑下来两步。爬了大半夜，耗尽了所有力气，这才成功爬上树冠，用叉形舌头侦察探索，找了两个树叶最茂密的树杈，将自己隐藏在叶簇中间。

它们没有趁着风狂雨骤直接去攻击白鹳，如果现在直接去偷袭白鹳，气候恶劣，它们的身体因僵木而不太灵活了，成功的几率太小，极有可能还没去到白鹳身边，自己就已经暴露，又会前功尽弃，竹篮子打水一场空，也许更悲惨，一不小心失足从高高的树冠上摔下来，摔得半死不活。

最稳妥的办法，就是趁着风狂雨骤，神不知鬼不觉地埋伏在树冠上，耐心等到天亮，等待最佳捕捉时机，等着白鹳前来送死。

这有点像守株待兔，有点笨拙，充满了不确定性。对这两条雌巨蜥来说，这是没有办法的办法，只能与命运赌一把了。

绿顶点和红指甲半夜才开始往大榕树上爬，爬了很长时间，黎明前才爬到树冠躲藏在茂密的叶丛间，没多久，天就亮了，风雨过去，太阳升起来了。

这是一棵枝繁叶茂的大榕树，树冠上的叶子尤其茂盛，有好几个地方枝丫交错，叶子比鱼鳞还密，层层叠叠，密不透风，很适合躲猫猫。绿顶点和红指甲埋伏在相邻的两根树丫上，它们的皮肤灰黑，与树干颜色相近，纹丝不动，整个身体藏匿在树叶间，伪装和躲藏得相当棒，即使近在咫尺，也很难发现它们。

天亮了，太阳升起来了，白鹳忽而飞到天空盘旋，忽而飞往珍珠水塘觅食，忽而飞回大榕树栖息。白鹳就像鹞式飞机一样，喜欢垂直降落，双翼高吊落到树冠上时，整个树冠都会被压得起伏摇晃。绿顶点和红指甲的策略是，等待一只白鹳能降落到自己面前的树枝上，当鹳爪抓住树枝，鹳翼收敛，身体沉陷叶簇时，便一口咬住白鹳的脖子，相信其他的白鹳看到同伴被埋伏在树冠上的巨蜥咬杀，一定会吓得魂飞魄散逃之夭夭。

这样，将这群讨厌的白鹳从大榕树下赶走的目的就算达到了。

但绿顶点和红指甲的运气实在不佳，从早晨等到傍晚，这群白鹳少说也起降三五十次，却没有一只白鹳降落到刚好能让它们狠狠一口咬住脖子的地方。在太阳升到树梢时，曾有一只嘴壳水红色的年轻鹳，刚巧就降落到绿顶点埋伏的那根枝丫上，但距离绿顶点犬牙交错的嘴约有一米远。倘若在地面，这点距离根本算不了什么，只要强力有的尾巴支撑地面，四条腿用力一蹬，身体就能刹那间飙飞出去，准确咬住年轻鹳的脖子，可现在是在树上，它的四肢必须紧紧搂抱住树枝才能保持身体平衡，无法像在地面那样进行闪电般有效攻击，它只能再耐心等等，希望年轻鹳再往自己靠拢一步，只要再走拢过来一步，它就可将缩紧的身体用力往前跃挺，四肢不用挪动，便可咬中年轻鹳，遗憾的是，那只年轻鹳却没有往它身边靠，而是往相反的方向跨过去了。没办法，它只好放弃攻击。在太阳快落到地平线时，又有一只嘴壳有点残缺的老年鹳，翅膀噼里啪啦扇动，就要从空中降落到树冠上来，绿顶点将叉形舌头从叶丛间伸出去，就像伸出去一根能灵敏接受讯号的天线一样，吞吐伸缩，收集各种信息。叉形舌头侦察到，这只鹳离树冠仅有两三米了，方位刚好在它头顶，与它的嘴形成一条垂直线，按这个方位降落下来，刚好就落在离它嘴半尺远的一根细枝上。成年鹳分量不轻，当这只老年鹳完全停栖在树枝上时，这根细细的树枝肯定会往下沉陷，正常情况下，会沉下去约七八十公分，鹳脖刚好就送到它嘴边来了，它只要伸出嘴去一咬，就能咬中细长的鹳脖。既方便又安全，是千载难逢的攻击良机。它兴奋地绷紧全身的肌肉，用舌头磨砺牙齿，做好噬咬的准备。它的希望又一次落空了，那只老年鹳落到离它头顶还有一米时，不知道什么原因，突然就改变方向，落到树冠的另一头去了……

两条雌巨蜥在榕树上埋伏了一天一夜，一无所获。

第二天，又从太阳冉冉升起一直等到夕阳西下，仍没有一只白鹳落到它们的埋伏圈。

还有一天，巨蜥宝宝就要破壳而出，绿顶点心里很清楚，如果伏击失败，这群白鹳仍栖息在这棵大榕树上，那么，巨蜥宝宝出壳之时，也就是死亡之日。

怎么办？怎么办？

## 六、红指甲从榕树跌落下来

半只太阳已落入地平线，半只太阳还在天空燃烧。残阳如血，夜雾弥漫树林。

绿顶点没想到，就在这个时候，机会来临了。

一只强壮的白鹳，巨大的翅膀呼呼扇摇着，飞到它的头顶，小角度盘旋了一圈，就要降落下来。绿顶点悄悄仰起脸，透过树叶的缝隙，它看清楚了，正在往它头顶降落的竟然是这群白鹳的首领紫嘴壳！

仇人相见，分外眼红。

绿顶点希望紫嘴壳能不偏不倚刚好落到它嘴吻前半尺远的地方，这样，当紫嘴壳沉重的身体压弯枝条沉陷下去时，它就可一口咬断鹳颈了。但它叉形舌头小心翼翼伸出树叶，却灵敏地感知到，紫嘴壳空中的方位，正好是它的脊背。换句话说，它的叉形舌头探测到，就目前的降落线路，紫嘴壳落到树冠刚好就落到它绿顶点的背上。绿顶点突然就有了大难临头的惊悚，它倒不怕被紫嘴壳踩一下。它皮厚肉糙，骨骼粗壮，不怕踩踏。区区一只白鹳，别说踩一脚了，就是踩十脚百脚千脚，也伤不到哪里去。关键是，当鹳脚踩在它的背上，它怎么扑咬白鹳呢？它当然可以往后退缩两步，让紫嘴壳落到自己面前来，但它现在往后退缩的话，悬在空中的紫嘴壳立刻就会发现它，拍扇翅膀重新飞回天空，并向其他白鹳报警，埋伏在另一根枝丫上的红指甲也很快会暴露无遗，它们想要赶走这群白鹳的最后希望也就破灭了。假如是在地面，它在鹳脚踩到自己脊背的一刹那，及时翻个身，仰面朝天，正好可以咬住白鹳胸脯；但现在是在树丫上，别说翻身了，稍一动弹就有可能摔下树去；它已经在树上纹丝不动待了两天了，身体早就僵木了，就算孤注一掷翻身去咬，恐怕也力不从心了啊。但无论如何，它也绝不能无所作为地听任紫嘴壳降落到它背上来，它也绝不能让紫嘴壳第二次将它含辛茹苦孵化出来的巨蜥宝宝像吃点心一样吞进肚去。它必须在鹳脚触碰到它脊背的一瞬间，立即翻身，仰面迎战正在降落的紫嘴壳。它明白这样做风险极大，它在滑溜溜的圆形的枝丫上翻个身，如果咬个空，必然会从高高的树梢摔落下去，就算咬到紫嘴壳了，也一定会连同紫嘴壳一起从树梢摔落下去。巨蜥不是猫，猫身手矫健，从再高的地方摔下来也不会受伤，巨蜥就不一样了，从几十米高的榕树上摔下去，不摔成八瓣，也至少会摔得筋断骨裂。但它已没有选择，这是能赶走这群白鹳最后的机会了。为了即将出壳的巨蜥宝宝免遭白鹳戕害，它愿意与不共戴天的仇敌紫嘴壳同归于尽！

绿顶点绷紧四肢肌肉，暗暗扭转脖颈，做好反蹿噬咬的准备。

翅膀摇动的呼呼声越来越近了，叉形舌头灵敏地感知到，鹳脚至多还有两米高就要踩踏到它的脊背上来了。

突然间，意想不到的事情发生了。紫嘴壳双翼高吊、长长的脚杆就要落到绿顶点脊背时，也不知为什么，突然又将垂直的脚杆微微曲起，翅膀轻摇两下，又朝前飞出几米远，神使鬼差，竟然往红指甲埋伏的枝丫间降落下去，而且不偏不倚，鹳脚往红指甲的脊背踩踏下去。绿顶点看见，红指甲埋伏的那根枝丫，猛地往下沉陷了一截，但突然间，紫嘴壳奇怪地两眼翻白，嘴壳张得老大，脖颈笔直就像一杆红缨枪，两只翅膀剧烈地摇动，噼里啪啦，树叶纷飞，就像下了一场叶子雨。

紫嘴壳不愧是这群白鹳的头领，体壮力强，身体慢慢从巨大绿伞似的树冠间升了起来。绿顶点看见，紫嘴壳长长的脚杆上吊着一只巨蜥！

那是红指甲。红指甲咬住了紫嘴壳一只脚杆。

不难想象，当紫嘴壳鹳脚踩踏到红指甲脊背时，红指甲冒着从树冠上摔落下去的风险，刹那间反蹿扑咬，咬住了紫嘴壳的一只脚杆。紫嘴壳本能地挣扎起飞，将红指甲从树冠间拔了出来。

红指甲正在做的，正是绿顶点准备做的。这两只雌巨蜥，事先并没商量过该怎么做，心有灵犀一点通，在这节骨眼上，都想到了要反蹿扑咬。

紫嘴壳剧烈地摇扇翅膀，把红指甲拖离大榕树。现在，绿顶点最为担心的是，红指甲被悬吊在半空，千万别昏头昏脑松开嘴，只要一松开嘴，就会前功尽弃，红指甲从高空坠落，活活摔死或摔个半死不活，而紫嘴壳则蜥口逃生，拍拍翅膀飞走了。

绿顶点发现，自己的担心多余了，红指甲完全明白自己的处境，紧紧咬住那只鹳脚，丝毫也不松口。

榕树上所有的白鹳都被这突如其来的变故惊呆了，也吓坏了，纷纷起飞逃离了大榕树。白鹳是不会鸣叫的禽鸟，只会磕动嘴壳发出呱嗒呱嗒的声响。天空传来一片翅膀哗啦哗啦扇动声和嘴壳呱嗒呱嗒磕击声。

紫嘴壳虽然体壮力强，但毕竟不是什么起重机，也不是什么直升机，拖着一条两米多长的巨蜥，飞不了多长时间，很快便支撑不住了，开始斜斜往地面飘落。

这倒不错，绿顶点想，这就像是乘了一顶降落伞，红指甲可以平稳安全着陆了。只要能平稳落到地面，红指甲就立刻转危为安，重拾优势。在地面上，一只成年巨蜥要对付一只白鹳，还不是小菜一碟！

紫嘴壳似乎也意识到这个问题，它一面狠劲扇动翅膀以减缓飘落的速度，一面用另一只脚猛踩红指甲的头。红指甲躲无可躲。白鹳的脚爪虽然比不上鹰爪那般遒劲犀利，却也指爪尖利如刃，又是生死关头的绝杀，就像凌迟酷刑一样，紫嘴壳每一爪都踩在红指甲的额头、唇吻、鼻腔和眼睑上，爪爪见血，刹那间红指甲的脸皮开肉绽、血花四溅。

紫嘴壳的用意很明显，是要把咬住自己一只脚杆的红指甲从身上踢蹬出去。但无论紫嘴壳如何用利爪在自己脸上发疯般踢蹬，红指甲始终紧紧咬住牙关毫不松懈。

紫嘴壳的体力是有限的，两根翅膀的腾飞能力是有限的，几秒钟后，无可奈何地斜斜飘落在地。

红指甲的身体一沾到地面，便在地上翻滚，想把紫嘴壳拽倒并压在自己身体底下。紫嘴壳毫不示弱，一只脚被巨蜥嘴咬住了，另一只脚金鸡独立，扬起坚硬的大嘴壳，暴风骤雨般啄咬红指甲的脸。白鹳的嘴壳大而长，喙尖锐利，经常在沙滩上啄食躲藏在砾石下的贝类和各种软体动物，磨砺得光滑而锋利，宛若一把锋利的刀子在红指甲脸上动外科手术。狠狠一嘴壳下去，鼻孔变成喷泉，喷出的不是水，而是冷凝的血。又狠狠一爪下去，一只眼睛变成血洞……

这时候，麇集在天空的白鹳们从惊诧中回过神来，纷纷降落到地面，前去救援紫嘴壳。紫嘴壳是这群白鹳的首领，首领有难，众白鹳当然要前去相救。好几只胆大的白鹳已迈开大步靠拢过去，用尖利的嘴喙，拼命啄咬红指甲。

绿顶点也大梦初醒般回过神来，以最快的速度，从大榕树上爬下来，赶去增援红指甲。巨蜥是爬行动物，速度当然比白鹳慢多了。等它赶到红指甲身边，红指甲已浑身是血，脸已被啄烂了，变成一条血蜥。但红指甲的嘴，却仍然紧紧咬住紫嘴壳的一只脚杆不放。绿顶点蹿跳扑咬，向正在行凶的白鹳们发起攻击。虽然是以一敌众，但在地面上，白鹳根本就不是巨蜥的对手，纷纷逃窜，或拍扇翅膀飞到天空，或飞奔躲避。

绿顶点赶到红指甲身边，短命的紫嘴壳还在狠命啄咬奄奄一息的红指甲，绿顶点毫不客气地一口咬断了紫嘴壳的脖颈。

白鹳首领紫色的大嘴壳像折断的麦穗，挂在脖子上晃荡，但两只翅膀却仍在空中缓慢摇动，就像舞动两面黑色的经幡。

白鹳们吓坏了，统统飞到天上，在紫嘴壳头顶盘旋，绕了一圈又一圈。白色的羽毛，旋转的圆圈，宛如白色的花圈，翅膀外侧黑色的翼羽，就像戴着悼念的黑纱。

绿顶点仰头望着天空，虎视眈眈，严阵以待。

白鹳们在紫嘴壳头顶绕了几圈，便扬起脖子往高空飞去。它们飞得凌乱而慌忙，头也不回地往远处飞去，越飞越远，渐渐变成天空中几粒小圆点，很快融入苍茫暮色中。

绿顶点知道，头领紫嘴壳的惨死，在这些逃遁的白鹳心中留下了极其恐怖的记忆，今生今世，再也不会回到珍珠水塘领空来了，再也不会回到这棵大榕树来栖息了。

巨蜥宝宝面临的来自天空的巨大生存危机总算过去了。

又过了几分钟，紫嘴壳终于停止了垂死挣扎，再也不会动弹了。不知什么原因，它的两只翅膀还恣张并耸立在背上，看上去就像一块墓碑。

红指甲仍紧紧咬住那只鹳脚不放。

绿顶点走拢去，用叉形舌头温柔地触摸红指甲的额头：醒醒吧，可恶的白鹳已逃走了，我们成功了！醒醒吧，我们的宝宝可以平安出世啦！

绿顶点的叉形舌头探测到红指甲身上还有热量，虽然很微弱。红指甲还活着，却仍然没有松开嘴，只是吃力地扭转脖颈，好像在瞭望某一个方向。它的两只眼窝都已变成血洞，已经什么也看不见了，可它却扭动脖子，做出张望的姿势。绿顶点顺着红指甲张望的方向看去，前方约两百米左右，是一片茂密的灌丛，绿顶点认识那个地方，灌丛深处，就是红指甲的产卵点，那里有一窝即将出壳的巨蜥宝宝。

突然，红指甲身体剧烈地颤抖了几下，凝然不动了。绿顶点叉形舌头探测到，红指甲身上的热量正在慢慢消散。

红指甲血流得太多了，死神把它召唤去了。

红指甲至死也没松开咬住鹳脚的嘴。

绿顶点咬住红指甲的尾巴，使劲拖拽，将红指甲连同那只名叫紫嘴壳的白鹳，拖到离红指甲产卵点约二三十米的草丛里。它知道，红指甲临死也念念不忘的是什么，红指甲生前最最希望看到的是什么。这个草丛，与红指甲的产卵点形成一条直线，中间没有任何障碍，躺在这里，一眼就能看到令雌巨蜥陶醉的巨蜥宝宝出壳的热闹景象。

绿顶点其实肚子已经很饿了，那只名叫紫嘴壳的白鹳刚好可以让它饱餐一顿。去年这个时候，紫嘴壳曾经带着一群白鹳将它一窝巨蜥宝宝当点心一样吞噬了，能一口一口吃掉心中的仇敌，不仅能解决饥饿问题，还别有一番甜美的滋味在心头。但它没有去撕食紫嘴壳。紫嘴壳仍金鸡独立般插在红指甲嘴里，两只翅膀仍高高吊起耸立在空中，它觉得这两支迎风招展的鹳翅，就是红指甲的旗帜，胜利的辉煌的旗帜！

绿顶点做完这一切，便习惯性地前往自己的产卵点，查看宝贝卵的动静。土坑里，发散着生命的气息，还不时能听到宝宝在蛋壳里蹭动的窸窸窣窣声。再有一天，宝宝们就会破壳而出了。它又去到红指甲的产卵点，土坑里也发散着生命的气息，也不时能听到宝宝在蛋壳里蹭动的窸窸窣窣声。再有一天，红指甲的宝宝们也会破壳而出来到这个世界。

暮色沉沉，天还没有黑透，地平线尽头，仍有一抹紫红色的晚霞。

绿顶点凝望着天边的晚霞，端然不动，表面沉静得像块石头，内心却翻江倒海，掀起一阵阵巨澜。红指甲和它自己的两窝宝贝卵明天就要出壳，它必须做出一个重大决定。珍珠水塘空间狭小，资源有限，无论如何也不能同时养活两窝巨蜥宝宝。对它来说，这是一个天大的难题。其实，这个问题随着红指甲的死亡已经自然而然解决了。现在，已没有任何障碍能阻止它去捣毁红指甲产下的这窝卵。人都是自私的，巨蜥也是自私的。它当然要首先确保自己产的卵顺利出壳并平安长大，它一生的努力、一生的奋斗、一生的希望、一生的理想不就是为了能成功孵化出一窝巨蜥宝宝吗？理想就要实现了，它有什么可犹豫的啊！红指甲已经死了，人死不能复生，巨蜥死也不能复生。它无论怎样处置红指甲这窝卵，红指甲也奈何它不得了。它可以趁红指甲的巨蜥宝宝还没出壳之际，扒开浅浅的土层，将卵吞噬掉。这么做已经算很够意思了，比这些小家伙出壳后再吞噬掉要仁慈得多。它不但为自己即将出壳的小宝贝消灭了竞争对手，也填饱了自己饥肠辘辘的肚子，一举两得，何乐而不为？

绿顶点相信，换了任何一条雌巨蜥，都会毫不犹豫这么去做的。人不为己，天诛地灭，巨蜥不为己，也天诛地灭。吞噬红指甲的这窝卵，对它来说，也不存在道德或伦理的禁忌。巨蜥本来就是冷血动物，本来就有同类相食的陋习，饥荒时，一条强壮的巨蜥倘若遇到一条弱小的巨蜥，也会毫不客气将对方当作猎物扑食的。对巨蜥这样的食肉类爬行动物来说，悠悠万事，食物为大。现在自己面前就是最好的食物，不吃白不吃，它何必犯傻呀。

绿顶点趴在红指甲的产卵点前，缓慢地抬起一只前爪，想去扒开浅浅的土层，但有一种强大的力量阻止它将前爪伸进土坑去。要是没有红指甲拼死咬住紫嘴壳的脚杆，它绿顶点即将出壳的巨蜥宝宝绝对逃不脱被一群白鹳吞吃的悲惨命运。从这个意义上说，是红指甲的死，换取了它绿顶点巨蜥宝宝的生。红指甲既是为自己宝贝卵牺牲的，也是为它绿指甲宝贝卵牺牲的。这是不可回避的事实，这是无法抹杀的功绩。红指甲是死了，红指甲的两只眼窝早就被白鹳啄成血洞，但它总觉得红指甲还在看着它。它没有力气，不不，是没有胆量，也没有勇气，去扒开面前那只土坑。

绿顶点心里很明白，倘若它听任自己的宝贝卵和红指甲的宝贝卵全部破壳而出，表面上看，很公正，很正义，很漂亮，也算是对得起死去的红指甲了，但是，后果却不堪设想。当四十余只巨蜥宝宝一起涌向珍珠水塘，开头几天，水塘里的小鱼小虾或许还能满足它们的需要，彼此还能相安无事，但要不了半个月，最多一个月，随着它们渐渐长大，胃口越来越好，食欲越来越旺，珍珠水塘里的食物再也不能满足它们的需求，就必然会爆发血腥的窝里斗。同类相食是一只潘多拉魔盒，一旦打开，就再也无法收回了。绝大多数巨蜥宝宝都会因窝里斗而死于非命。所以，让两窝巨蜥宝宝同时破壳而出，看起来是很仁慈的行为，但表面的仁慈，却隐藏祸端，是最大的残忍。

怎么办？好为难！它必须解决这个二选一的难题。

它又踅回到自己的产卵点。天黑下来了，月弯儿升上树梢。它小心翼翼伸出一只前爪，将土坑上那层浮土扒开。它的二十枚宝贝卵，还在土坑里整整齐齐垒成一个品字型。静谧的夜，万籁俱寂。侧耳细听，卵壳里传来窸窸窣窣声响，那是小生命在蠕动。它用叉形舌头触摸每一枚卵，探测生命的强弱程度。每一枚卵都很饱满、很强壮，难以区分孰强孰弱。它只能凭借感觉和经验，胡乱挑选。哦，垒在品字型最上端的卵，或许会浸染多一些夜露，生命的火焰会燃烧得偏弱些吧？它想，颤颤抖抖将这枚倒霉蛋含进嘴里去。它舍不得咬，咬碎的话，会把宝贝咬疼的。它一扬脖颈，将这枚不幸被它挑中的倒霉蛋囫囵吞进肚去。接着，又开始了第二轮选择。哦，垒在品字型最底端的卵，吸收阳光热量或许会欠缺些，就有可能发育得迟缓些。它想，便又狠狠心将这枚倒霉蛋囫囵吞了进去……

在自己的产卵点，它一口气吞下十枚卵，刚好是它产下的这窝卵总量的一半。

这是迫不得已的选择，万般无奈的选择，痛彻心扉的选择。

精减完自己的宝贝卵，它又去到红指甲产卵点，也轻轻刨开浮土，用同样的方法，将土坑里二十枚卵精减掉一半。

两窝巨蜥卵，各自都减掉了一半，一半加一半，总量就变成一窝完整的巨蜥卵。

这样做很公平，也算对得起死去的红指甲了。珍珠水塘，刚刚能养活二十只巨蜥宝宝。这样做还不算完，它又极其小心地用嘴巴衔起红指甲所产的一枚卵，含在嘴里，平稳地运送到它自己的产卵点，轻轻摆放到土坑里。它一连走了十个来回，将红指甲窝坑里十枚卵全部运送到自己的土坑里，它还有意将自己的卵与红指甲的卵混杂在一起，你中有我，我中有你，彼此交融，这样做的目的，是要让不同血缘的两窝巨蜥一出壳就熟悉对方的气味，就分不清你我，就彼此没有一丝一毫的芥蒂与隔阂，就亲如同胞，就情同手足。

做完这一切，绿顶点纠结的心也平静下来，感觉又困又累，睡着了。

它睡得很熟，一觉睡到大天亮。

## 七、为巨蜥宝宝扫清最后一个生存障碍

绿顶点趴在一个隆起的白蚁冢后面，这个位置在它产卵点的左侧，相距约二十多米。骄阳当空，天气晴朗，没有山岚也没有雾霾，能见度很高。它趴在这里，产卵坑里任何一点微小的动静，它都能看得一清二楚。

它静静等待着。作为巨蜥妈妈，它会在自己的产房前守护到最后一刻，等到第一只小巨蜥从泥土中钻出来，见到自己的宝贝，匆匆一瞥，它就会义无反顾地迅速离开，从此再也不会与自己的巨蜥宝宝相见，以后即便在荒野与巨蜥宝宝邂逅相遇，也形同陌路，再没了母子或母女情分。这是巨蜥颇为奇特的行为，雌巨蜥躲在角落里，对第一个出壳后钻出泥土来的巨蜥宝宝匆匆一瞥，便意味着母爱戛然而止，母爱画上了句号。巨蜥妈妈之所以要在第一只小巨蜥从泥土里钻出来时头也不回地迅速离去，是因为巨蜥这种动物，一旦巨蜥宝宝出壳，生理便急剧变化，持续了半年的母爱在这一瞬间神秘消失，取而代之的是一种觅食冲动。出现在面前的一切会动的稚嫩的物体，都会被视为天然食物，假如当巨蜥宝宝都顺利出壳了，满地乱爬，巨蜥妈妈还滞留在巨蜥身边，极有可能发生母食子的悲剧。

匆匆一瞥，然后扬长而去，这是巨蜥母爱的华彩乐章。这是大自然的奇妙之处，是巨蜥妈妈能为宝贝们做的最后一件事了。

绿顶点看见，它的产卵点，土坑上的浮土，发生了一个小小的波动，隆起一个突凸，紧接着，一个针尖大的小红点，就像幼芽一样破土而出，在泥土间颤颤抖动。哦，第一个小宝宝破壳而出了。针尖大的小红点，那是小家伙在吞吐叉形舌头。

这是巨蜥与生俱来的一种本能，小家伙一出壳，就会熟练地吞吐最重要的身体器官——叉形舌头，去感知这个陌生的世界。

小家伙终于出壳了，它不知道第一个出壳的是它的宝宝还是红指甲的宝宝，它也不想去分清究竟是谁的宝宝，谁的宝宝都一样，宝宝平安出壳，都让它欢欣鼓舞。

去吧，宝贝！勇敢钻出土坑，外面阳光灿烂，外面的世界很精彩，鼓起你们所有的勇气，使出你们所有的力气，别回头，别犹豫，别耽搁，一直往前爬，爬向珍珠水塘；你们放心，一路上不会有蟒蛇前来拦截，也不会有白鹳飞来横祸，也不会有鳄鱼埋伏在泥潭，妈妈已经为你们扫清了生存道路上所有的障碍，你们一定能平平安安到达珍珠水塘；那里有清冷冷的水，那里有可口的食物，大自然就是你们慈祥的母亲，会抚育你们长大！

在亲眼看见巨蜥宝宝出壳的一瞬间，绿顶点的母爱达到了巅峰，心里涌起一股无端的柔情，随即母爱便像退潮似的迅速消退。它的心平静下来，按照巨蜥的行为规则，慢慢转过身去，义无反顾地头也不回地朝荒野爬去。

它已完成了一条雌巨蜥应尽的责任，它已奉献了一条雌巨蜥所有的母爱，它必须离开了，带着美好的祝愿扬长而去。

绿顶点转身离开约二十多米远，突然，它听到右前方传来枯枝草叶被踩断的嚓嚓声。它警觉地扭转脖颈，吞吐叉形舌头，进行气味探测。空气中，随风飘来同类的气味颗粒。又仔细辨别一番，发现是一条雄巨蜥，正沿着那条隆起的土丘向珍珠水塘爬去。

绿顶点心头一紧，赶快朝隆起的土丘爬过去。当它从土丘探出头去时，对方刚好也从土丘另一侧探出头来。这条雄巨蜥身长约两米半，身强体壮，背脊上皮肤布满小疙瘩，就像披着一层鳞甲，最显眼的是额头有一道约半尺长的红色伤疤，从后脑勺一直延续到鼻吻间，就像爬着一条长长的蚯蚓。这是一次在与另一条雄巨蜥争食时留下的永久纪念。或许可以把这条脸上带着伤疤的雄巨蜥称为蚯蚓脸。

蚯蚓脸一看见绿顶点，两眼放光，叉形舌头卷成一个半圆，灵巧地吞吐收缩，用巨蜥特有的形体语言，向绿顶点示好。

巨蜥是孤独的动物，平时独来独往，唯独在发情季节，雌雄会短暂相聚，结为临时伴侣。巨蜥是春秋两季发情，现在是金秋季节，正是巨蜥发情季节。

绿顶点对蚯蚓脸还是有几分好感的。用人类的审美眼光看，脸上有这么长一条伤疤，属于破相，变得丑陋了；但在巨蜥审美眼光看来，雄巨蜥脸上的伤疤，那是勇敢的标志，是生命的勋章，反而显得更英俊更威武了。绿顶点已将一窝宝贝卵成功孵化出壳，完成了一茬生育周期，可以进入下一茬生育周期了，有一条威武雄壮的雄巨蜥出现在自己面前，且摇头摆尾向自己示好，当然是一件好事。于是，它也将嘴吻伸到蚯蚓脸面前，优雅吞吐叉形舌头，表达自己美女遇到英雄的爱慕之情。

蚯蚓脸很兴奋，强有力的尾巴支撑地面，身体尽可能抬高，昂首挺胸，做出一副气宇轩昂的架势来。这是吸引异性最有效的办法。果然，绿顶点心里涌起一股柔情，放松四肢，平趴在地上，以示顺从和臣服。

蚯蚓脸很高兴，迈开大步，一步一步向珍珠水塘爬去。走几步，便回头望一眼，吞吐几下叉形舌头，那是在引诱绿顶点跟它同行。

绿顶点亦步亦趋，柔顺地追随蚯蚓脸。动物界许多动物，在求偶期间，雌性也都温柔如水，出现夫唱妇随的情景。

很快，绿顶点跟随着蚯蚓脸，来到了珍珠水塘。

几株睡莲，几丛芦苇，一池清水，数声蛙鸣。

蚯蚓脸去到岸边一棵柳树下，攀爬在树上，哗哗将尿淋在树皮上，又去到沙滩一块岩石上，抬起下巴，用颈窝在岩石上磨蹭了几下。

这是雄巨蜥求偶时典型的动作，是要留下气味标记，警告其他雄巨蜥：我已占领了这块水塘，这块水塘归我所有，我身边的这条漂亮雌巨蜥也归我所有，我是一条身体十分强壮的雄巨蜥，我脾气不好，我很会打架，知趣的话，离我远一点！

绿顶点突然意识到，事情似乎有点不妙。蚯蚓脸的一系列举动表明，这条求偶心切的雄巨蜥，要把珍珠水塘当作自己的婚房了。也就是说，蚯蚓脸准备居住在珍珠水塘了。而它绿顶点呕心沥血孵化出壳的巨蜥宝宝，凭着与生俱来的一种生命本能，叉形舌须感知到水的气息，很快就会爬到珍珠水塘来。任何一条雄巨蜥都不会容忍一窝巨蜥宝宝待在自己身边。巨蜥社会没有父爱，即使是亲生儿女，一旦雄巨蜥与巨蜥宝宝相遇，雄巨蜥饥饿时也会毫不客气将宝宝们当作食物吞吃掉的。更何况是没有血缘关系的一窝巨蜥宝宝，在成年雄巨蜥眼里，它们就是潜在的竞争者，就是可口的点心！它绿顶点产下的半窝巨蜥宝宝和红指甲遗留的半窝巨蜥宝宝，已经孵化出壳了，而蚯蚓脸肚皮空瘪瘪的，正处于饥饿状态，毫无疑问，一旦巨蜥宝宝们蹒跚爬行来到珍珠水塘，悲剧不可避免就要发生：来一个吃一个，来两个吃一双，不吃白不吃，吃完为止。

这窝拼凑起来的巨蜥宝宝，有一半是它的亲骨肉，有一半是红指甲的亲骨肉，既是它生命的延续，也是红指甲生命的延续。它无论如何也不能让蚯蚓脸把好不容易孵化出来的宝宝们当点心一样吞食了。

刹那间，绿顶点体内潮水般退却的母爱，又迅猛回潮了。

它必须在巨蜥宝宝到来之前，将蚯蚓脸从珍珠水塘引开。它只能是将蚯蚓脸引开，而不可能使用暴力将蚯蚓脸赶走。巨蜥这个物种，雄强雌弱，雄性身体比雌性大，打斗起来，雌性肯定占下风。它只能靠计谋将蚯蚓脸引开。办法当然是有的，蚯蚓脸求偶心切，或许可以使用美人计将蚯蚓脸引开，它想。于是，它慢慢地围着蚯蚓脸绕了两圈，有意无意地用叉形舌头撩拨蚯蚓脸的身体，并将长长的尾巴弯成柔曼的S型，尽一条雌巨蜥所能，向蚯蚓脸展示性感，抛飞媚眼，卖弄风情，以吸引蚯蚓脸的眼球。在发情期，雌性的魅力不可阻挡。蚯蚓脸果然有点魂不守舍了，目不转睛地看着绿顶点，嘴角滴出一条长长的口涎，就像挂着一条透明的米线。

绿顶点爬出珍珠水塘，向一条通向遥远的大黑山的幽深的山谷爬去。

蚯蚓脸就像着了魔一样，粘在绿顶点尾巴后面，离开珍珠水塘。

来到漏斗形山谷口，离珍珠水塘已经有两三百米远了。这是一条狭长而深邃的山谷，两边是悬崖峭壁，一股强劲的冷风从山谷尽头呼呼刮来，蚯蚓脸打了个冷噤。仿佛突然间从混沌中清醒过来，停止爬行，东张西望，似乎在思索着什么。

哦，跟我来吧，莫犹豫，莫迟疑，往前走！穿过山谷就是一片广袤的湿地，那里草肥水美，食物丰盛，比小小的珍珠水塘好多了。请相信我，跟我来吧，我会给你温柔、给你快乐、给你幸福！

蚯蚓脸抬头望望自己面前风情万种的绿顶点，又扭头望望碧波荡漾的珍珠水塘，突然一转身，扔下绿顶点，一溜烟奔回珍珠水塘。

在美色和地盘面前，蚯蚓脸最终选择了地盘。或许它认为，只要守住了水源清洁、食物丰盈的珍珠水塘，不愁招不来年轻漂亮的雌巨蜥。

绿顶点无计可施，只好跟随在蚯蚓脸身后，也回到珍珠水塘。

太阳当顶，气温升高，蚯蚓脸半个身体泡在珍珠水塘里，在芦苇丛寻觅可以充饥的水鸟蛋。四周很静，只有风吹动芦苇的沙沙声。

突然，蚯蚓脸停止寻觅鸟蛋，急匆匆奔到沙滩上，昂起头，瞪起一双贪婪而兴奋的眼睛，快速吞吐叉形舌头，像是发现了什么感兴趣的猎物。

蚯蚓脸叉形舌头侦测的方向，就是绿顶点产卵点的方向。

绿顶点突然间有了一种如坠深渊的恐惧。它明白，蚯蚓脸为何朝着一个特定的方向张望，肯定是它与红指甲孵化出壳的巨蜥宝宝们已经陆陆续续从土坑里爬出来了，并蹒跚而行向珍珠水塘爬来。刚刚出壳的巨蜥宝宝，身上沾满黏液，有一股特别的腥味。蚯蚓脸肯定是闻到了宝宝们身上的气味，勾起了强烈的食欲，也勾起了强烈的捕杀冲动。

绿顶点去到蚯蚓脸身旁，最大限度地扬起脖子，用柔软的下巴摩挲蚯蚓脸的唇吻。这是一种肆意的挑逗。哦，我这么性感，投怀送抱，你还不动心吗？

对动物而言，食色，性也，活着就是两个目的，第一个目的是找到食物生存下去，第二个目的是找到配偶繁衍后代。

人类社会有句俗话：男想女隔座山，女想男隔层纸。动物界差不多也是这种情况：雄想雌隔座山，雌想雄隔层纸。

蚯蚓脸哪里经得住绿顶点如此露骨的挑逗，欲火中烧，立刻就分心了，也最大限度抬起柔软下巴，来摩挲绿顶点的唇吻。但它饥饿难忍，也极想填饱肚子，所以虽然与绿顶点交颈厮磨，却仍有一半的心思放在它侦测到的猎物身上，饥馑贪婪的眼光仍不时瞄向那条通往绿顶点产卵点的牛毛小径。

绿顶点唇吻触摸到蚯蚓脸柔软的颈窝，皮囊下面是粗壮的气管，气管旁边是致命的血管，里头流淌着冷凝的血。它的巨蜥宝宝们，正在林间小道上蹒跚爬行，快要到达珍珠水塘了。它暗暗绷紧肌肉，积蓄所有的力量。它虽然是冷血动物，但它也是个母亲，有母亲的自尊和底线，它决不能让蚯蚓脸伤害它与红指甲的巨蜥宝宝，为了达到这个目的，它愿意玉石俱焚，不惜与蚯蚓脸同归于尽！

蚯蚓脸被交配的热情和觅食的冲动蒙蔽了眼睛和心智，对即将发生的灭顶之灾毫无心理准备，傻乎乎地将柔软的颈窝往绿顶点嘴里送。

绿顶点闪电般跳跃起来，一口咬住蚯蚓嘴的颈窝。这是最后的致命的一击，绿顶点使出了所有的力气，咬得又狠又准。它只能用偷袭的办法来对付身强力壮的蚯蚓脸。如果面对面交锋，如果光明正大单打独斗，它无论如何也对付不了蚯蚓嘴的，不但救不了可爱的巨蜥宝宝，自己也会白白送掉性命。

蚯蚓脸拼命挣扎。不愧是雄巨蜥，身大力不亏，狂暴地摇动身体，将绿顶点高高抡起，重重摔打在地上，四只锐利的爪子，像匕首一样在绿顶点身上宰割。

无论蚯蚓脸怎么摔打怎么撕扯，无论身体多么疼痛，绿顶点只有一个信念：死死咬紧自己的牙，绝不松口。

突然，蚯蚓脸拖拽着绿顶点，翻滚到珍珠水塘里。它们本来就在水塘边搏杀，很容易就翻滚到水塘里去。水花四溅，两条成年巨蜥扭成一团。到底雄巨蜥力气大，将绿顶点仰面压在水里，无法呼吸。绿顶点唯一的应对办法，就是死也不松开嘴。

蚯蚓脸爪子拼命在绿顶点腹部撕抓踩踏。巨蜥背部的皮肤粗糙厚韧，腹部的皮肤细腻柔软。犹如被刀子切腹剖肚，五脏六腑流出来了。绿顶点已没有力气反抗，只能听任蚯蚓脸施暴，它唯一能坚持的，就是将满嘴尖利的犬牙，像钉子一样深深地钉进蚯蚓脸的颈窝。

蚯蚓脸开始在水里打滚。这是巨蜥对付猎物的绝招，巨蜥水性不错，当在水边捕捉到较大猎物，无法将猎物咬杀，巨蜥就会将猎物拖进水里，然后翻滚打转，将不谙水性的猎物沉入水底窒息而亡。这算是巨蜥克敌制胜的杀手锏。绿顶点咕噜咕噜灌了一肚子水，脑袋晕眩，已快支撑不住了。就在这时，它听到噗的一声轻响，随即嘴里灌进咸津津的血。

绿顶点始终咬住蚯蚓脸的颈窝，剧烈扭动翻滚，蚯蚓脸脆嫩的颈窝终于撕裂了。

血把珍珠水塘染红了。

蚯蚓脸仍在不停地扭动翻滚，但力气却越来越弱了，很快，只有四肢还在划动，渐渐地，连四肢也僵硬不动了。

绿顶点仍咬住蚯蚓脸的颈窝没有松口。它的血也快要流干了，筋疲力尽，连松开嘴的力气都没有了。日头偏西，水温渐凉，但绿顶点已感觉不到冷，生命正一点一点离开它的躯壳。蚯蚓脸躺在水底，它压在蚯蚓脸身上，它的半张脸露出水面。恍惚中它感觉到巨蜥宝宝正源源不断朝珍珠水塘爬来。活泼淘气的宝宝，是它生命的延续，也是红指甲生命的延续。突然间，它的心情感到无比舒畅。它终于完成了一个夙愿，成功地做了一次母亲。

还有一点也让它颇感欣慰，蚯蚓脸死了，它也死了，小小的珍珠水塘里浸泡着两具成年巨蜥的尸体，巨蜥天生就有食腐的习惯，它与蚯蚓脸的尸体无疑是最好的食物源，够巨蜥宝宝们享用好几个月。它相信，它和红指甲的宝宝们，一定能在食物丰盈的珍珠水塘平安度过最脆弱的幼童时期，茁壮成长，成为西双版纳热带雨林新一代巨蜥。

## 【阅读提示】

### 冷血动物奇特的母爱

人们习惯将蛇类、鳄鱼、蜥蜴等爬行动物称作冷血动物。我小时候有个误解，以为冷血动物的血液真的是凉冰冰的。在云南农村当知青时，有一次村民在稻田用锄头砍死一条眼镜蛇，把整个蛇头给砍下来了，血从折断的颈部涌了出来，我想证实一下儿时的猜想，就用手去摸了摸，蛇血绝对不冷，也是温热的嘛。后来读了科普书籍才知道，所谓冷血动物，是指某些种类的动物体温会随着环境温度的变化而做出相应的调节，环境温度高，动物的体温也随之而升高，环境温度低，动物的体温也随之而降低，更科学的称谓，应该叫变温动物。而另一些种类的动物，包括人类在内，体温是恒定不变的，不会因环境温度的变化而变化，叫作温血动物，更科学的称谓，应该叫恒温动物。

变温动物和恒温动物，只是适应环境的手段不同而已，很难说孰优孰劣。恒温动物中，譬如猛犸象、剑齿虎等等，早已在地球绝迹，成为地球生命舞台的匆匆过客，而变温动物鳄鱼、巨蜥等等，却经受了地质与气候巨变的考验，从侏罗纪存活至今，和包括人类在内许许多多恒温动物一样，成为地球生命舞台上生存竞争的大赢家。

但人类语境中，冷血动物绝对是个贬义词，专指冷漠、冷酷、不讲感情、精神世界缺乏温暖之人。好像冷血动物就是低人一等，不不，是低温血动物一等。人类一贯自高自大，总是把与我们生理构造不同的物种斥之为另类，并臆造出种种缺陷和诟病强加在这些无辜的动物头上。冷血动物就是非常典型的一个例子，把人类中的糟粕——那些心肠歹毒冷酷无情的坏人，与地球上所有的爬行类动物画等号，以此为借口，把那些可爱的爬行动物打入生命另册，打入情感冷宫，也不给这些动物有任何辩驳和申冤的机会。人类的强势与霸道，可见一斑。

冷血动物果真像人类指责的那样生活在一个与爱隔绝的冰冷的情感世界里吗？答案当然是否定的。举个例子，有一种草莓箭毒蛙，生活在哥斯达黎加热带雨林。蛙属于变温动物，也就是人类说的冷血动物。草莓箭毒蛙在地面水塘产卵，每次产六枚卵，当卵孵化成蝌蚪时，母蛙就要把蝌蚪宝宝背到几十米高的大树上去。它们属于树蛙，只能在树上生存。草莓箭毒蛙只有指甲一般大小，每次只能背一只蝌蚪，爬几十米高的大树，犹如蜘蛛人攀爬摩天大厦。途中还要躲避螳螂、鸟类等天敌的袭击，艰难程度可想而知。但小小的母蛙毫不退缩，在笔直的树干来回六趟，把六只蝌蚪宝宝分别安置在树梢凤梨科寄生植物粗壮叶簇中央积蓄雨水所形成的六个不同的小水池里。完成这史诗般的旅程，母蛙已筋疲力尽，体重减轻了三分之一，但它还不能休息，每隔两三天，就要到六个育儿水池巡视一遍，在每个小水池里排下一枚未受精的食用卵，给蝌蚪宝宝提供食物，直到蝌蚪宝宝成长为能自食其力的小草莓箭毒蛙了，这才结束它漫长而又艰辛的育儿过程。试想一下，假如母蛙真的像人类所断言的那样凡冷血动物都是冷酷无情没有感情色彩，能甘愿为后代做出如此巨大的牺牲吗？没有对后代温情脉脉的心怀，没有浓烈而坚强的母爱，没有火一样的热情和对生活的执着追求，能支撑小小的母蛙完成如此复杂而繁重的育儿工程吗？

后来我从事动物小说创作，有机会深入原始森林观察动物行为，我惊讶地发现，一向被人们称为冷血杀手的巨蜥，也绝非人们想象的那么冷毒、那么铁石心肠。一位长期从事爬行动物研究的专家亲口告诉我，他们曾在西双版纳一个名叫芭蕉湾的地方跟踪一条雄巨蜥。芭蕉湾有山有水，食物丰盈，最适宜巨蜥居住。这条雄巨蜥在芭蕉湾居住了一年零八个月，从未远离过。后来来了一条雌巨蜥，与雄巨蜥共同生活了四五个月。那天早晨，当雌巨蜥在池塘边沙土地里挖掘洞穴准备产卵时，雄巨蜥独自离开了。无线脉冲跟踪仪显示，雄巨蜥去到五十多公里外一个名叫牛角凹的地方住了下来。牛角凹穷山恶水，土地贫瘠，食物稀少，生活条件比芭蕉湾差远了。但整整一年，雄巨蜥再也没回过芭蕉湾。只有一种理由可以解释雄巨蜥为什么从此不再回食物丰饶的芭蕉湾，它把芭蕉湾让给了雌巨蜥，巨蜥世界有同类相食的陋习，它不愿与自己的后代为争抢地盘而发生冲突，它怕误伤了自己的孩子。

相守是一种爱，但在动物界，有时候离开也是一种爱。

这篇《巨蜥母亲》就是想展示巨蜥这种动物鲜为人知的行为密码，通过那条名叫绿顶点母巨蜥奇特而有趣的育幼过程，告诉亲爱的读者：有生命的地方就有爱，爱是生命进化和繁荣最重要的先决条件。即使像巨蜥这样的冷血动物也不例外。

# 第8堂课

## 从容走向死亡

# 象冢

它伫立在危崖上，扬起长鼻，悲愤地吼叫一声。巨大的声浪像股龙卷风，拔地而起。头顶茂密的枝叶本来像绿色的穹窿，遮断了光线，这时突然被声浪冲开个口子，明媚的阳光泄下来，阴暗的树林霎时间变得亮堂堂。树叶像密集的雨点洒落下来。

它面前是个巨大的深坑，坑底被雨水沤黑的落叶和腐草间，铺着一具具大象的残骸。它们的皮肉和内脏也许是腐烂了，也许是被秃鹫或乌鸦啄光了，也许被蚁群吞噬了，只剩下球形的骷髅和灰白的骨架。坑内弥漫着一股死亡的气息。只有上百条珍贵的象牙，仍然洁白，在阳光下泛着迷人的光泽。毫无疑问，讨厌的猎人还没发现这块神秘的象冢，不然的话，这些象牙早就被掠夺光了。这要感谢四周密不透风的葛藤荆棘，犹如一道道天然的屏障，隔断了人的踪迹。

这是地震形成的凹陷，大地的一块伤疤，从亘古时代起，就成为西双版纳邦嘎山上这群野象天然的坟冢。它们严格遵循祖宗遗传的独特的习性，除非意外暴死，绝不肯随随便便倒毙在荒野；只要预感到死神迫近，无论路途有多么遥远，老象也要赶到这儿来咽下最后一口气。神圣的象冢是它们永恒的归宿。过去，它茨甫率领着象群，好几次伴送临终前的老象到这儿来。今天，终于轮到它自己了。大象和一切生物一样，也留恋生命。它站在坑沿的危崖上，犹豫着。坑内两丈多深，四周石岩陡立，只有灵巧的猿猴或岩羊才能攀缘而上，身躯笨重的大象只要下去了，就再也不可能活着出来。要是它是自然衰老，它会心甘情愿跳下坑去了的。

连飞鸟都逃得无影无踪了，森林里一片死寂。它不用回头都晓得，身后树林里五十多头大大小小的象，正注视着它，等着为它举行隆重的葬礼。谁也没有逼它到这里来。是它自己当众宣布得到了死亡的预感。它不能再犹豫了，犹豫意味着对死亡的恐惧，会被耻笑的。此刻，是它最后一次表现头象英勇无畏气概的机会了。它举起两条前腿，小心翼翼地踏上坑内石壁，然后慢慢将沉重的身躯往前倾斜，轰的一声巨响，它滑到了坑底；坑沿红色的沙土被它庞大的身体拽进坑去，像条金色的瀑布挂在黛青色的石壁上，尘埃飞泻，久久不息。

前几天刚落过一场大雨，坑底潮湿泥泞，有股刺鼻的霉味。它踩着没膝的泥浆，艰难地走到土坑中央，用鼻子挪开祖先的残骸，清扫出一块空地，然后面朝着太阳升起的地方，扑通一声跪下去，闭上眼睛。

一根嫩竹，连同翠绿的竹叶，从坑上扔下来，落在它鼻子前。接着，又有许多美味的竹笋、鸡嗉果、椿树叶纷纷扬扬落到它的周围。它晓得，这是象群按照古老的规矩，在给它采撷足够它吃十天半月的食物。它们不会让它在坑里活活饿死。一般来讲，这些食物是能维持到死神来临的。

这确实是很别致的象道主义精神。

它抬起头来，想给它熟悉的象群投去一个感激的眼光。正巧，隆卡刚好卷着一只蜂窝，出现在坑沿。四目碰撞，它的心顿时凉成冰块。要是没有隆卡这家伙蛮横地夺走了它的王位。它相信，自己不会这么早就得到死讯的。虽然它已活了六十个春秋，渐入老境，但亚洲象的寿命有高达八十岁的。它是被气死的，被痛苦折磨死的。瞧，隆卡这家伙的眼光，透射出骄傲和得意，蒲扇似的耳朵也在幸灾乐祸地扇动。这家伙当然要得意，年轻轻就登上了头象的宝座。它怒视着隆卡，隆卡却并不在意，长鼻一甩，椰子形状的蜂窝滚到它嘴前，黄澄澄的蜂蜜漫流出来，飘起一股罂粟花的清香。它舔了舔，却品出无限的苦涩。

臭水塘小得可怜，而且呈葫芦状，嵌在山谷林立的岩石间，狭长的进口每次只容得下一头大象进去喝盐碱水。谁都想往前挤，以补充体内大量消耗的盐分。它威严地呵斥了一声，混乱的象群平静下来，闪出一条道。它茨甫是头象，按照以往的规矩，它先进去喝个饱，然后守在进口处，乳象、母象第二轮喝，末尾才轮到成年公象。大象的社会也是很讲究秩序的。

它从容不迫地行使着头象的权利和义务。

臭水塘含有浓重的盐碱，水面白晃晃，好似漂着一层冰霜。它刚把鼻子探进水，才嗅到那股亲切的盐味，突然，屁股上被狠狠抽了一长鼻，火辣辣疼。它惊讶地回身一望，是隆卡，正撅着长牙怒视着它。它心里很清楚，这一挑衅行为，具有犯上作乱的性质，揭开了又一次争夺王位的序幕。它喷出一口粗气，跟着隆卡跑到一块空旷的草地上。

象群闪进旁边的树林里。乳象吓得钻到母象腹下。

它心里混杂着愤慨与悲哀两种情绪。对争夺王位，它并不感到惊奇。象群中的王位既不是终身制，也不懂得禅让，更不会搞什么世袭。它们遵循着野蛮的丛林法则，弱肉强食，凭聪慧的头脑和健壮的体魄夺取头象的地位。它茨甫已在王位上煊赫了二十多年，经历了多少风风雨雨，几乎每隔一两年就会碰上一个觊觎王位的家伙。过去每逢这样严峻的时刻，它心里只有一种情绪：愤慨。现在它悲哀，是因为它绝没有想到隆卡会来和它争夺王位。在所有的年轻公象中，它最喜欢隆卡。也许隆卡与它有着父子血缘关系。不过，野象社会里是没有父亲这个概念的，当然也不可能有什么父爱的天性。但它确确实实对隆卡有一种特殊的感情，这种感情早在二十多年前隆卡出生的第一天就滋生起来了。

那天，母象巴娅腆着大肚子走在象群的最后面。它茨甫忠诚地守护在巴娅身旁。巴娅怀孕已达二十二个月，就要分娩了。黄昏，它们来到一棵古榕树下，突然就发现巴娅的身体奇怪地抽搐了一阵，乳象粉红色的脑袋已从母亲体内钻了出来，只要巴娅再用点力，一个新的生命就完美地诞生了。这时，巴娅的力气已经耗尽了，虚汗淋淋，摇摇晃晃，连站都站不稳，那条长鼻耷拉在地，痛苦地呻吟着。它眼看巴娅快支持不住了，就用自己灵敏的长鼻，轻轻勾住乳象的脖颈，用力一拉，乳象平安降世了。

大象天生是世界第一流的、绝妙的助产士。

巴娅虚弱地靠在榕树上喘息。它茨甫得意极了，让乳象骑在自己的鼻端，小家伙像叫松鼠似的吱吱乱叫，猪嘴似的可怜的短鼻和柔嫩的蹄子顽皮地在它鼻子上乱搔，痒酥痒酥的，突然间，它心里涌起一股无端的柔情，一阵奇异的快感，一种从未体验过的喜悦。它用长鼻，用耳朵，用舌头，尽情抚爱着乳象，直到巴娅愤怒而又委屈地吼叫起来，它才把乳象送到妈妈的腹下去吮奶……

这头乳象就是隆卡。

它偏爱隆卡，还有一个十分重要的原因，是它特别喜欢巴娅。而隆卡是巴娅的宝贝。

怪不得它会悲哀。它恨不得即刻将隆卡挑翻在地。但它毕竟是个久经沙场的老公象了，懂得搏斗中最重要的是要保持沉着。它和隆卡长牙对着长牙，在草地上兜着圈。它眯起眼睛，冷静地打量着对方。

难怪隆卡敢跳出来和它争夺王位，这家伙长得小山似的壮实，瓦灰色的皮肤上泛着油光——这是青春期公象特有的标志。而它自己，皮肤干燥皲裂了，上了年纪的老公象都是这样的。隆卡那副象牙，也长得挺帅，如同弯月那样又尖又亮；而它自己的长牙由于几十年来掘土觅食，和熊虎格斗，锋利的牙尖早磨秃了，左牙还断了很长一截。它是在用一根半老牙对付两根新牙啊。毫无疑问，对方占着极大的优势。怪谁呢？

只能怪自己心慈手软，太愚蠢了。一般来讲，公象长到二十岁左右，开始发育成熟时，头象便要用武力把它们驱赶出象群；特别是对那些体格超群的家伙，更要毫不留情地赶出领地，让它们成为天涯尽头孤独的流浪汉。隆卡长得这样俊美，早就是它潜在的威胁了，但它总舍不得赶它走。它不忍心去伤巴娅的心。再说，隆卡一直对它毕恭毕敬，遇上虎豹这样的天敌，隆卡总是寸步不离地跟在它身旁。它一直把隆卡看作自己忠实的助手。

它太善良了，在热带丛林野蛮的动物世界中，善良是要受到惩罚的。

现在，后悔也晚了，它面临挑战，它只有两种选择，要么逃之夭夭，自动放弃头象的宝座，要么决一死战。它宁肯倒在血泊中。不，它要让隆卡倒在血泊中。它已瞧出隆卡的弱点来，求胜心切，冒冒失失，是个鲁莽的、缺乏实战经验的家伙。它突然间充满了信心，自己能赢得这场卫冕之战的。

果然，隆卡沉不住气，抢先发起攻击，蹦跳着，用长牙朝它胸部刺来。

它扭身避开了。

隆卡一定以为它胆怯了，攻得更欢，长牙连连刺击，鼻子呼呼抡打，嘴里还发出恶狠狠的吼叫，毫无意义地耗费大量体力。

它不还击，一味地退让着。

隆卡终于累了，宽阔的嘴巴里喷着唾沫星子，站在草地上歇气。

它绝不会让隆卡有机会养精蓄力的。它突然朝前一跳，抡起长鼻，啪的一声重重抽在隆卡的耳根上。它随即跳开了。

隆卡被激怒了，眼睛里透着杀机，疯狂地朝它扑来。

它毕竟老了，动作没有过去年轻时那么灵巧，有几次躲慢了半步，隆卡锋利的长牙划破了它的下颚和颈项，殷红的鲜血滴滴答答溅落在绿茵茵的草地上。它仍不还击，继续耐心地等待着。

这场恶战，从日头当顶一直持续到日落。隆卡攻击的速度越来越慢，脚步也变得踉踉跄跄。长鼻子刚才还硬得像根铁棒，现在已软得像根藤条。

象群散落在四周的树丛里，静静地观看着这场争夺王位的搏杀。

是时候了。它慢慢把隆卡引到一棵高大的菩提树前，当隆卡再次撅着长牙笔直朝它刺来时，它敏捷地一跳，闪过锋芒，突然一转身，踩到隆卡左侧。隆卡想扭转身来，但已来不及了，右侧那棵菩提树挡住了退路，整个左腹全暴露在它面前。它撅起那副长短不齐的象牙，朝隆卡腹部刺去；它把压抑着的愤慨与悲哀，全凝聚在这一击上，速度快得连自己都感到惊奇。它的牙尖已触到隆卡汗津津的皮肤，就在这一瞬间，它仿佛看到了巴娅哀怨的目光。它这凶猛的一击，毫无疑问是致命的，隆卡即使不立刻被挑破心脏死去，也一定会终身残疾，成为一头废物。不过，它仅仅犹豫了半秒钟。隆卡是自作自受，它今天不把这家伙置于死地，还有几头成年公象说不定就会跟着蠢蠢欲动。它必须杀一儆百。复仇的火焰，嗜血的冲动，想要保住王位的原始欲望，使得它不顾一切，闷着头朝隆卡柔软的腹部狠狠刺去……

深坑里的食物已堆成两尺厚。

隆卡神气地吼叫一声，立刻，象群乖乖地排起长队，顺时针方向，绕着深坑转圈。所有象都垂着长鼻，低着脑袋，耷拉着耳朵，神态伤感，煞有介事。这是象葬的一种仪式，绕冢三匝，静默致哀。完毕后，五十多头象齐崭崭地站在坑沿，随着隆卡一声号令，所有象的鼻子都高擎在空中，整个象群吼叫起来。那吼声真是壮观，如山崩，如海啸，好似火山爆发，好似江河决堤。树吓得东摇西晃，灵魂出窍。这是象葬最隆重也是最后一个仪式，有点类似人类的向遗体告别仪式。

当然，它茨甫还活着。

它无动于衷地看着这场精彩的表演。也许，那几头上了年纪的老象悲戚的感情是真实的，它和它们毕竟共同生活了五六十年。但那些年轻的象，特别是那些年轻的母象，不过是在逢场作戏罢了。它们的眼睛里没有同情和怜悯。隆卡取代它当了头象，它们很快活哩。它们并不稀罕它的离去，生死惜别都没有丝毫哀婉，这使它感到很痛心。过去，它们对它是那样的恭敬，俯首帖耳，唯命是从，争着来巴结它，讨好它，什么时候都有母象用鼻子卷起葵蒲或巨蕉，给它扇凉驱蚊撵蝇搔痒，有时还会为争夺它的宠爱而互相斗殴。也许，它们早就在暗地里讨厌它了，它想，它们过去只不过是慑于它的威势，不敢表露罢了。是的，它们早就对它不满了，记得两个月前，有一次，一群豺狗黎明前偷袭象群，按理说该由头象担任警戒，它已熬了个通宵，精力有些不济，黎明前竟然迷迷糊糊地睡着了，直到小象一声惨叫，这才惊醒，但已太晚了。一头五岁的小象已被豺狗活活撕成碎片……这难道能完全怪它吗，谁担任头象会保证不出一点差错呢？但从那以后，它隐隐约约感觉到，那些年轻母象对它投来的目光，浸透了失望、哀怨和忧伤，犹如猎人蘸过毒汁的弩箭，刺得它骨髓疼。

象群的吼声持续了好几分钟，随后它们排成一路纵队，顺着来时的路，撤离深坑。山谷里厚重的葛藤荆棘间，被象队钻开一个巨大的口子，形成一条漂亮的甬道，犹如一只绿色的巨兽，一口一口把整个象队都吞吃掉了。

其他象都走光了，巴娅还伫立在危崖上，默默望着它。巴娅眼睛里流着一颗颗泪珠，滴进坑里。它望着巴娅，心里涌起一种非常复杂的感情。爱，是没有了；恨，又很勉强。

它的牙尖刚挑破隆卡的皮，突然，它觉得身体受到猛烈撞击，它根本没防备，腿一仄，被撞得歪歪斜斜。隆卡趁机从它的长牙前窜逃出去。

是谁敢同它作对，帮助隆卡脱离险境死里逃生？它勃然大怒，扭头一望，顿时像遭了雷击似的，全身麻木。

是巴娅!

这不可能是真的。这一定是梦中的幻觉。

它怎么也不能相信，在这生死攸关的时刻，巴娅会去帮助隆卡，尽管巴娅是隆卡的母亲。

它和巴娅远远超出一头公象与一头母象相加的那种关系。巴娅是它最忠实的伴侣。三十年前，它还是被头象驱赶出象群浪迹天涯的孤象时，巴娅经常在半夜三更待头象睡熟后悄悄溜出来与它相会。那天，它受到野性的呼唤，贸然向头象挑战，企图把那头已占据王位几十年的老公象赶下台。打得好激烈啊，它的后腿被老公象的长牙刺中了，逃命时又被该死的野牛藤绊了一跤。就在危急时刻，巴娅冲过来，用鼻子卷起一团团沙土，劈头盖脸朝老公象甩过去，甩得老公象睁不开眼，它反败为胜了……

它突然觉得胸部一阵刺痛，筋骨的断裂声，皮肉的撕裂声，血浆的迸裂声搅和在一起。它没看见隆卡是怎样给它致命的一击的。它已失去了知觉，失去了反抗，整个精神全崩溃了。它的胸部被隆卡捅开两个血窟窿，血流成河，它都没扭头去望隆卡一眼。它痴痴地望着巴娅，直到实在支持不住，瘫倒在地……它鼻子里嗅到一股血腥味、草腥味和土腥味混合的怪味。昏昏沉沉间，它仿佛听见象群拥戴隆卡登上王位的欢呼声。它觉得大地在下陷，刚刚升起的橘红色的月亮压得它喘不过气来。它料定自己必死无疑，它有点遗憾，自己没能死在象冢，却倒毙荒野。

隆卡已走出山谷，这时又踅回深坑，围着巴娅焦急地呜呜直叫。隆卡是在催促巴娅赶快离开这儿。

巴娅仍然默立在危崖上。

它茨甫愤慨地摇摇头，短促地吼了两声。它也希望巴娅快点离开。看到巴娅，它就感到痛苦。快走吧，还磨蹭什么呢，谁晓得你流的泪哪几滴是真诚的，哪几滴是虚假的？看不见你，我心里才好受些。

巴娅的泪流得更猛，像两条汹涌的小溪。它猜不透，巴娅是因为缅怀过去它们在一起时美妙的时光而对诀别感到悲痛在流泪呢，还是对自己孟浪而又荒唐的叛逆行为有所反悔在哭泣？而它茨甫，倒确实后悔四年前不该冒着生命危险去救巴娅的。

那天，它们到莫霞山去吃野谷子，半路上巴娅不小心掉进猎人的陷阱。这是一种专门捕捉野象的陷阱，口窄底宽，差不多有两丈深，上面盖着一层草皮，还有一串黄澄澄的香蕉。巴娅不晓得香蕉是诱饵。野象的智慧怎么敌得过人类？按过去的处置办法，象群围着陷阱吼叫一天一夜，把附近农民种的苞谷、旱稻踩平捣毁以示报复，顶多再给掉入陷阱的倒霉鬼扔进一些食物，然后悲愤地离去。它绝不能失去巴娅。它突然想出个绝妙的办法，往陷阱里填土、填石块、填树木。它指挥象群干了起来。偌大的陷阱，什么时候能填得满呢？再说，那些闻讯而来的猎人躲在周围的大树上，鸣枪、放炮、击鼓，成群的猎狗在狂吠，企图把它们吓跑。有几头懒惰的公象受不了沉重的苦役，想逃离陷阱；有几头胆小的母象被枪炮声吓破了胆，想逃往密林。它毫不客气地用鼻子抽打它们的屁股，迫使它们坚持干下去。它自己疯狂地掘土，左牙不慎撞在一块埋在土里的花岗岩上，断了一截。连续干了两天两夜，象群终于填满了猎人的陷阱，把巴娅营救出来了。

要是那次它不救巴娅，那么今天它茨甫就不是跪在象冢里，而是高坐在头象的宝座上。

一切后悔都等于零。

隆卡用庞大结实的身躯挤着推着巴娅，想迫使它离开深坑。巴娅挣扎着，哀号着，但终于拗不过隆卡，一步步后退，走进了那藤蔓间绿色的甬道。

巴娅，你为什么要帮隆卡打败我，现在却又那么伤心?

它渴极了，仿佛太阳骑在它背上，浑身燠热难受。它睁开眼，树冠朝下，地在天上，整个世界都在无情地旋转。它又闭起眼。突然间，有一条小溪从云端飘来，倒进它嘴里，清冷冷，甜津津，喝得好痛快。顿时，伤口的痛楚减轻了许多，昏眩的脑袋也变得清醒过来。它重新睁开眼睛，不是什么小溪，是巴娅用鼻子汲来山泉水喂它喝呢。

隆卡的长牙没刺中要害，它又活过来了。

它的记忆恢复了，想起自己为什么会躺在草地上，恨不得立刻把巴娅挑个透心凉。可是，它已流血过多，虚弱得站不起来了。它只好暂时放弃报复的打算。

整整半个月，巴娅寸步不离地守护在它身边，喂水找食，还到温泉去挖来热泥巴，敷在它伤口上。野象习惯用温泉里的热泥巴来治疗跌打损伤。

半个月后，它伤口愈合了，终于能站立起来，颤颤巍巍地跟在象群后面。它发现，短短半个月时间，它从云端跌进泥潭，由皇帝变成乞丐。昔日俯首听命的伙伴再也不理睬它，甚至不愿赐给它一个同情的、怜悯的目光。望着隆卡发号施令那股威风劲，它妒忌得牙龈流酸水。望着那几头美丽的母象团团围住隆卡献媚争宠的模样，它真恨不得再去和隆卡拼个你死我活。但它明白，自己被打伤致残，这辈子休想东山再起了。

整个象群中，只有巴娅还像过去那样形影不离地伴随着它。巴娅甚至还把它当头象来伺候，用鼻子卷起蒲葵或巨蕉，给它扇凉驱蚊撵蝇搔痒，扬起沙土替它泥浴……巴娅越是这样精心伺候，它越是怒火中烧。

要不是这头母象坏事，它能这样落魄潦倒吗？在野流亡的滋味确实不好受哇。有一天，巴娅正卷起根刺毛竹替它搔痒时，它再也忍耐不住，看看象群离得尚远，就出其不意地撅起长牙，一下把巴娅抵在大树上。它想它会呼救，会哀求，会挣扎逃命的。它死死抵住它的肋骨，象牙在它肋骨之间柔软的地方形成个深深的凹陷，只消再用一阵猛劲，就能戳破它的皮，刺进它的胸膛；它茨甫不愧是久经沙场的老手，部位选得特别准，正对着巴娅的心脏；它听见巴娅的心在咚咚跳。奇怪的是，巴娅既不叫唤，也不挣扎，任凭它摆布。

要是巴娅呼救或反抗，它会毫不犹豫将长牙刺透它心脏的。但巴娅这种放弃挣扎抵抗的态度，反而使它很难下狠心。它犹豫了。这时，巴娅扭头望了它一眼，眼光中没有恐惧，没有谴责，也没有哀伤，显得很平静，甚至还带点笑意，仿佛在鼓励它：你来刺吧，我愿意死在你犀利的长牙下。

突然之间它心软了，那股复仇的勇气冰消雪融。它是爱巴娅的，它舍不得杀死它。它叹息一息，后退一步，放掉了巴娅。它想巴娅会立刻离开凶境，离开它这个浑身燃烧着复仇毒焰的老公象。然而，它又想错了。巴娅站稳后，用鼻子从大树下捡起那根刺毛竹，继续给它搔痒；巴娅刷得那么均匀，那么仔细，篦下许多蛇蚤和白虱，唰唰唰，柔情饱满，富有音乐的节奏感……

第二天，它心力交瘁，终于得到了死亡的预感。

夜晚，星星是沉默的；白天，太阳是沉默的。只有几只不怀好意的秃鹫，在它头顶盘旋。它已在坑底跪了整整两天两夜了，它不知道死神什么时候才能降临。它只知道只要自己双睛一阖，讨厌的秃鹫就会用尖硬的嘴壳啄开它的皮，用尖利的爪子掏空它的内脏。有一只大胆的秃鹫甚至俯冲下来试探，被它不客气地抽了一鼻子，抽落两根漆黑的羽毛，这才悻悻飞走。它凝视着被象群通行钻出来的绿色甬道，象蹄踩倒的斑茅草又顽强地伸直了腰。用不了半个月，甬道就会被迅速蔓生的植物封死，重新成为密不透风的屏障。甬道穿过山谷，通向遥远的邦嘎山。也许，象群此刻正在芭蕉林里聚餐。它们早把它忘了。巴娅也会忘掉它的。要等许多年，某头老象得到死亡预感后，象群才会重新来到这里。那时候，它早已变成一堆白骨。巴娅肯不肯对着它的白骨流几滴清泪呢？它越想越凄凉，恨不得能早点结束生命。那满坑的食物，它一口也咽不进去。

天又亮了，树林里塞满了湿淋淋的白雾。一只火红的小松鼠竖起蓬松的大尾巴，从树丫那只棱形的洞里爬出，轻巧地爬向树梢。两条蜥蜴顺着它茨甫的长鼻往上爬，蜥蜴的尾巴有金色的环纹，挺漂亮的；它一动不动，它太孤独了，哪怕有个小生命与它做伴也好啊。蜥蜴爬上它的眼睑，它才眨巴了一下眼睛，蜥蜴突然惊慌地挣断尾巴，逃进草丛去了。两条尾巴活蹦乱跳，金色的环纹刺得它眼花缭乱。它想，假使只有一条蜥蜴尾巴，尾巴也会觉得孤单的。

它面前横着一根金竹，青翠的竹叶被露水压弯了腰，晶莹的露珠缓慢地顺着叶脉滚动着，跌在一块卵石上，摔开一朵朵莲荷形的小水花。一颗，两颗，三颗……它寂寞地数着，消磨时光。

突然，那绿色的甬道尽头，传来异样的响动。它警觉地抬起头来，凝神谛听。葛条被扭曲的呻吟，树枝被折断的哭泣，斑茅草被踩倒的惨叫连成一片，哦，它听出来了，是同类的声音。晨风徐徐吹来，它嗅出一股汗味，那么熟悉，那么亲切，那么甜蜜，不会错，这是伴随它几十年的巴娅玉体散发出来的那股独特的芬芳。

它贪婪地嗅着，热切地叫着。

巴娅小跑着从缓坡上冲下来，到了坑边，踩上危崖，并不停顿，扑嗵一声滑进坑底；坑沿那红色的沙土被拽进坑去，黛青色的石壁上挂着一条金色的瀑布，尘土飞泻，久久不息。

它想阻止，已经来不及了。

甬道静悄悄，见不到其他象。它明白了，巴娅是独自从象群中溜出来的。巴娅的寿数还远远未尽，起码还可以再活十年、二十年。

巴娅踩着泥淖，一步步朝它走来。这两个月来，巴娅明显瘦了，衰老了。过去巴娅的鼻子丰满而有弹性，甩起来姿态优美，常常把公象挑逗得神魂颠倒。如今，那条鼻子上布满了深深的皱纹，失去了青春的弹性。巴娅过去的眼睛像两潭秋水，波光四射，如今瞳仁有层灰蒙蒙的荫翳，那是因为流的泪太多了。

巴娅走到它身旁，扑通一声跪了下来，温热的身体紧紧贴着它。它听到巴娅健康的心脏在激烈地跳动。

太阳伸出千百只金手臂，把雾撕碎了。阳光温柔地照亮了它们宽阔的额头。它茨甫心中郁结的冰块化成了暖融融的春水。两条长鼻久久地缠绵在一起。

几只秃鹫在高空盘旋，黑色的翅膀扑扇着，不耐烦地嚣叫着，投下一块块巨大的死亡的阴影。

# 老象恩仇记

波伢柬八十岁了，在亚热带地区，人的寿命较短，能活六七十岁就算是高寿，八十岁当然是寿星人瑞了。

波伢柬年轻时是个象奴，专门为土司饲养大象。我到曼广弄寨没几天，就听说了波伢柬和一头名叫糯瓦的公象一段感人肺腑的故事。那是六十年前，波伢柬进山猎象，在孔雀湖畔那片黑心树林里遇到一头母象和一头刚生下不久的乳象，他开枪打死了母象，把乳象牵回家，用红糖熬糯米粥喂养乳象，十多年后，那头乳象长成了一头威风凛凛的大公象，浑身毛色瓦灰瓦灰，四条腿粗得像房柱，两根象牙洁白细腻，伸出嘴唇足足有三尺长，牙尖在阳光下滴金光，在月光下滴银光，是一对罕见的宝牙。糯瓦与波伢柬情同父子，夏天的晚上波伢柬躺在槟榔树下，糯瓦会用鼻尖卷起一把大葵扇，替波伢尖扇凉；冬天下霜时节，波伢柬就会在象房里烧起一只火塘，为糯瓦驱寒。忽一日，土司的千金小姐要出嫁，指名要糯瓦那对宝牙做嫁妆，兵丁将糯瓦用铁链子拴在大青树上，准备杀象取牙，波伢柬用一坛米酒灌醉了那伙兵丁，解开铁链子，把糯瓦带到孔雀湖边的黑心树林里放了。据说糯瓦临走时，跪倒在波伢柬面前，流着泪磕了好几个响头。

那天清晨，我到孔雀湖去打猎，路过黑心树林，突然看见波伢柬盘腿坐在隆起的树根上，穿一套白府绸衣衫，缠一条白头巾，白发白眉白须，在四周黑色树干的映衬下，格外显眼。他闭着眼，一动不动，像具泥塑木胎。我好生奇怪，便走拢去，问道：“老人家，您哪儿不舒服，要不要我搀您回家？”他睁开眼看了看我，慈祥地笑笑说：“小伙子，谢谢你的好心。我坐在这里，是等我的糯瓦。”

糯瓦？不就是四十多年前被波伢東放生的那头大公象吗！我顿时兴趣盎然，追着问：“老人家，您和那头公象经常在这里见面吗？”

“唉，离别四十多年了，一直没能再见到我的糯瓦。”

“那您怎么晓得它今天会到这里来找您呢？”

“哦，这几天我夜夜梦见糯瓦。我的糯瓦今年满六十岁了，跟我这个糟老头子一样，快黄土盖脸了，我养了半辈子象，摸透了象的脾性，老象临终前一定要把生前的恩怨了结得干干净净，才会心安理得地步入坟冢。我和糯瓦有一段恩怨还未了结，它的寿限快到了，它会来找我的。”

“您是说，糯瓦欠着您的救命恩情，它要来报答？”

“小伙子，你只说对了一半。我对它有救命之恩，可我对它还有杀母之仇哇。”

“这……它要找您报仇？”我忍不住倒抽了一口冷气，“您一个人坐在这里，没有猎枪，也没有弩箭，岂不是太危险了吗？”

“我愿意成全我的糯瓦。我也像糯瓦一样，不愿带着遗恨进棺材啊。”

欧——，波伢東的话音刚落，孔雀湖对面的山梁上传来一声浑厚的象吼。波伢東急忙推了我一把说：“小伙子，快走吧，记住，不管这里发生什么，都请你不要来管闲事！”

我嗫嚅着，退出黑心树林，可总觉得眼前即将发生的事离奇得实在太让人难以置信了，很想看个究竟，便绕了个圈，又踅回来，悄悄爬到一棵两围多粗的黑心树冠上，躲在茂密的叶丛里，偷偷窥望。

一头庞大的公象赫然出现在黑心树林里。这确实是一头在黄泉路上徘徊的老象，皮肤皱得像抹布，眼角布满了浊黄的眼屎，四条象腿似乎不堪承受身体的重负，走起路来颤颤巍巍，那条长鼻子也干燥得皴裂开来，唯有那两根象牙，仍洁白耀眼，闪烁着生命的光华。它奄拉着蒲葵似的大耳朵，将那条死蛇似的长鼻子绕在牙弯上，慢吞吞走到波伢東面前。波伢東站起来，抚摸着那条皱巴巴的象鼻，一张老脸贴在象额上，喃喃自语。我听不清他在说些什么，但从他激动的表情不难猜出是在述说久别重逢的喜悦。老象从牙弯上放下那条长鼻，用鼻尖嗅闻着波伢東的脸，也显得很兴奋。或许，事情并不像波伢東想象得那么严重，我想，老象糯瓦之所以在生命的烛火行将熄灭时来到阔别了四十多年的黑心树林，可能是一种老年象的怀旧，或者是要与昔日的主人见最后一面，互道衷肠，挥泪诀别。瞧波伢東，老泪纵横，糯瓦也唏嘘喟叹，一幕淡淡的悲剧，不大可能会发生暴力冲突的。

我正这样想着，事情起了微妙的变化，老象糯瓦垂下鼻子，闭起眼睛，仿佛入定似的一动不动，也许是在酝酿感情，也许是在更换心理角色。突然，它那条粗得像蟒蛇似的长鼻子中间部位弓了起来，就像人在踢脚时抬起了膝盖，鼻尖猛力朝前一弹，搡在波伢東的胸口，波伢東踉踉跄跄朝后退了七八步，一屁股跌坐在地上。老象糯瓦睁开眼，我看见，它的眼神骤变，眼珠子像两粒刚从炼炉里拣出来的丹丸，闪烁着复仇的毒焰；它高扬起鼻子，张开那张肉感很强的粉红色的大嘴，欧——发出一声闷雷似的吼叫，那股强大的气流直喷到我藏身的树冠，吹得树叶瑟瑟乱抖；它像换了头象，委顿潦倒的神态一扫而空，精神抖擞，两只蒲葵似的大耳朵像滑翔中的鸟翼平撑开来；它像座大山似的朝波伢東压过去。

我赶紧端起猎枪，将准星、缺口和糯瓦的心脏三点连成一线，正待叩击扳机，猛然想到波伢東刚才郑重其事劝阻我不要多管闲事的话，犹犹豫豫又放下了枪。

波伢東挣扎着想爬起来，糯瓦已冲到他面前，鼻子拦腰一勾，把波伢東凌空抛起，又重重跌在地上。波伢東已八十多岁，哪经得起这般折腾，一把老骨头差不多跌散了架，瘫在地上，再也爬不起来了。

老象糯瓦撅着象牙，奔到波伢柬跟前，前肢弯曲，后肢绷直，滴着寒光的牙尖对准波伢柬的后心窝，那架势，恨不得捅个透心凉。

我倒吸了一口冷气。

波伢柬停止了徒劳的挣扎。

糯瓦的牙尖抵住了波伢柬的肋骨，象是举世闻名的大力士，别说人的身体了，就是一只老虎，被象牙这么一戳，也会被轻而易举捅出两个血窟窿，一命呜呼的。我看见，波伢柬脸色蜡黄，鼻子因极度恐怖而扭曲了。我在树上也吓出一身冷汗，连呼吸都快停止了。

突然，象牙拐了个弯，像把犁刀似的向前滑去，勾住波伢柬的衣领，一挑，把那件白府绸上衣给剥了下来，像要杂技似的，嗖的一声抛向天空；白府绸上衣鼓着风，像只白鹇鸟似的朝前飞去，糯瓦重重打了个响鼻，追过去，举起长鼻，狠狠抽打，哗，上衣被甩在树枝上，挂在上面迎风招展；糯瓦像找到了中意的靶子一样，举着鼻，撅着牙，冲过去，一阵猛戳，上衣被捅得像只蜂窝煤……

波伢柬躺在地上呻吟着。

过了一会，糯瓦安静下来，似乎仇恨已得到了某种宣泄。它又耷拉着蒲葵似的耳朵，缓慢地摇甩着长鼻子，走到波伢柬面前，温驯地用鼻尖抚摸着波伢柬裸露的脊背。然后，它又将鼻子塞进波伢柬的身体底下，试图把波伢柬搀扶起来；波伢柬勉强靠着树坐起来。

这时，发生了一件让我目瞪口呆的事：糯瓦仰头望望蓝天，又低头望望波伢柬，脸上出现了一种肃穆的表情，突然像座移动的小山，撅着牙，迅猛朝我躲藏的那棵两围粗的冲撞过来，咚的一声巨响，糯瓦左边那支象牙撞在树干上，大树像只十二级台风中的舢板猛烈颤抖起来，我使劲抱住树干，才没被摔下来；我看见，糯瓦的左牙弯折了，像八字胡似的朝外撇去，那张宽宽的象嘴里涌出一团血沫；它摇摇脑袋，哐啷一声，左牙从它嘴腔里连根掉下来，前半根仍白得耀眼，后半根被血染得通红。它默默地朝后退着，退了二三十步，又朝我躲藏的大树冲撞过来，那支右牙又砰然落地。

我从没见过大象用这样残忍的办法自己为自己拔牙，惊心动魄，惨不忍睹。

糯瓦还没撞断自己的两根象牙前，虽然也已衰老，但嘴里伸出来的两根洁白的象牙修饰了它的容貌，看上去仍雄风犹在，给人一种宝刀不老的感觉；两根象牙一撞断，立刻显得老态龙钟，鼻子似乎也缩短了，脖颈皱褶纵横，庞大的身体顿然萎缩，满脸都是血污，丑陋不堪。

它吃力地用鼻子卷起两支象牙，轻轻放在波伢柬面前，退了两步，硕大的脑袋带动那条长鼻子，不断地上下波动，一看就明白是在点头作揖，然后，缓慢地转过身去，摇摇晃晃走向密林深处，毫无疑问，它直接走向遥远而又神秘的坟冢。

哦，糯瓦用它最珍贵的象牙，报答波伢柬四十多年前的救命之恩！

复仇和报恩，本是水火不能相容的两极，老象糯瓦却用它特殊的方式在同一个空间里按顺序完成了。是的，波伢柬最初当着它的面杀死了它的母亲，结下了不共戴天的血仇，可波伢柬后来又一手把它抚养大，特别是当土司的兵丁把它捆绑起来准备杀象取牙时，波伢柬冒着杀身之罪把它放了并让它皈归山林，结下了肝脑涂地才得以报偿的恩情，血海深仇和天大的恩情集中在一个人身上，事情就变得非常复杂了。我想，倘若不是老象糯瓦，而是一个人，面对既是仇人又是恩人，会如何处理呢？百分之五十的仇，百分之五十的恩，人类的思维可以综合归纳，可以中和抵消，就像一个负数，加一个同样的正数，答案是零，仇也没有了，恩也没有了。但糯瓦是象，象不具备人类综合归纳的思维能力，也学不会人类圆滑、折中、妥协的处世之道，对象来说，只有直线思维，不会拐弯，也不会绕圈圈，一就是一，二就是二，黑就是黑，白就是白，仇就是仇，恩就是恩，仇也要报，恩也要报。

真不知道是象的悲哀，还是人的悲哀。

老象糯瓦走远后，我赶紧跳下树来，把已受了重伤的波伢柬背回寨子。波伢柬躺在竹榻上，拒绝就医吃药，两天后死了，临咽气时，他脸上还挂着微笑。那对罕见的象牙，给波伢柬换了一副上等的棺材和一块依山临水的好坟地，还办了一场热热闹闹的白喜事。

# 【阅读提示】

## 我与大象的情缘

我出生上海，初中毕业正赶上上山下乡大潮，就报名去到云南西双版纳一个名叫曼广弄的傣家村寨插队落户。

从繁华的大都市来到蛮荒的西南边陲，竹楼、火塘、木鼓、芒锣、长刀、筒裙……看什么都觉得新奇，最让我惊讶的是，来到寨子第一天，就看见有人竟然骑着大象上山拉木料！

后来查资料才知道，西双版纳傣族很早就开始驯养大象。傣族的先民为古代“百越”的一部分，也称为“滇越”，其居住地被称为“乘象国”。唐代《蛮书》记载，“开南（今景东）以南养象，大于水牛，一家数头养之，代牛耕也”、“象自蹈土，……壤糜泥易，人随种之”。傣族头领帕雅真建立“景陇金殿国”时（公元1160—1180年）就“有象九千头”。大象还供当地各级土司乘坐。从唐朝开始，当地土司就以“驯象、象齿”作为主要“方物”，向中原天朝上贡。

西双版纳每一个勐（行政区）都有一个专门为土司养象的村寨——曼掌。

我插队的曼广弄寨，恰巧与曼掌寨相邻，两个寨子共建了一个砖瓦厂，烧制红砖和缅瓦。插队两个月后，我因水土不服，两条腿长满脓疮，无法下水田耕犁，便被照顾安排到砖瓦厂来劳动。做砖瓦，第一步就是要把泥巴捣鼓得像糯米团，俗称“踩泥”，将生泥巴踩成熟泥巴。“踩泥”很重要，泥巴踩得越有黏性，越有韧劲，制作出来的砖瓦质量就越好。其他地方砖瓦厂都是用水牛来踩泥，唯独我们砖瓦厂，是用一头大象来踩泥。大象体重远远超过水牛，象蹄也比牛蹄大得多，“踩泥”踩得又快又好，所以我们厂烧出来的砖瓦质量上乘，远近闻名，供不应求。踩泥象名叫糯玛，是一头三十多岁母象，养象人是个六十多岁老波涛（大爷），名叫巴松波依。最让我佩服的是，若用水牛踩泥，要一个人专门跟在牛屁股后面，拉住牛鼻绳，不停地吆喝，有时还要用牛鞭抽打，但母象糯玛却不需要缰绳牵拉，也不用吆喝或鞭打，巴松波依轻轻抚摸象鼻，温温柔柔说上几句话，母象糯玛就像被施了魔法一样，跨进大泥坑，迈开大步不停转圈，将泥巴踩得叭叭直响。巴松波依不喊停，母象糯玛就陀螺似的在大泥坑里转个不停……

我一打听才知道，巴松波依是曼掌寨手艺最高的老象奴，养了一辈子大象，据说能听得懂大象的语言，能和象对话，再桀骜不驯的野象，经他的手调教，也会变成听话的家象。

当时我只有十六岁，充满幻想，也充满好奇心，很想拜巴松波依为师，学习养象技能。我就千方百计和巴松波依套近乎，傣家人喜饮酒，我就隔三岔五弄壶苞谷酒送他喝，很快，我们就成了无话不谈的忘年交。我一有空就跑到曼掌寨去，帮巴松波依打扫象舍，陪他上山割象草，还和他一起骑着象到小河里洗澡。到了晚上，我们就坐在竹楼的阳台上，弄一盘油炸竹蛆当下酒菜，喝酒聊天。他给我讲了很多关于大象的故事，什么大象用象牙捅死扑咬乳象的老虎啦，什么有人捡到迷路的小象，把小象卖给了马戏团，结果遭到象群报复，把这个人种的五十亩玉米地全踩平了啦，什么独牙象在公路上拦下一辆满载甘蔗的卡车，把整车甘蔗全都抢走啦等等等等。当时我并没有要收集素材写动物小说的打算，完全是出于孩子气的猎奇心理，津津有味听他闲聊而已。在他给我讲的许多象故事里，印象最深的是两件事：第一件事是他说自己年轻时养过一头公象，长了一对非常漂亮的象牙，有一次他骑着这头象到黑森林石灰窑去拉石灰，半路遇到一对金钱豹，这头公象很勇敢，打退了一对金钱豹，等于是救了他的性命，后来土司看中公象嘴里漂亮的象牙，让他喂公象几桶酒糟，把公象灌醉后将象牙锯下来，他不忍心这么做，为报大象救命之恩，他把这头公象牵到密林深处放生了；第二件事是说他年轻时为土司养过战象，抗战末期，他养的战象在中缅边界的打洛江里还与日本鬼子打过一仗，不幸的是，再厚的象皮也难以阻挡机枪子弹，很多战象都被打死了，象血染红了半条打洛江，他还奉命去抢救过负伤的战象……

我与巴松波依这段友谊持续了六年，直到一九七五年我参军离开曼广弄寨。

数年后，我已是西双版纳军分区一名新闻干事，有一次我正在中越边境采写战地新闻，突然接到过去同寨插队的一位同学的电话，说曼掌寨老象奴巴松波依去世了。老人家重病期间曾多次提到我，还委托这位同学给我写信，说是要谢谢我曾多次送他酒喝。

这天夜里，我失眠了，躺在床上，脑子里就像放电影一样，出现一幕幕我与老象奴在一起生活、劳动和喝酒的情景。虽已阴阳两隔，但老象奴的音容笑貌却清晰地出现在我眼前。我想，他养了一辈子大象，死后应当还和大象有点瓜葛，人生才算画上圆满的结局。我觉得被他放跑的那头大象应当从密林深处跑回寨子，在老象奴的坟墓前哀号三声，以示祭奠。想着想着，就根据老象奴的经历想出一篇小说来，取名《象群迁移的时候》。这是我第一篇动物小说，也是第一篇写象的小说。

稿子写好后，投寄北京《儿童文学》，半个月就有了回音，编辑来信大大称赞了一番，鼓励我继续写这类有鲜明地域色彩的动物小说。

于是，我又根据巴松波依给我讲过的战象的故事，写了《最后一头战象》。

我想通过一头战象的传奇经历告诉读者：象是一种有情感、有灵性的动物，值得我们尊重和爱护。象及其它野生动物，和我们人类一样，都是地球母亲孕育的宝贵生命，我们要学会与野生动物和谐相处，保护好我们赖以生存的自然环境。

回头看，自开始写动物小说，断断续续已有三十六年，也写了五百多万字的作品，描写过的动物种类也有五十多种，其中数量最多的就是描写象的小说，《象王泪》《象母怨》《白象家族》《象冢》《给大象拔刺》等等。这些写象的小说，不仅数量多，质量也比较整齐，均能受到读者好评。

应该感谢巴松波依，冥冥之中，是这位老象奴给了我写象的灵感。

# 第9堂课

## 大林莽的王者风范

# 老鹿王哈克

我决定用第二人称撰写这篇动物小说。困难的是，现有的词汇中，只有专指人物第三人称的“它”，而没有相应的“你”；“你”是单人旁，用于人的。我无权像古代的仓颉那样去造个字出来。我只好向尊贵的人类借用这个“你”字。我郑重声明，我绝对没有想要亵渎人类尊严的意思。

——作者关于小说人称问题的说明

## 一

你在这个世界上度过了十五个春秋。这对于以长寿著称的龟来说，只是生命的开始；对于主宰世界的人类来说，还刚刚进入青春年华。你是鹿。对鹿来说，十五年就是生活的全部，就是生涯的尽头。好几个月前，你就感觉到自己的肌肉开始松弛，再也不能像过去那样在草原上自由地、尽情地蹦跶跳跃了；你的牙齿已开始松动，连咀嚼鲜嫩的草叶都相当困难。率领鹿群到尕玛儿草原觅食或到曼纳臭水塘饮盐碱水时，你就会觉得相当疲乏，要不是鹿王的自尊心迫使你撒开四蹄走在鹿群的最前头，你肯定就要掉队了。你哀叹时光太短暂，你感慨生命太脆弱，但你无法改变大自然新陈代谢的规律。你甚至已经看到黑色的死神在向你召唤。你知道自己在不久的将来就会或者在奔跑的路上或者在吃草时心脏一阵反常的颤动，浑身痉挛，咚的一声倒地气绝身亡，就像在其他一些衰老的鹿身上发生的情景一模一样。你不可避免被尕玛儿草原上凶猛的红蚂蚁咬成碎片，或被鹰峰上讨厌的秃鹫当作晚餐。

你不甘心就这样普普通通地死去。你虽然是鹿，但你不是一般的鹿，你是勇敢的、智慧出众的鹿王。你希望自己生的时候与众不同，死的时候也与众不同。你希望能给自己统治了八年之久的鹿群留下点永远值得纪念的东西。你希望自己最后一抹生命的火焰能给鹿群增添些光明。那么究竟该干些啥呢？率领鹿群到遥远的地方去寻找新的茂盛的草原？替鹿群找寻一处猎人和食鹿类猛兽都无法到达的安全地带？不，这些想法都是荒唐的不现实的。尕玛儿草原是整个日曲卡山麓最肥美的草原了。在这个地球上，根本就不存在猎人和食肉类猛兽无法到达的地方。你想得神魂颠倒，想得身心交瘁，还没想出合适的主意来。

那天黄昏，你率领鹿群经过一片河滩，突然间，在远处的河湾那儿出现一个黑影，几只小鹿以为那匹凶残的老狼又出现了，惶惶然钻到母鹿的腹下，呦呦哀叫起来。霎时间，整个鹿群都惊慌骚动起来了。你登上河滩中央一块突兀的磐石，仔细一看，那黑影不是老狼，而是一只狗獾，夕阳把它的身影拉长了，才闹出这场误会来的。

狗獾对鹿群是无害的，弄清真相后，虚惊很快平息下来。就在这时，一个崭新的充满悲壮色彩的念头蓦地跳出你的脑子。你禁不住为自己这新奇的想法激动得浑身颤抖。

## 二

也许它是忍受不了日曲卡雪山的严寒和饥馑所以才跑到尕玛儿草原来的；也许它是被猎人追捕慌不择路偶然逃进尕玛儿草原来的；也许是

它极其灵敏的嗅觉闻到了芬芳的鹿的气味才从遥远的居住地跟踪过来的。你不晓得这匹老狼究竟是从哪里钻出来的。尕玛儿草原过去从未有过狼患。

这匹老狼的出现，给鹿群带来了灾难。

过去鹿群也有过天敌，例如去年秋天，一头雪豹从日曲卡雪山下来叼走了一只两岁的小鹿。但雪豹尽管也凶残，也令鹿讨厌，毕竟是极其偶然地出现过一次，叼走小鹿后，雪豹就匆匆忙忙跑回雪山上去了。雪豹不习惯尕玛儿草原炎热的气候。雪豹的智力也是有限的。

那匹老狼就不一样了，它和雪豹同样凶残，却又比雪豹多了一层狡诈，多了一层贪得无厌。你记得很清楚，老狼第一次出现在草原上到今天已经是四个多月了，老狼就像一只黑色的幽灵，始终在鹿群周围游荡。每隔十天左右，老狼必然会袭击鹿群一次，或咬死一头活泼可爱的小鹿，或咬死一头行动迟缓的老鹿。葬送在老狼腹中的鹿累计已达十四头了。你愤慨老狼使你统率的鹿群数量锐减，你更愤慨它冲进鹿群扑咬你麾下臣民时的那副神态。它总是半睁半闭着那双粘满眵目糊的狼眼，微露肮脏的黄色的狼牙，摇晃着那条扫帚似的大尾巴，一副悠闲得意的模样，仿佛不是在野外进行紧张的生死拼搏的猎食，而是在进行一场轻松的游戏。老狼吃饱了芬芳的鹿肉，喝饱了滚烫的鹿血，便离开鹿群到草原逍遥玩耍，饿了渴了又回到鹿群来。你心里很明白，老狼其实已经把你统率的鹿群视为它的战利品、它的俘虏营、它的屠宰场、它可以随心所欲提取和处置的鹿群！

难道你哈克辛辛苦苦繁殖和发展起来的鹿群就是为这匹丑陋的老狼提供永不枯竭的食物？

你是心高气傲的鹿王，你受不了这种侮辱。你恨不得立刻把老狼撕碎，像咀嚼青草那样把它嚼成粉末，虽说鹿是食草类动物，但气急了恨急了也想尝尝仇敌的血腥味的。你有一百多个臣民，而它只是一匹孤独的老狼，从数量上说你占有绝对的优势。遗憾的是，鹿是善良的动物，天性怯懦，只要一闻到狼身上那股刺鼻的腥臊味，便会吓得魂飞魄散，仓皇逃命。你也不例外。尽管你头上有一幅漂亮的、坚硬的、琥珀色的鹿角，尽管你在鹿群中享有至高无上的威势，尽管用鹿的标准看你具有出众的勇敢，尽管你一秒钟前还慷慨地想象着要同老狼决一死战，但当老狼突然出现在鹿群时，你身上鹿的勇气顿时烟消云散，四肢发软，心仿佛要跳出嗓子眼，脑子里一片空白，只剩下一个强烈的念头占据你整个身心：逃命！你为自己的行为感到羞耻，但你无法改变自己怯懦的天性。老狼身上那股血腥味，那锐利的狼爪，那尖利的狼牙，对鹿来说仿佛有一股无法抗拒和逆转的威慑力。也许这是天意。

你只有带领鹿群逃跑。你要摆脱老狼无休止纠缠的办法只有一个，就是尽量逃得远些，再远些，逃出狼的视界，逃出狼的嗅觉范围，让老狼从此再也找不到你们。那一次，当老狼咬断一头幼鹿的喉管暂时离开鹿群后，半夜，你悄悄唤醒沉睡中的鹿群，开始逃难。鹿群整整奔跑了七天七夜，越过两条湍急的河流，翻过四座山冈，从尕玛儿草原的东端一直跑到西端。有两头老鹿受不了路途的颠簸和艰辛，倒毙在半路上。你相信鹿群奔跑的速度连白云也追不上的，你相信鹿群离开老狼已遥远得连信鸽都找不到了。鹿群和你都沉浸在终于摆脱了恶魔的欣喜之中，但这种欣喜仅仅维持了三天，第四天清晨，老狼踏着玫瑰色的晨曦又出现在鹿群中，你清楚地看到，老狼那稀稀疏疏散落着几根焦黄胡须的嘴角漾着一丝狡黠的狞笑，它是在嘲笑你的无能，嘲笑你的愚蠢。你徒劳地率领鹿群奔跑了七天七夜，还白白损失了两头老鹿，恐怖却依然存在。

这不是一匹老狼，你觉得它简直是魔鬼的化身，是死神孵化出来的幽灵。你绝望了，整个鹿群也都绝望了。你既然无法战胜它，又无法摆脱它，只好听之任之，让它像到银行提取定期存款那样每隔十天叼走一头倒霉的鹿。

血腥的阴云笼罩在鹿群上空，昔日宁静与和谐的气氛被破坏殆尽。许多鹿变得神经质，产生幻视、幻听和幻觉，常常会把风吹竹篁的啸声和猫头鹰的啼鸣误认为是老狼在嚎叫，会把远处的一棵树桩、一块岩石或天上飞鸟的投影误认为是老狼来了，发出歇斯底里的哀叫，搅得鹿群惶惶不可终日。有几头意志脆弱的公鹿食量锐减，还不到死亡的年龄便死去了；有不少胆小的母鹿在发情期停止了发情，甚至有两头怀孕的母鹿流产了，没生下天真活泼的鹿仔，只产下一堆血污。显然，这些都是非正常死亡。再这样下去，用不了两三年时间，鹿群便会彻底毁灭的。

没有一头鹿站出来责备你的蠢笨，谴责你的无能，它们凭鹿的本能知道再勇敢的鹿王也对付不了穷凶极恶的老狼，除非发生奇迹。它们无可奈何地接受了厄运。但你却感觉到了巨大的压力，这压力来自你的内心。你是鹿王，你有责任也有义务保护种族的生存和繁荣；生存和繁荣的首要条件就是和平和安宁。一种鹿王才有的神圣使命驱使你做出一个非凡的决定，临死之前同老狼较量一番，但愿能消灭这个祸根，为你所挚爱的鹿群除害。

你明白，这将是一场力量悬殊的搏斗。首先你要克服鹿的自私和怯懦的天性，但动物要改变天性谈何容易，简直比登天还难，人类也不例外。就算到了紧要关头你能克制住自己不转身逃命，面对老狼，你也分明是个弱者。老狼有能咬碎你鹿骨的尖牙，有能撕破你鹿皮的利爪；而你的牙齿软弱得只能啃动青草，你的蹄子肉感太强，丝毫不具备战斗的锋芒。对你这样的大公鹿来说，唯一的武器便是头顶那架鹿角。你心里很清楚，公鹿的角具备两大功能，第一功能是向异性炫耀，讨取母鹿的欢心；第二功能才是同性之间为争夺王位和配偶进行角逐的武器。由于繁衍后代的强烈本能，在适者生存的遗传规律下，鹿角的第一功能往往胜过第二功能；鹿角趋向于更高大、更壮观、更漂亮、更艺术化，而战斗性能却被削弱了。你亲眼看见过一头遭老狼袭击的公鹿，那架威武的鹿角在狼嘴下变得如此笨重，别说当作武器去搏击对方了，简直成了一种累赘。当老狼扑向公鹿的喉管时，你看见那头倒霉的公鹿想扭头躲避，鹿的敏捷在草原上是出了名的，它完全能躲开老狼这致命的一击的，但是，头顶那架高大的鹿角使它的行动变得滞重和笨拙，就因为这零点一秒的时间误差，那头本来可以在狼爪下逃生的公鹿被老狼咬断喉管，葬身狼腹了。

你想到种种鹿的短处和弱点，禁不住心灰意冷。你的信心丧失了，你的决心动摇了。你想何必徒劳地去冒这个风险呢，老死在这个草原上总比被老狼咬死要少些痛苦。你像包括人类在内的一切动物一样更愿意寿终正寝，不愿意被凶杀或暴死。但是，一种鹿王的自尊，一种强烈的种族生存意识，迫使你坚固自己的决心。真的，虽说你是弱者，处于劣势，老狼是强者，处于优势，但老狼并不是无隙可击的。你想，它的身体不是钢浇铁铸的，它也是血肉之躯，只要你的鹿角磨得更锋利些，是可以捅破它的肚皮的。再说，你可以运用鹿王的智慧，来对付狼的狡猾。更重要的是，你已不抱任何生存的幻想。你希望得到的最大胜利就是和老狼同归于尽，你把生命置之度外，这无疑可以使你在搏斗中获得某种主动权。

但你一直没把自己的想法告诉鹿群，甚至瞒着自己最宠爱的母鹿艾莉。要让一头鹿和一匹狼面对面较量，是异想天开，没有哪头鹿会相信你的。你没有任何取胜的把握，很有可能在第一个回合你便被老狼咬断喉管。你不愿死后让同类嘲笑你是个说大话吹大牛的家伙。你要悄悄地干。

## 三

你做梦也没想到，就在你寻思怎样对老狼复仇的时候，杰米会跳出来向你挑衅。这个聪明的混蛋，一定是看出你的脚步不像过去那么矫健，看出你脾气不像过去那么暴烈，看出你已经被老狼的出现搅得心神不宁，看出你已经实实在在衰老了，于是想推翻你的统治，取代你当上尊贵的鹿王。

挑衅发生在臭水塘边。黄昏，鹿群正在按地位的高低和等级的卑尊极有秩序地饮盐碱水。突然，排在队伍末端的杰米蛮不讲理地用鹿角撞开前面好几头地位比它高的公鹿，蹿跃到最前列。这时，整个鹿群中最美丽的母鹿艾莉正站在臭水塘边的一块莲花形的岩石上低头饮水，杰米奔过去，伸出粉红色的舌头去嗅艾莉的面颊。艾莉不愧是你最宠爱的好妻子，它懂得怎样维护自己王后的尊严，它绝不会轻易让等级卑微的臣民来染指的。艾莉又踢又咬愤怒地拒绝了。但杰米并不死心，仍然涎着脸无耻地把舌头伸向艾莉的胸脯。艾莉开始呼救。

整个鹿群骚动起来。

你感到震惊。这无疑是一切挑衅中最严重的挑衅了。别说你是尊贵的鹿王，就是普通的公鹿也无法容忍这类侮辱的。你咆哮着奔过去。你是看着杰米长大的。在你的印象里，杰米不过是个爱恶作剧的鹿仔。是的，它会无故踢咬比它弱小的同类；它会欺负那些生命像残烛般摇曳的衰老的鹿，从它们口中抢食青草；它喜欢在旗鼓相当的同龄伙伴面前摇晃头顶的鹿角，做出种种炫耀和恫吓的姿态。你出于前辈对晚辈的宽容，把杰米的劣行看成是孩子的淘气。你不知道，杰米从小养成的霸道性格包藏着叛逆的野心。

这时，杰米已退到臭水塘旁一块空旷平坦的沙砾地里，这是理想的格斗场。它前肢微微弯曲，后肢挺得笔直，勾着脑袋，亮出鹿角，摆出一副打架斗殴的姿势。

你奔到杰米面前，冷冷地打量了它一眼，不由得暗暗吃了一惊。你一直还以为杰米是一头没完全发育成熟的半大的公鹿，但站在你面前的却是一头身躯伟岸、体格健壮、心智已完全发育成熟了的成年大公鹿。你犯了一个错误，你的思维和眼光还停留在半年前。半年来你被那匹可恶的老狼搅得迷迷沌沌，忽视了周围的一切；而杰米却在这半年中长大了。怪不得杰米敢如此胆大妄为地调戏艾莉，怪不得它敢犯上作乱向你挑衅。它饱满结实的肌肉把赤褐色的马鹿皮绷得油光水滑，没有一丝皱纹；它气色鲜亮，眼睛里闪耀着一种渴望配偶的野性的光芒；它头顶那架鹿角长得极其威风，高大而尖锐，是鹿群中十分罕见的八叉大角。它一定以为凭着自己发达的肌肉和出众的角架能轻易地将你击败，从而摘取你头上的皇冠。

你心里冷笑了一声。是的，从外表看，杰米的力量已经压倒了你，但你哈克绝不是脓包，绝不是不堪一击的窝囊废。鹿群中的王位不是世袭的，而是完全靠力量争夺来的。要是你哈克没有一手格斗的绝招，能在八年前击败老一代鹿王而登上显赫的王位么？是的，你肌肉开始松弛了，牙齿开始松动了，但还没衰老到无法进行卫冕战斗的地步。你头顶的八叉大角还是那么坚硬，因为想着同老狼拼斗已在岩石上磨砺得无比锋利了。也许，你的力气比起杰米来确实略逊一筹，但格斗的胜负并不完全取决于蛮力，还要看技巧。杰米虽然健壮，但毕竟年轻，手段还很稚嫩，经验完全没有，而你是久经沙场的老手了。

杰米一定是等得不耐烦了，前蹄拼命踢着沙砾，扬起一团团尘土，鼻子里发出哼哼的谩骂声。你不动声色，沉稳地伫立着。你不急于进攻。老手都是后发制敌的。

鹿群散个圆圈，围住了沙砾地，凝神屏息地望着你和杰米。整个臭水塘死一般寂静。按照传统和惯例，它们在等待着你和杰米的恶斗，无论是你最后卫冕成功，还是杰米篡权得逞，它们都会为胜利者欢呼，都会向失败者嘲讽。鹿群也遵循“胜者为王，败者为寇”的自然法则，虽然整个鹿群都在扮演着公正的仲裁者这样的角色，但眼光是颇不相同的。艾莉的眼光中含有一种温情的鼓励和焦急的渴望，希望你用鹿角捅破杰米的肩胛，用血教训这个可恶的家伙。你忠实的朋友郎雪公鹿和斑农公鹿的眼光里含有同情和担忧。你的仇敌——独眼龙公鹿投射到你身上的是幸灾乐祸的眼光。当然，更多的是坐山观虎斗的冷漠。

你望着气势汹汹的杰米，心里突然觉得很悲凉。老狼的血腥的恐怖笼罩着鹿群，杰米竟然还有心思来同你争夺王位。要知道，内讧只能加快整个鹿群的灭亡。但似乎没有一只鹿意识到在关系整个鹿群生存的严峻形势下进行窝里斗是多么不明智，是多么愚蠢，是多么危险。特别是杰米，对日益严重的生存危机无动于衷，却热衷于争权夺利，多么可悲啊！但马鹿就是这样一种麻木不仁的动物，鹿群就是这样一个充满了种内竞争机制的社会；外部的忧患并不能制止种内的争斗。你虽然是有头脑的鹿王，却也极难改造种族的劣根性。

杰米终于发动进攻了，嘴里呼地喷出一口粗气，后腿使劲一蹬，将鹿角向你的胸脯刺来。你岿然不动，只是将身体微微前倾，暗暗运足劲，勾起脑袋，把鹿角朝前亮出。两架八叉大角碰撞在一起，訇的一声巨响，爆出点点火星。这家伙确实有股蛮力，你虽然有所准备，摆了个最佳迎敌姿势，却也被震得倒退了两步。这家伙的情况并不比你好，也被你的反冲力撞击得后退了两步。

这第一个回合至关重要，就像火力侦察，互相在摸对方的底。你一眼就看出了杰米的破绽。它有一个致命的弱点，就是进攻时鹿角偏离地面太高了。有经验的老鹿知道，格斗时鹿角必须紧贴地面，这样就可以使自己处于无隙可击的有利地位。而杰米的鹿角偏离地面半尺高。你知道，当恶斗到四五十回合后，因为求胜心切的暴躁，也因为体力大量消耗，鹿角还会不由自主地离地面越来越高，半尺缝隙将渐渐扩大成致命的空隙。那时，你就能使出自己的挑眼绝招，就是在对方实施一次猛烈的进攻时，你突然前肢一曲跪倒在地，将鹿角的第一对叉深深插进土去，这样，整架鹿角就形成一个斜面，正好从对方的空隙穿刺进去。对方一开始还误认为是你力气穷尽才跪倒在地的，等到发现你是在使用置敌于死地的绝招时，想缩回去也来不及了。在短暂的一瞬间，在强大的惯性作用下，对方的鹿角会擦伤你的肩胛，而你的鹿角会准确地扎进对方的眼窝。扎得好会扎瞎对方一对眼珠，最差也会使对方变成独眼龙！血肉模糊的眼球会吊在对方的下巴，像钟摆似的摇晃。也许还更凄惨，对方会哀叫着满地打滚。你在过去的八年鹿王生涯中，已经经历过两次类似杰米这样的篡夺王位的挑衅了。第一次是一头名叫博博的公鹿，结果被你用绝招挑瞎双眼，后来一脚踩空落下悬崖摔死了。第二次是卓卓，算它命大，只成了独眼龙。

杰米，等着吧，你会落得同等下场的。你冷酷地想。你是一代鹿王，你不得不使用铁的手腕、流血的手段来制服和驾驭这班桀骜不驯的臣民。你是被迫的；你是无罪的。你望着杰米，这家伙过去一定以为你已风烛残年，不堪一击，但经过试探性的第一回合，发觉你不是它想象中那般衰老，那般无用，于是它的眼光里流露击一种惊骇和疑惧。它明白这是一场势均力敌的角逐，它取胜的信心动摇了。但它拧着脖子，仄着脑袋，眼光变得更加凶狠，更加暴怒，显露出一副不成功便成仁的悲壮气概。你知道，对杰米来说，大祸已经闯下，退路已经堵死，后悔药是没有的了。它要么在死斗中侥幸获胜，要么变成鹿群中地位最卑微的残废鹿。

毫无疑问，它要同你拼命了。雄马鹿虽然在老狼面前吓得发抖，但在同性之间为争夺王位和配偶时，却不乏勇气和拼命三郎的精神。大自然里似乎存在着这样一条规律：越是孱弱的动物越是勇敢的窝里斗者。

拼就拼吧，如今世界上，谁怕谁呀，你想。

你和杰米互相敌视着，对峙着，这是恶斗前的沉寂，特别惊心动魄。

突然，你灵魂打了个寒噤，你想到那匹该死的老狼。是的，你运用鹿王的智慧、丰富的经验和精妙绝伦的挑眼绝招，是一定能打败杰米的。但杰米年轻力壮，又像急红了眼的赌徒，不惜以命相拼，你也不可能轻易取胜的，极有可能要恶斗百十个回合，持续到满天星斗，输赢才能见分晓。当然，最后的胜利必定属于你鹿王哈克，但是你毕竟衰老了，毫无疑问，这场恶斗会耗尽你最后一把力气，蚀光你仅存的那点精力。你的生理机制已因年老而衰竭，不可能像年轻时那样饱嚼一顿嫩草、睡一个懒觉便可以恢复和再生出无穷的力气和旺盛的精力来。你的体力和精力就像断了源的水流用一点便少一点，直至枯竭。你毫不怀疑自己能卫冕成功，但你却再也没有力量去对付那匹老狼了；你只是成功地死在鹿王的位置上，却亲手毁掉了自己辉煌的理想。你是想用自己最后那点生命的火花创造出奇迹——和老狼同归于尽的呀。要么保住王位，要么解除笼罩在鹿群上空已达半年之久的恐怖阴云，你不可能兼顾两头，你的生命已所剩无几，你只能选择其一。你心灵出现一架天平，价值就是重量。王位固然有其特殊价值，但种族的生存和繁荣无疑要比王位的价值大得多。你痛苦地发现心灵的天平倾斜了。你是多么不愿意放弃王位，退出历史舞台啊。你知道放弃王位对你来说意味着什么。但是，你能眼睁睁看着老狼把你所挚爱的鹿群吃个精光吗？如果是这样，那么，你即使在鹿王的宝座上坐享一万年，你也一天都不会感到快乐和幸福的。

杰米瞪着血红的眼睛，恶狠狠朝你冲来，就在它的八叉大角即将和你的琥珀色的鹿角相碰撞、相抵触、相纠缠、相格杀的一瞬间，你突然掉转头向斜里逃窜开去。

你听见艾莉发出一声失望的叹息。

整个鹿群呦呦鸣叫，你知道，它们是在向新的鹿王欢呼。杰米摆出一副胜利者的姿态，大幅度地摆动着头上的八叉大角，向你尾随追击。你逃出鹿群，逃进暮色苍茫的荒野。

天黑了，满天星斗。你抬头望着闪闪烁烁的星星，不晓得它们是在对你微笑，还是在对你嘲笑。

## 四

虽然你对丢失王位后可能的冷遇有所心理准备，但你仍为生活竟出现了一百八十度的转变而感到震惊和不可思议。现实要比你想象的更糟糕一千倍。要是鹿群找到了一片理想的牧场，要等到别的鹿把碧绿的嫩草啃吃得差不多了，才轮得到你，这时牧场上只剩下枯黄难嚼的老草了。在臭水塘，也是如此，非得等到连母鹿和幼鹿都饮饱了，你才有资格去享用，那时水塘已被众多的鹿蹄践踏得变成泥浆汤了。走路你只能走在鹿群的末端，这当然是最容易遭到食肉类猛兽袭击的最危险的位置。睡觉你只能睡在鹿群的最外围，寒风、暴雨和冰凉的夜雾首先吹刮到你身上。最不堪忍受的还是孤独，别说异性向你献媚垂青了，同性的公鹿也没谁来理睬你，甚至连看都不屑看你一眼，仿佛你哈克存在与否和鹿群毫无关系。落毛的凤凰不如鸡，被废黜的鹿王连长相最丑的老母鹿还不如。要是你生来就是最次等最卑微的鹿，可能你也会为不平等的待遇而感到难受，但绝不会痛苦到刻骨剜心般的程度。你曾经是，不，你仅仅几天前还是养尊处优的鹿王啊。那时候，凡找到理想的牧场，最肥嫩的青草总是属于你的；在臭水塘，你总是第一个跳下去痛饮，水清得发蓝；你总是雄赳赳走在鹿群最前列；你总是睡在鹿群的最中央；无论什么时候，总有一大群希望得到你宠爱的年轻的母鹿挤在你身边，你屁股后面还尾随着众多的同性伙伴和臣民。你压根儿就不知道孤独是什么滋味。可以这么说，你是从浪峰跌到了谷底，从云端掉进了深渊。生活的这种巨大落差像一架沉重的石磨在碾磨你的心。你觉得这样活着比死更痛苦。你突然明白八年前当你登上鹿王宝座，被赶下台的老鹿王为什么会在短短的十天时间内就像衰老了十年，还不到一个月就被死神剥夺了生命，前任老鹿王其实是自己投奔死神的，你想，对被废黜的鹿王来说，死亡是最好的解脱。你靠着要和老狼殊死拼斗这样的信念支撑着，才勉强保持住心理平衡，没想到要去自杀。

在一切变化中最富有戏剧性的变化要数艾莉了。仅仅隔了一夜，它就投进了杰米的怀抱，成为新鹿王的宠妃。它的立场转变得如此迅速彻底，你看不出有丝毫感情上的障碍。就在你被赶下台的翌日清晨，艾莉当着你的面，同杰米耳鬓厮磨交颈亲热，在草原上追逐嬉戏，俨然像一对久别重逢的爱侣。你嫉妒得牙龈发酸，却也无可奈何。鹿就是鹿，永远无法和高级动物人类相媲美的。你知道，在鹿群社会里，既没有婚姻契约，也没有道德法庭，鹿的爱情观就是汰劣留良的优生原则；母鹿按照大自然适者生存的进化原理和遗传规则，向往同最高最大最健壮最勇敢的公鹿交配，以保证自己产下具有最强生存和竞争能力的后代。这虽然无情无义，却符合物竞天择的最高原则，有利于整个种族的生存和进化，因此，亘古至今马鹿都遵循这种极不文明、极不道德的爱情观。艾莉虽然是王后，也无法摆脱这种卑劣的天性。你虽然嫉妒，却也能理解和容忍艾莉的背叛行为。

你已经是被无情淘汰了的鹿王呀，你只能眼睁睁望着艾莉同杰米寻欢作乐。你在失却王位的痛苦中又增加了一层失恋的痛苦，这无疑是雪上加霜。

你极其痛苦地度过了七天。

那天半夜，你在睡梦中依稀听到草原深处传来几声凄厉的狼嗥。你惊醒了。唔，距离上次老狼叼走怀孕的母鹿安娜已经十一天了，老狼又该像幽灵般出现了。也许是明天，也许是后天，老狼必然会像灾星一样闯入鹿群的。你突然激动得浑身战栗，你终于快等来那个庄严的时刻了，你的理想就要实现，或者说你的痛苦就要结束了。在同老狼的拼斗中，不管你是成功还是失败，你都要死的，在即将告别这个世界的时候，你突然产生一种无法遏制的激情，一种想要和艾莉重温旧情的冲动。

是的，你忍受了艾莉对你的遗弃，但却无法割断自己对艾莉的爱 。艾莉长得太美了，它脖颈颀长，腰身苗条，体态轻盈，双眸明亮，四蹄富有弹性，奔跑起来有一种青春的流动的韵味，金红色的皮毛上泛动着华丽的光泽，腹部雪白，散发着一股温馨的体香。你太爱它了。你觉得它身上有一种奇特的魅力，和它待在一起，就像拥抱太阳一样，浑身充满一种火热的激情，产生无穷的力量。你渴望自己在和老狼拼斗前能再次得到它的青睐，这样你就死而无憾了。

中午，你终于等到了单独和艾莉相处的机会。杰米卧在树荫下憩息，鹿群懒洋洋地散布在小树林里，艾莉调皮地追逐一对金凤蝶。蝴蝶飞出小树林，绕到一块巨大的扇形岩石后面去了，艾莉蹦蹦跳跳追了过去。这真是个千载难逢的好机会，你立刻站起来，悄悄跟过去。岩石背后静得出奇，连阳光喷射和流动的声音都听得见。

你一出现，艾莉就停止了追扑蝴蝶的游戏，用一种遥远的陌生的充满戒备和敌意的目光望着你。

艾莉，你别这样看着我，我是哈克，是和你曾经相亲相爱了整整三年的哈克呀！你不会认不出我的。来吧，艾莉，我爱你。

艾莉惊慌地倒退了一步。

噢，艾莉，我晓得，你是害怕杰米会发现你同我相会；你害怕杰米发现后会用后蹄踢你，会用角架折磨你；亲爱的艾莉，别害怕，你瞧，扇形岩石是一块天然屏风，挡住了杰米的视线。你放心好了，没有哪头鹿会发现我们的秘密的。来吧，艾莉。你热情而又焦急地呼唤着。

艾莉突然勾起右前爪，抻直脖颈，抬起下巴。你很熟悉艾莉这个典型动作，它是在出示黄牌警告，它是在向你最后通牒，假如你胆敢再靠近它一步，它就要向杰米、向整个鹿群发出求救的呼叫。

你一阵寒心，但你还是不相信艾莉会在短短的七天里把你们一千天的恩爱遗忘干净。你希望这是它在同你开一个玩笑。

艾莉，我在和杰米对峙时不战自败，你该看出其中蹊跷的；别的鹿不理解我，你总该理解我的，我哈克从来就不缺乏打架的勇气。我是为了积蓄力量同该死的老狼拼斗所以才放弃王位的。艾莉，你不要摇头，你不要用鄙夷的眼光看我，我不是在编造谎言掩饰我的怯懦。艾莉，你不用惊慌的，我不会对你提出非分的要求，我只是想让你用温柔而又多情的眼光看看我，我只是想静静地依偎在你的身边，在宝石蓝的天空、柳絮般的白云和灿烂的阳光下重温一遍属于你和我共同所有的玫瑰色的旧梦。艾莉，老狼很快就要出现，我剩下的时间不多了，这是我和你单独相处的最后一个机会了。来吧，艾莉，你是感情无限丰富的母鹿，你并不缺乏温柔多情的眼光，你也不是吝啬鬼，对你来说，慷慨地施舍给我一点你最富裕的东西，是轻而易举的。但你知道吗，艾莉，你的眼光却对我具有极其重要的价值，你能使我在血腥的狼牙下脚步更坚定，你能使我在尖利的狼爪下动作更敏捷，你的爱情能使我战胜孤独和怯懦，能帮我战胜食草类动物卑微的天性，创造出奇迹来。

你鹿眼里噙着泪花，又向艾莉跨进了一步。

呦——呦——

艾莉突然吼叫起来，叫声尖细而短促，十分刺耳，含有明显的愤慨、鄙视和厌恶，好像它遇到了什么意外和不幸似的，在向同类发出求救的信号。你惊呆了。叫声划破了山林的寂静，霎时间整个鹿群骚动起来，杰米第一个奔到扇形岩石后面来。紧接着，整个鹿群团团把你围住。你看见，艾莉垂着脑袋摇着那条又粗又短的尾巴，显出一副无限伤心、无限委屈的样子，迎着杰米走去，走到杰米面前，它仰起脸来，目光凄楚，用鹿鼻轻轻摩挲杰米粗壮的脖子。你太熟悉艾莉这副表情了，你知道它是在向杰米告状诉苦，怂恿杰米来教训你。果然，杰米愤怒地咆哮一声，朝你亮出那架八叉大角。立刻，整个鹿群也都朝你嗷嗷怪叫，好像在开公审大会，你就是胆敢犯上作乱企图和王后偷情的贼，是活该受到惩罚的罪犯！

你先是惶惑，继而产生一种心脏被尖刀剜绞般的痛楚。你为了解除鹿群的生存危机牺牲了荣华富贵，你在为鹿群的生存含辱蒙羞，但鹿群中有谁理解你、同情你、体谅你的苦心呢？连你最心爱的艾莉都把你当作懦夫和骗子了。它们在尽情地嘲笑你，在奚落你，在咒骂你。你有什么必要去为了它们和老狼拼斗呢？你突然觉得自己压根儿就错了，是天底下最可怜的傻瓜和笨蛋，竟然会为了一个虚无缥渺，可能永远也无法实现的理想抛却掉现实利益。让老狼像幽灵般出没于鹿群好了，让老狼把鹿一个个叼走直到把整个鹿群都吃光好了，反正等不到这一天你就会死去，死后万事皆空，不管鹿群是繁荣还是毁灭你都看不见了，管它们的，只要自己活着的时候过得痛快就行。你也犯不着为老狼血腥的杀戮感到内疚，狼吃鹿是天理，你有什么法子呢。现在，你后悔还来得及。你虽然衰老了，但你还积蓄着一股本来要用来对付老狼的力量，管它老狼不老狼的了，用这点力量来对付杰米。你要用绝招来挑瞎杰米的眼，重新登上鹿王的宝座。你完全有把握做到这一点的。当你重新成为鹿王后，刚才还对你厌恶得要死的艾莉又会对你百般温存向你献媚邀宠，刚才还在嘲笑你的鹿群又会向你俯首称臣。在鹿群社会里，只知道向权贵顶礼膜拜，不知道尊重理想。在普通的鹿的眼睛里，理想还不如一把青草值钱。既然如此，让理想见鬼去吧，你要夺回本来就属于你的权力和尊贵！

你将磨得锋利无比的琥珀色的鹿角对准杰米的眼睛，一步一步朝它逼近。

突然间，你眼前出现了安娜端庄贤淑的倩影。安娜就是十一天前被老狼吃掉的母鹿。安娜还魂了，它在云端，在水塘，在草原深处，用责备的眼光望着你。这不是幻觉，而是十一天前悲惨而又恐怖的情景的再现。

安娜腆着圆鼓鼓的肚子，脸上闪耀着母性的温柔的光辉，幸福地躺卧在草地上。它临产了，腹部一阵阵收缩抽搐，宫口慢慢开启，鹿羔金黄的毛茸茸的可爱的小脑袋钻出了母体。就在小生命即将分娩的时刻，老狼出现了。安娜无力奔跑，很快被老狼攫住。当老狼血淋淋的爪子扑到安娜肚皮上时，安娜发出一声哀叫，将脖子扭过来护在肚皮上，把柔软的喉管暴露在尖利的狼牙下。那时你刚巧离安娜不远，把一切都看得清清楚楚。安娜并不傻，它绝对知道喉管是自己身上最致命的地方，一旦咬断，血浆就会涌流，生命就会停息。出于一种自然的本能，任何鹿在遭受食肉兽袭击时，最注意防卫和保护的就是自己脆嫩的喉管。但安娜违反了鹿的本能，安娜的哀叫也很特别，委婉而动听，与其说是在痛苦地哀叫，还不如说是在乞求地哀叫。你明白，安娜是在向老狼乞求，求老狼咬断自己的喉管，饱饮自己的血浆，从而发发慈悲，放掉自己肚子里的小生命。对安娜来说，即将出生的鹿羔比自己的生命重要多了，所以它才会扭转强烈的本能，把美丽的脖子护在圆鼓鼓的肚皮上去。多么伟大崇高而又无私的母爱啊！

你也知道，老狼是绝不会发慈悲的。狼不是菩萨。对老狼来说，安娜和它肚子里的鹿羔都是美味可口的晚餐。但起码老狼可以做到这一点，即先咬断送到嘴边的安娜的喉管，然后再处置在母胎里躁动的鹿羔。对老狼来说，这无非是颠倒一下吃的顺序而已，但对安娜来说，却无疑是极大的宽慰，满足了它母亲的愿望，满足了它天真的梦想，减轻了死亡的痛苦。但可恶的老狼连这点虚伪的怜悯也不肯施舍，它龇着牙，用脑袋顶开安娜的脖子，一口咬开安娜圆鼓鼓的肚皮。你看见老狼皱纹纵横的脸上露出一丝邪恶的狞笑，你明白它是故意在恶作剧。它伸出血红的比锉刀还粗糙的狼舌在已钻出母体的鹿羔稚嫩的小脑袋上来回蹭动，鹿羔发出尖细微弱的呻吟。安娜撕心裂肺地惨嚎起来，再一次把自己的脖子扭到尾部护在鹿羔的小脑袋上。安娜的眼光已彻底绝望，它不再幻想用自己的生命来换取鹿羔的生存，它明白自己和宝贝都不可避免会葬身狼腹的，它只是想死在自己孩子的前面，这样就可以看不见自己的孩子遭受狼的折磨了。但老狼又一次用狼头将安娜的脖子挪移开了。老狼在笑，老狼用爪子抠掉鹿羔的眼珠子，又用狼牙咬下鹿羔的鼻子，它在肆意嘲笑、践踏和蹂躏神圣的母爱！

你看见安娜把求救的眼光投向你。你垂下脑袋，避开它的视线。你没有力量去救它和它的孩子。于是，安娜仰起脖子凝望着天空。它还没有死，眼光却变得冰凉。它是在向苍天祈祷，假如生命有轮回，假如还存在第二次投生的话，它再也不愿做一只任狼宰割的鹿了。在生命的最后时刻，它对自己的种族丧失了信心，它为自己是一头鹿感到羞愧和懊丧。安娜这种表情持续到终于被老狼咬断了脖子。

你的心被刺痛了。你是鹿王，你理所当然应该让生活在自己统辖的王国中的每一头鹿都为自己是一头鹿，都为自己是这个种族中的一分子而感到自豪的。就在这一刻，你萌生出要和老狼拼死一战的念头。

难道为了虚荣的王位，为了轻佻的艾莉，你就能让安娜的悲剧重演吗？你就放弃自己的理想吗？就能看着自己的臣民永远为自己是一头鹿而自轻自贱、自卑自叹、自暴自弃吗？

不，不不——

就在琥珀色的锋利的鹿角快刺到杰米眼睑时，你再一次临阵退缩了。杰米追撵过来，八叉大角挑破了你的屁股，你都没有还手。

## 五

老狼终于到来。

老狼是踏着如血的残阳闯进鹿群来的。虽然你心里早有准备，虽然你朝思暮想要同老狼决一死战，但一望见老狼贪婪的双眼，你还是头发昏、眼发花、双腿发软，浑身战栗。鹿的怯懦的本性是不以你的意志为转移的。开始，当整个鹿群溃逃时，你还在心里嘲笑杰米逃得最快。你没逃，你伫立在草地上迎面对着老狼，但当老狼扑到离你十公尺远时，老狼身上那股食肉类动物特有的臊臭，口腔里那股血腥的气流，把你的勇气吞噬了。你转身随着鹿群奔逃。不能逃，你在心里告诫自己，你放弃了王位，你忍受了屈辱，不就是为了今天同老狼面对面地较量吗？假如今天你不把复仇的决心付诸行动，等不到下一次老狼再出现，你肯定已老死在草原上了。对你来说，这是最后的机会了。停止奔逃，转过身去，勇敢地将琥珀色的鹿角对准老狼！你命令自己，但无效，你的四肢已不受你理智的支配。在潜意识里你是畏惧狼的，你是珍惜生命的，哪怕只能苟活一天了，你还是不愿意让老狼咬断喉管的。

你凭着这几天积蓄下来的体力，凭着十多年鹿的生涯养成的娴熟的奔逃技巧，很快把老狼甩在后面了。老狼开始还把你当作它的追逐目标，现在看看撵不上你了，就转移了目标，盯着一头白唇母鹿和一头才两个月的鹿崽追去。

你摆脱了生命危险，停下来观看。

鹿崽年幼体弱，越跑越慢；白唇母鹿护着鹿崽，渐渐掉离了鹿群。它们和老狼的距离越来越短了。

突然，白唇母鹿带着鹿崽慌慌张张朝一条山谷逃去。你急得嗷嗷直叫。那是一条死路，进了山谷，三面都是绝壁，无处可以逃生的。白唇母鹿也许是吓昏了，也许是过分紧张了，竟然没有听到你的呼叫，护着鹿崽拼命朝山谷钻去。

哈克呀哈克，难道你要让母死子亡的悲剧又一次在你眼皮底下重演吗？难道你要让饥饿的老狼用鹿肉填饱肚皮，用鹿血滋补身体后才同它决战吗？突然间，你的勇气神秘地恢复了，你不顾一切地扬开四蹄，朝山谷奔去。

就在白唇母鹿和鹿崽即将被老狼赶进死亡山谷的一瞬间，你及时赶到了。真悬哪，老狼的舌头已快舔着鹿崽的尾巴了。你勾着头用鹿角狠狠向老狼撞去。老狼收敛脚步，你撞了个空。你横在鹿崽和老狼中间。老狼分了神，扔下白唇母鹿和鹿崽，朝你扑来。

白唇母鹿趁机护着鹿崽拐了个弯，窜出山谷，逃向茫茫无际的尕玛儿草原。你衷心祝贺它们能从狼爪里逃生，从此过上安宁幸福的日子。你目送着白唇母鹿，你希望它能回转身来用感激的眼光望你一眼，是你舍生救了它和它心爱的鹿崽，你希望它能理解这一点。但白唇母鹿始终没有回头看你，也许它以为是它和鹿崽命大福大，所以才能奇迹般地从狼爪下逃脱；也许更糟糕，它以为是你老朽昏聩、稀里糊涂跑来送死的。白唇母鹿和鹿崽跑得无影无踪了。你心里一阵伤感。但你冷静一想，这种伤感其实是多余的；你反正要死了，不是被老狼咬死，就是和老狼同归于尽，白唇母鹿是否感激你和理解你还有什么意义呢。

老狼龇牙咧嘴朝你逼近，你一步步后退，一直退到绝壁下。你发现老狼并未认真朝你扑咬，它也朝你挥舞狼爪，它也朝你气势汹汹地嚎叫，它也朝你喷吐着血腥的气流，但它并没动真格的。你开始还有点纳闷，但想想就明白了，老狼是对你实行威慑战术。它想使用恫吓的手段摧毁你鹿的意志、鹿的胆量、鹿的气概，它想用食肉类动物的臊臭和狼的血腥气流把你吓瘫成一团稀泥，放弃抵抗，暴露出鹿的怯懦的天性！老狼这一着算盘算是打错了。诚然，你是马鹿，你还没改造自己食草类动物怯懦的天性，但你现在是站在死亡山谷的底端，三面绝壁，后没有退路，前没有出路，既没有同伴可以求救，也没有下跪求生的任何可能。狼是绝不可能对你发慈悲的。假如此刻你面前出现一条可以逃生的路，即使生的希望十分渺茫，也许老狼的威慑战术就会得逞，把你吓成一摊泥。害怕是因为还存在着求生的可能。你现在已身处绝境，你已必死无疑，你反而不害怕了；怕也没用，还不如挺直腰杆，拼死一斗呢。

你又想到老狼之所以要对你实行威慑战术的第二层原因。假如此刻站在老狼面前的不是你鹿王哈克，而是没有任何反抗意识的母鹿，或者是没有任何防卫能力的鹿崽，老狼还用得着煞费苦心装腔作势来恫吓吗？它早就扑上来把母鹿或鹿崽撕成碎片了！它已饿得肚皮贴着脊梁骨了，饿得流下口水了，饿得早就等不及了。因为你是大公鹿，因为你头上长着一对可作武器的锐利的鹿角，所以它才会忍着饥饿对你采取恫吓手段。它要摧毁你的抵抗意识是因为它畏惧你的抵抗意识！它所以要对你实行威慑战术是因为它感到没把握干净利索地一口把你咬死！想到这里，你变得很兴奋，平添了不少勇气和力量。

老狼继续张牙舞爪。你看见，老狼的眼光变得迷惘，透露出内心的疑虑，它大概从来没遇到过胆敢反抗到底的食草类动物吧。渐渐地，老狼的眼光变得凶暴，充满杀机，它终于等得不耐烦了，对你动真格的了。

老狼尖利的爪、犀利的牙毕竟不是玩具和摆设，它灵巧地绕开你琥珀色的鹿角，一次又一次向你扑咬。你竭力躲避着，还用锋利的鹿角挑刺回击。但在快捷如风的狼的攻击下，你的动作显得那么笨拙，刚防着左翼，老狼已跳到右侧了，刚顾着前面，老狼已窜到身后了。你高大的身躯成了一种累赘，不但鹿角一次也没刺中老狼，自己的脊背、腹部和后肢已让老狼的爪子撕开十多条血痕了。你只能左右摇晃着角架，护住脖子，不让老狼咬着你的喉管。于是，你把身体其余部位暴露出来了。

突然，老狼长嚎一声，纵声一跃，扑到你背上，爪子像铁钉一样钉进你的鹿皮和肌肉；你竭力跳跃颠簸，想把老狼从背上颠下来，但老狼像条蚂蟥一样紧紧地、稳稳地趴在你的脊梁上，怎么也颠不下来。猛地，你觉得臀部一阵剧痛，你听见自己的鹿皮被狼牙咬破、肌肉被狼牙嚼碎的嚓嚓声，听见血液从伤口流出来的潺潺声。碧绿的草地上洒下一串鹿血，像红罂粟。你发疯般地狂蹦乱颠，但根本没用，老狼的牙已触及你的后腿骨，发出嘎嘎的啃咬骨头的噪音。

你一阵昏眩。你是本性善良的鹿，你还不习惯这种野蛮的血腥的拼斗，你脆弱的神经支持不住了。伤口的疼痛也是难以忍受的。你觉得自己无论如何也不是老狼的对手，抵抗是徒劳的，反正迟早要被老狼吃掉的，何必受这份折磨延长痛苦呢？垂下鹿角吧，让老狼一口咬断喉管吧，这样也好少受些罪。你想，鹿吃草，狼吃鹿，那是天意，你纵然是鹿王，也不能违背天意的。让老狼来一口咬断喉管吧，这不是耻辱，这是顺应天理。但天理果真不可违反吗，命运果真不可抗拒吗？天理和命运最终最坏的结果无非也就是一死，你突然恢复了鹿王倔强的脾性，反正自己是死定了，就是要和天理命运争斗一番！

你忍住剧疼，观察四周地形。你看见左侧不远有一片密匝匝的灌木丛，荆棘纵横，毒藤纠缠，毒藤上布满了一根根鱼钩似的倒刺。你有了主意，你驮着老狼奔向灌木丛，一头钻了进去。毒藤上的倒钩划破了你的鼻子和脸，也同样刺进了狼皮。你听见狼发出一声呻吟，咕咚一声从你背上摔了下来。

你和老狼又恢复了对峙的局面。

在老狼连续的猛烈的扑咬下，你渐渐抵挡不住了，你遍体鳞伤，臀部已露出骨头，血流失过多。你本来就是一头衰老的鹿，经过如此一番苦斗，极其有限的精力和体力已所剩无几了。你已支持不了多久了，就会精疲力竭瘫倒在地的。不能再这样跟老狼拼消耗了，该想个办法。你是智慧出众的鹿王，你应当运用你的智慧来克敌制胜的，你想。

你一面费力地支起角架抵挡老狼的扑咬，一面开动脑筋。蓦地，一个绝妙的主意在你的脑子里闪现出来。你瞅准右面绝壁前有一道一尺来高的石坎可资利用，就装着溃败的样子，朝石坎退却。退到石坎前，你等到老狼绕到你左侧咬你后腿时，你扭身拔腿就跑，你当然逃不出狼口，你才逃出两步，便被老狼一口叼住后腿，于是你哀鸣一声，显出极度衰竭、极度惊骇的模样，瘫倒在石坎边。你的喉管、脸和四蹄正好埋进石坎和地面形成的夹角里；那是一个老狼无法咬到的死角。你侧身躺在地上，鹿角向外。老狼扑到你身上，咬你的肚皮，咬你的肩胛，咬你的后颈窝。你似乎已失去了反抗能力，老狼每在你身上咬一口，你便四足一阵抽搐。你忍住火辣辣的疼痛，最后连抽搐也停止了。这时，你的四肢弯曲到一个最佳角度，四蹄紧紧蹬在石坎上，身体紧凑地弓了起来。

假如这时老狼先咬开你的腹腔，先吞吃你的五脏六腑，那么你的计谋就流产了。但老狼出于残忍的本性，也可能它苦斗后嘴干舌燥急着想咬开你的喉管吮吸鹿血解渴，也可能它怕你死亡时间过长血液会凝固，它竟然来不及仔细观察你是否真的气绝身亡了。它在你身上胡乱咬了一通之后，便叼着你的后颈窝，想把你拖离石坎，这样就能咬开你喉管了。你凝神屏息，躺在地上一动不动。你感觉到你的鹿角碰触到了坚硬的狼头、瘦骨嶙峋的狼背。突然，在老狼的又一次拖拉中，你的角尖碰触到柔软的狼腹，你感觉到了狼心在扑扑跳动。你憋足劲，弯曲的四肢狠命在石坎上一蹬，脑袋向上一仰。你的鹿角早已在岩石上磨砺得锋利无比，你只听见噗的一声怪响，鹿角已刺进温热的狼腹，又黏又稠的狼血顺着你的角架漫流出来。

老狼惨叫一声，想跳开，已经来不及了。你把残剩的那点精力和体力都凝聚在这致命的一击上，动作利索干净，快如闪电，等老狼明白自己上当了，你已翻身站起来，鹿角挑着老狼，冲到绝壁下，把老狼抵在岩石上。

你的鹿角深深扎进狼腹，狼血如注，老狼的脊梁贴在岩石上，整个身体无法动弹，四足乱抓，凄声长嚎。狼爪刚刚够得着你的脸，狼牙刚刚咬得着你的耳朵。老狼疯咬狂抓，你的一只眼睛被狼爪抠瞎了，一只耳朵被狼牙咬掉了，脸上血肉模糊，但你四肢仍然绷得笔直，岿然不动。你丝毫也不敢松劲，你晓得只要稍一松劲，老狼便会蹿起来作垂死反扑。

终于，老狼停止了嚎叫，也停止了徒劳的抓咬，它瞪着一双充满仇恨的眼睛静静地看了你一会儿，突然脑袋一耷，垂了下来，狼眼也渐渐失去了残忍的光芒，翻起两只白眼，狼的整个身体也都耷软下来。

哈，你欣喜如狂。你战胜了凶残的老狼。老狼死了，你还活着。其实老狼的生命力并没你想象得那么强健，那么不可战胜。你用智慧创造了奇迹。现在，你该去追赶你的鹿群了。你要把鹿群引到这条山谷里来，让它们看看你是怎样战胜恶狼的，毫无疑问，杰米会在死狼面前发抖，乖乖交出王位；艾莉也会重新投入你的怀抱。你虽然满身血污，满身伤痕，却比过去更威风了。你将问心无愧地重享鹿王的荣华富贵！你退后一步，从狼腹里抽出犀利的鹿角，琥珀色的鹿角被狼血染成紫红。

老狼从岩石上沉重地掉落在地，你看见，狼腹上露出两只深深的窟窿，汩汩冒着血花；转眼间，血窟窿里迸出两截肠子，滑到地上。你仰起头来，对着蔚蓝的苍穹，向着玫瑰色的云霞，引颈长啸。

呦——呦呦——

这是胜利者的欢笑，你陶醉了。

突然，你感觉到一个褐色的物体从地上蹦起来，扑向你裸露的颈窝。这是幻觉，你想，但脖颈却传来一阵刺痛。是老狼在噬咬你的喉管，你想。但这怎么可能呢，老狼已经眼珠子翻白被你扎死了呀！莫非老狼还魂了不成？你望望石坎底下，老狼的尸体不见了，它吊在你脖子上呢。你这才清醒过来，自己被胜利冲昏了头脑，太麻痹大意了。老狼没死，它刚才是装死。你有你鹿王的智慧，老狼也有老狼的狡猾。你犯了轻敌的错误，老狼其实比你想象的更顽强更凶悍，哪怕狼肠流了一地，只要还有一口气一滴血，它仍然要以死相拼的。

你后悔了，但后悔已经晚了，你听到自己的颈窝处传来喉管被狼牙咬断的脆响，热血飞溅出来，你再也无力站立，浑身瘫软，四肢一曲，卧倒在地。你和老狼的身体一同慢慢冷却了。暮色沉沉，把一切都遮盖住了，山谷恢复了死一般的寂静。

## 【阅读提示】

### 第二人称的妙用

《老鹿王哈克》是我第一部用第二人称写就的中篇动物小说。

关于小说的人称问题，历来不受重视。评介一部小说的成败得失，主要看题材内容，看故事情节，看人物塑造，看结构布局，看语言风格，看思想内涵，很少有人关心作品的人称问题，即使是专业评论家，也往往对人称问题忽略不计。事实上关于人称，一部小说也就是第一人称、第二人称和第三人称这三种方式。即使想大胆创新，也无非是在一个作品里将这三种人称混合使用，某一条情节或人物线索用第一人称来叙述，另一条情节或人物线索用第三人称来叙述。也就那么几个套路，似乎名堂不大。

一个颇为奇怪的现象是，绝大多数的小说，都是用第三或第一人称来写，极少数作品是用第二人称来写。有人曾对某一个时段（约两年时间）出版的原创和翻译的三百余部长篇小说做过一个人称问题的统计，结果发现，其中有两百二十七部是用第三人称写的，有五十六部是用第一人称写的，有十六部是用第三人称与第一人称混合写的，仅有一部是用第二人称写的。

极少有人用第二人称写小说，这是一个颇为有趣的现象。

有人解释说，这是一个习惯问题，古今中外文学名著，绝大部分都是以第三人称写的，约定俗成，习惯成自然，作家们也就不约而同地使用第三人称进行创作了。可我觉得，不能仅仅用习惯来解释这个问题。作家是整个人类社会中思维最活跃、最具创新精神的人，从事作家这个职业的基本素质，就是敢于挣断一切传统束缚，挑战一切陈规陋习。优秀的作家不可能在作品人称问题上屈从于习惯。

应该从艺术表现力这个角度来思考小说的人称问题。

用第三人称来写，作家在作品中所扮演的是一个全知全能的隐形角色，可以全方位多角度进行叙述和描写，可以随心所欲调度人物、刻画心理、变化时空、铺排情节，没有任何限制与束缚，写起来洒脱而自由。

用第一人称来写，作家在作品中所扮演“我”这么一个特定角色，“全知全能”变成“半知半能”，只能在“我”视野范围内进行叙述和描写，有了很大的限制与束缚。但使用第一人称的好处是，作品中的“我”往往会被读者认为是作家在叙述自己的亲身经历，增加了作品的真实感和可信度，容易使读者产生共鸣。

用第二人称来写，“你怎么样……”“你怎么说……”，感觉就像是面对面在进行审问，既没有使用第一人称“我”所带来的亲切感，又无法像使用第三人称那样让叙述者扮演全知全能的隐形角色。用第二人称，通篇你你你的，好像在耳提面命，被强制接受训示，极易使读者产生距离和隔膜。

正因为在艺术表现力上明显的差距，才使得作家们极少使用第二人称，以避免读者在阅读时心理上产生负面作用。

我在构思《老鹿王哈克》时，关于小说人称问题，曾设想了两个方案。我一向对小说人称问题比较重视，我以为，人称问题并非无足轻重的小问题，小说中的人称，犹如摄影家挑选的拍摄角度，懂点摄影艺术的人都知道，同样一个画面，拍摄的角度不同，拍出照片来的效果是完全不一样的；镜头偏高偏低偏左偏右，都会使画面走样或达不到理想效果；唯有根据画面特有的光影，选择最佳拍摄角度，才能在照片上完美地表达自己的创作意图。由此，我在动笔创作前，尤其在创作长篇小说时，会对人称问题反复思考认真比对、郑重选择，力求小说中的“人称”能与我的艺术追求完美匹配。

在《老鹿王哈克》里，我决定让一只鹿做作品的主角，决定让人类当配角，决定把动物与人类作为平等的生命体来审视，决定通过鹿这一独特的视角来描摹人类社会，这么一来，我就不可能用第一人称来写这部作品。试想一下，倘若我用第一人称来写，“我”在作品里是一只饱尝辛酸的老鹿王，用鹿的口吻在叙述故事，读起来就像是一部童话，而不是小说了。排除了用第一人称来写，那就只能用第三人称或第二人称来写了。在有关人称问题的两个方案中，我苦苦思索，遴选比较。开始我想用第三人称来写，我也同其他作家一样，在作品中使用最多的就是第三人称，假如用第三人称来写的话，轻车熟路，运用娴熟，得心应手，应当说是比较稳妥的办法。可当我写了一半后，感觉却很不舒服，就好像牵了一头忘记穿鼻绳的牯子牛在耕地，叫它往东它偏要犟着脖子往西，弄得挺别扭。

我停了下来，思考问题的症结在哪里。思来想去，便想到了人称问题。用第三人称来写固然是轻车熟路，但总觉得与我的创作意图不很匹配。我之所以要写《老鹿王哈克》，这个题材之所以引起我强烈的创作冲动，最根本的原因，是我想解剖一个集高尚与自私为一体的另类生命，想塑造一个对族群无比忠诚的优质灵魂！

我虽然写的是动物世界，但我的最终目的，是要通过老鹿王哈克可泣可叹的命运，展示人际关系中随处可见的代沟问题，使人们受到震动与警醒，摒弃摩擦和纷争，呼唤理解与合作。

我的创作意图，决定了这部小说的主基调，应该是拷问。

一个把人与动物视为平等的生命现象的仲裁者，一个对代沟问题抱怀疑态度的思想者，拷问何为人性，何为兽性，何为代沟，拷问生命的薪火传承和终极价值究竟在哪里。

忽然间我觉得，第二人称也许更能淋漓尽致地表达我的创作意图。第二人称的特点，就是在语态上有一种居高临下的气势，形成一种责问、审视的氛围。这当然是第二人称的缺点，但这种缺点，刚好与我为《老鹿王哈克》所设定的主基调——拷问，有一种天然的吻合。我坚信，一种艺术手法，只要与作家的创作意图有一种内质的契合，缺点也会变成优点，弱势也会变成强势。

我把已经写成的一万多字揉成一团扔在地上，狠狠踹上几脚，踢进废纸篓去。这是我写作时常用的粗鲁动作，凡写了废品我都会有如此神经质反应，以示泄愤。恨自己思考失误，造成无效劳动。然后长叹一声，重新拿起笔从第一行开始写。

仅仅是换了人称，感觉就大不一样了。写起来不再感到枯涩，语言如行云流水，滔滔不绝从心底流泻出来。写得颇为顺手，日产两千余字，仅半个月时间就把三万字的草稿拉出来了。又润色修改了一遍，就送交杂志社发表了。

用第二人称写动物小说，这在中国儿童文学界，也算是个小小的创举了。许多人读了《老鹿王哈克》后，都认为这个题材用第二人称来写，总的说来是适宜的。第二人称虽然使阅读者与作品里主人公的命运产生心理距离，并会造成某种隔膜感，但在这部作品里，第二人称的长处与优势发挥到了极致。“你”字的反复运用，给阅读者造成这样一种心理暗示：一个威严的智者，高坐在道德审判台上，人类与动物站在同一个被告席上，正在进行庄严的庭审。抽丝剥茧般地盘问，刻画出老鹿王在利害冲突面前隐秘的内心世界，使读者的心灵受到强烈震撼。

《老鹿王哈克》发表后获得广泛好评。

艺术贵在创新，包括在小说的人称问题上。

# 第10堂课

## 史前动物的绝唱

# 缺陷

本篇故事发生的地质时代是中生代的侏罗纪，距今一亿多年。本篇故事的“主人公”叫晶，是当时众多的爬行类动物里的一种，究竟属什么纲什么目什么科不得而知。为动物分类并命名是人类做的事情，那时候这颗蔚蓝色的地球上还没有人类，人类要一亿年以后才开始出现。

晶蹲在银杏树洞口，忧郁的眼光望着正在枝丫间蹒跚学步的品、磊和森。品、磊和森是晶四个月前孵化出来的一窝小宝贝。像一切孱弱的母兽一样，晶十分担心自己小宝贝的命运。弱肉强食的大林莽里，每时每刻都可能发生血腥的屠杀。

小宝贝们也实在长得太弱小了。它们的身体就是发育到顶，也只有在侏罗纪时代称王称霸的科摩盗龙的卵一半大，只抵得上梁龙的一点尾巴尖。这是一个靠发达的四肢、锋利的牙齿和尖锐的指爪求生存的时代，庞大的恐龙横行天下。晶这样的弱小种族只好小心翼翼地躲在树上过日子；即使整天待在树上，危机仍接踵而来，那些身手矫健的小盗龙、北票龙、鹦鹉嘴龙会瞪着贪婪饥馑的眼，顺着树干爬上来，毫不客气地把晶这样的小生命一口吞食掉。

蛮荒世界，没有公理。不是我吃掉你，就是你吃掉我。弱小就意味着被吃。

晶对自己的种族十分失望。好像还嫌体格娇小得不够，颌下的牙齿蜕化得稀松酥软，无法进行有效噬咬，给天敌构不成威胁；嘴巴虽然角质化，出现了类似喙这样的器官，但只能啄得开新鲜的浆果；两条前肢也越来越萎缩，四根指爪只剩下三根叉状软骨，既无法在搏斗中撕扯，也不能在觅食时攫抓，前爪的原始功能基本衰退，只在爬树时还勉强能拉住粗糙的树皮。在前肢部位靠近肩胛的地方，莫名其妙长出两块S状的骨骼，宽大薄脆，能遮盖半个身体，既不能作防卫武器，也不能当猎食工具，反而使灵巧的身体变得笨拙，走起路来左右摇晃难以保持平衡，严重影响奔逃速度；最要命的是，肩胛那两片宽大薄脆的骨骼上还长出厚厚一层毛来，那毛也特别，不像别的动物身上的毛那样丝丝缕缕呈细线状，而是一片一片像细长的树叶，层层叠叠覆盖着。那时候，地心翻腾的岩浆不断释放着热能，太阳高悬空中，整个地球像只还未冷却的烤箱，气候炎热，根本不需要这层层叠叠的毛来保温护暖；那骨骼、那毛不仅毫无用处，还成了负担和累赘，尤其那毛，色泽艳丽，红黄蓝绿，格外醒目，极易成为凶猛的食肉恐龙捕猎的目标。晶的许多同类，就是因为肩胛上那层五颜六色的讨厌的毛，而招来杀身之祸的。

脑袋与身体的比例也十分不协调。瞧那些在地球上横行霸道所向披靡的科摩盗龙、梁龙和雷龙，头与身体相比非常小，大约是身体的二万五千分之一或五万分之一；而晶的种族，头的体积和重量大约占身体的十分之一。脑袋是个脆弱的器官，对亘古时代的动物来说，大了并非好事，不仅易受伤害，还会饱受感觉敏锐的苦楚。像科摩盗龙、梁龙和雷龙这些庞然大物，因脑袋比例小，反应很迟钝，如果一块石头砸在科摩盗龙的尾巴上，要过十秒钟，它才感觉到疼；而晶的种族，别说石头砸在身上了，一片树叶落下来，都会惊恐不安，光听到天敌吼叫，就会害怕得瑟瑟发抖。在一个你死我活的生态环境里，感觉迟钝不是贬义词，而是一种运气，一种优势，一种造化，一种特异功能。要敏锐的感觉干什么？徒增烦恼与痛苦而已！

不仅生理构造方面有缺陷，性格上的缺陷也尤为严重。恐龙之所以能成为这颗星球的霸主，除了身体庞大外，很关键的一条，在于性格残忍，精神世界麻木不仁；恐龙身上没有友谊和亲情，即便母子之间，也没有养育关系。小恐龙从蛋壳里钻出来，几分钟后就会觅食。因此恐龙长大后，没有多余的感情，也没有任何精神束缚，无所顾忌，用强健的体魄巧取豪夺，占据更大的地盘更多的食物。晶所属的种族这方面就差得远了；后代生下来时太脆弱，全身光溜溜的，连眼睛也睁不开，要没母兽守护在身边，一天也活不下去，一只小小的鹦鹉嘴龙都可以毫不费力地把它们吞吃掉。仔兽的喂养期长达半年，这期间，母兽呕心沥血，没日没夜地冒着风险外出觅食，还要将小宝贝的粪便含在嘴里搬运到远离巢穴的地方扔掉，以免粪便的气味引来凶恶的天敌。这艰辛而又甜蜜的养育过程，导致母子双方交叉感染上一种谁也离不开谁的黏黏乎乎的情感，比如晶，外出觅食，心里老惦记着留在窝里的三个小宝贝，牵肠挂肚，忐忑不安；而品、磊和淼，只要它晶一离窝，便急切地盼望它早早归来，它的身影在巢穴前一晃动，它们便会叽叽呀呀欢叫，钻到它腹下撒娇。

这种谁也离不开谁的黏黏乎乎的情感是有毒的危险的，曾经有个名叫蕊的母兽，抚养莎和薇一对小宝贝。一天，蕊外出觅食，一只鹦鹉嘴龙闯进蕊的窝，吞食了毫无防卫能力的莎和薇，蕊回来后，肝肠寸断，守在空窝边，不吃不喝，悲鸣泣号，几天后也死去了。假如换了情感粗糙的恐龙类，绝不至于会发生这样惨不忍睹的殉葬悲剧。

在一个生存竞争十分激烈的环境里，情感细腻无疑是作茧自缚，情感丰富无疑是能量浪费，是致命的缺陷。

晶不明白自己的种族怎么会在如此凶蛮的世界里退化成现在这个样子的；它断定身体的弱小和变异，情感的细腻和丰富，都是一种明显的退化。也许，造物主造出它们这个种族来就是为凶恶的食肉兽充当食物的。

唉，弱者要想活下去，委实是太难了。

晶愁肠百结，抬头望望天空，天空碧蓝如洗，空旷寂寞，只有几片黄叶，在风中飘旋。

银杏树是罕见的分性别的树种，雄株和雌株共生共长，永相厮守；一亿年以后，中生代侏罗纪的绝大部分植物都被埋进地下成了化石，唯独银杏树却奇迹般地活了下来，被人类称为活化石。

晶的窝搭在雄株银杏树上，离得不远有一棵雌株银杏树，树洞里住着鑫和它的一对小宝贝。晶的一家和鑫的一家是邻居，相处得很友好。鑫的那对小宝贝比晶的三个孩子早十几天孵化出来，一个叫森，一个叫蟲。此刻，鑫正忙着训练森和蟲怎样在银杏树扇形叶片下和树枝涡旋状的节疤里寻找啄食斑点蠕虫。

明丽的阳光下，鑫的一家子在枝繁叶茂的银杏树上东奔西走。

突然，离雌雄两株银杏树不远的一片树蕨丛无风自动，传来稀里哗啦的声响，晶警觉地从树洞探出头，透过树叶的缝隙望过去，吓得浑身打战，一条科摩盗龙正瞪着饥馑的小眼珠，朝这儿走来。这条科摩盗龙长约十三四米，浅灰色的身体，尾根两侧靠近臀部的地方有两块状如圆月的黑色斑纹，或许可给它起个诨名叫黑臀科摩盗龙。遍地蔓生的蕨类植物被黑臀科摩盗龙齐崭崭压出一条甬道来。

晶急忙将在树枝上蹒跚学步的品、磊和淼拽进树洞；幸亏三个小家伙都没跑远，就在离树洞咫尺之遥的一根横杆上，一眨眼的工夫就都隐蔽妥了。晶还用嘴将两片树叶移过来盖住洞口；母子四个紧紧挤在一起，连大气也不敢出。

对面雌株银杏树上的鑫也同时发现危险正在迫近，也欲把两个小宝贝拽进树洞躲藏，但恰巧这时候森和矗爬到左侧树梢找食去了。左侧树梢离树洞有好几丈远，鑫慌慌张张赶过去，正在把森和矗往树洞拽的时候，黑臀科摩盗龙已来到雌株银杏树下；鑫更乱了方寸，心急火燎，蹬落了几块树皮，正好掉在黑臀科摩盗龙的脑壳上。唉，乱中出错，没乱了天敌，反而乱了自己。

十秒钟以后，黑臀科摩盗龙感觉到树上有动静，抬头望了望，丑陋的脸浮现出狰狞的表情，开始攀爬树干。

科摩盗龙是侏罗纪最凶悍的食肉类恐龙，别看它体态庞大，走起路来显得有点笨拙，但捕捉躲藏在树冠里的猎物，却相当灵巧。科摩盗龙强有力的尾尖支在地上，粗壮的四肢紧紧抠住树干，竖起十几米长的躯体，长长的脖颈伸向躲避在树梢的猎物，锋利的牙齿一下就可以结果猎物的性命。

黑臀科摩盗龙臭烘烘的大嘴伸向惊慌失措的鑫和它的两个小宝贝。鑫蹲在树丫上，用牙齿早就蜕化了的嘴喙和萎缩得早就变了形的前爪，朝黑臀科摩盗龙啄咬撕扯。弱小的鑫与强悍的科摩盗龙搏斗，无疑是以卵击石。晶躲在对面的雄株银杏树上看得很真切，鑫肩胛上那层五彩的毛蓬松奓立，尽量膨胀自己的体形，虚张声势地嚣叫着；在大小强弱十分悬殊的黑臀科摩盗龙面前这样做，显得很滑稽可笑。晶心里很明白，鑫这样做，绝不是想入非非以为能吓唬住或制止住黑臀科摩盗龙行凶作恶，而是想争取时间，掩护森和矗赶快逃命。鑫用自己的身体挡住森和矗，拼命扇动肩胛那两片薄脆无用的骨骼，用意十分明显，让身后的两个小宝贝趁机钻进茂密的树叶，然后顺着树枝爬到毗邻的树去。大林莽里的大树一棵紧挨着一棵，树冠上枝丫交错，连成一气，是很容易从这棵树爬到另一棵树上去的。黑臀科摩盗龙望着胆敢与它厮杀的鑫，露出惊诧的表情，惊诧小小的鑫怎么会如此不自量力，要等到惊诧的表情换成愤怒的表情，它才会张开巨口去咬鑫。科摩盗龙反应迟钝，一种表情转换成另一种表情，起码要十秒钟时间，这段时间足够森和矗逃之夭夭了。死一个总比死三个要好，逃掉一个算一个，这是最明智的选择了。鑫用血肉之躯迟滞黑臀科摩盗龙的行动，目的也就是在危急关头给宝贝创造一个生的契机。

机会转瞬即逝，理应迅速把握！

可是，森和矗不仅没抓住有利时机转身逃命，反而朝前爬了两步，和鑫贴在一起，也向黑臀科摩盗龙张牙舞爪呦呦嚣叫。唉，小傻瓜啊，你们娇小的身体、稚嫩的爪牙，怎能奈何得了穷凶极恶的黑臀科摩盗龙？别说你们三个，即使三十个，还不是黑臀科摩盗龙的口中食腹中餐！何必要死在一起，赶快逃吧！

鑫用肩胛上那两块薄脆无用的骨骼猛烈推搡拍打着森和矗，竭力想在最后一秒钟改变全家死在一块的可悲局面，遗憾的是，森和矗还粘在鑫的身边不走，拆不散也折不断，天哪，怎么办！

十秒钟很快过去了，生的机会白白溜走了。黑臀科摩盗龙小眼珠喷出愤怒的光焰，长长的脖子朝前一个耸动，一口咬住鑫的身体，鑫小小的脑袋从黑臀科摩盗龙牙缝间抻出来。晶在对面的雄株银杏树洞里看得很清楚，鑫两只眼睛像要从眼眶里蹦出来，凝望着苍茫的天穹，上嘴颚和下嘴颚严重错位，整个脸扭曲变形，痛苦异常，发出一声撕心裂肺般的长啸，随着啸叫声，嘴腔里喷出一片殷红的血花，这是泣血悲鸣，这是血的控诉！

晶也是母亲，完全能体味和理解在生命行将结束的最后一瞬间鑫悲苦的心境。这不是身体被锋利的牙齿噬咬住后肉体的痛苦，而是对自己所属的种族彻底绝望，信仰被摧毁后的灵魂的痛苦。鑫是在责问老天爷，控诉造物主，为什么给了弱的身体，还要追加弱的心灵？为什么给了强的身体，还要追加强的品性？

鑫一定在生命的最后时刻痛悔莫及了：假如在漫长的抚养期里没和小宝贝培养太浓太稠太深太沉的有毒有害的情感，小宝贝或许就不会舍不得弃它而去。

黑臀科摩盗龙腭部蠕动了一下，便把可怜的鑫囫囵吞进肚去。

森和矗还犯傻似的待在黑臀科摩盗龙的巨口前，既不躲避，也不逃命，抻直脖子发出一声声悲鸣；它们沉湎在母亲不幸丧生的巨大痛苦中而不能自拔。它们的心和母亲的心勾得太紧、系得太紧、连得太紧、贴得太紧、粘得太紧，已无法及时割开了。

这倒方便了黑臀科摩盗龙，就像送到嘴边的甜点心，不用追逐，不用捕捉，甚至不用挪动身体，省心省力，轻松愉快，吃了一个再吃一个，一串地吃，一串地吞进肚。吃完后舔舔舌头咂咂嘴，大模大样地走了。

晶决心要重塑品、磊和淼的品性。

晶觉得与其说森和矗是死在凶恶的黑臀科摩盗龙手里，还不如说是死在自己性格的缺陷下更确切些。母子间的亲情像一条无形的绳索，不仅捆住了森和矗的身体，还捆牢了森和矗的灵魂，使得鑫一家子像捆扎好了的一串甜点心，让黑臀科摩盗龙吃了个精光。

它不能让鑫一家的悲剧在自己窝里重演，它不能让食肉恐龙把它的三个宝贝也当捆扎好了的甜点心一串地吞食掉。

晶知道，无论自己如何努力，要改变自己种族的生理构造，弥补身体缺陷，是不可能的。它无法把小家伙肩胛上那两片薄脆无用的骨骼动外科手术切割下来，也无法将萎缩的爪重新变得锋利，将蜕化的牙重新变得锐利；无论它怎样给小家伙喂食，也无法使小家伙娇小玲珑的体态变得强健粗犷。它曾试着把小家伙身上那层五彩缤纷极易成为捕猎目标的长毛一根根拔掉，但没过多久又照样长了出来，比原先更茂密更艳丽。

生理上的弱小是无法逆转的。但是，精神上的弱小是可以改变的，性格上的缺陷是可以弥补的。身体弱小再加上精神弱小，就是双重弱小，生理缺陷再加上性格缺陷，就是双重缺陷，必然会引发双重灾难，导致双重悲剧。但如果精神强悍了，性格完美了，就能淡化弱者的劣势，减轻弱者的灾难。

晶要在品、磊和淼身上塑造一种能适应大林莽弱肉强食法则的新品性。具体地说，就是要去掉那股在关键时刻会束缚住灵魂的无形绳索，把丰富的感情稀释得无有，把细腻的情感磨砺得粗糙。大林莽需要狠毒无情，需要麻木不仁。

改变一个生命的行为方式，最有效的办法莫过于用食物来诱导了。晶叼来软体小虫，不再像过去那样顺着次序喂食，而故意将小虫高悬在三个小家伙的头顶，摇晃着，诱惑着。小家伙们在饥饿的催逼下，头伸得老长，跃动着，窜跳着，想吃到这美味佳肴。晶偏不给，长时间逗引。饿极了的小家伙互相挤对，你推我，我搡你，你轧我，我啄你，争斗抢夺。这很好，晶心里十分满意，争斗抢夺理应是“人”生的第一课；草和草抢夺阳光，树和树抢夺养料，一切生命都靠力量抢夺生存权。在争抢食物中，品表现得尤为出色，品总是用后爪踩住磊的背，用两只萎缩的前爪掐住淼的脖子，把它们全都压制在自己身下，一口啄走晶嘴里的小虫。

这叫巧取豪夺，大林莽赞美这种作风。

磊和淼也不甘示弱，几次眼瞅着被品独享食物，急眼了，一起扑到品身上又撕又咬，把小虫从品的嘴里又抢出来，然后磊和淼转眼间又由盟友裂变成对手，互相噬咬争抢。银杏树洞里一派乌烟瘴气。

这才是磨炼胆魄的最佳环境。

没多久，小家伙们就变了，不再互相依偎成团，也不再互相叽叽喳喳唱友爱的歌，它们明亮活泼的眸子变得阴沉呆板，在小小的树洞里东南西北各自占据一个角隅，睡觉也睁着一只眼睛，像防贼似的互相防备着，那冷酷的眼神，恨不得把对方给生吞活剥了。同胞间虚伪的情谊被荡涤得一干二净。

心血没有白费，成效还算是显著的，晶想。

晶着手强化孩子们灵魂深处已萌发的那种你死我活的竞争意识。光停留在同辈之间的竞争是远远不够的，还应该学会用冷漠的眼光看母亲，看洞外的大林莽，看整个世界！它要让孩子们学会在紧急关头毫不踟蹰地弃母亲而去。鑫一家子的悲剧给晶留下的教训太深刻了，它有一种预感，总有那么一天，类似的大祸也会降临到自己和三个小宝贝头上，为了能让孩子们逃过劫难，它一定要割断由于长时间孵化喂养而形成的母子亲情。

第一步，就是要疏远，要让亲密无间变成隔阂鸿沟。

晶不再让孩子们钻到自己肩胛下来亲昵耍闹，也不再温柔地替它们梳理背上的毛，除了必要的喂食外，不再和它们有任何接触。那天下午，天下暴雨，霹雳落在银杏树梢，发出震耳欲聋的巨响。淼是雌性，又是在三个孩子中最后一个钻出蛋壳的，身体更弱些，胆子也更小些，被雷声吓坏了，叽叽叽惊恐地叫着，从角隅扑向晶，企图钻到晶肩胛那两片宽大薄脆的骨骼底下去；以往天上打雷时，小家伙们总是把母亲肩胛上那两片微微拱起的骨骼当保护伞，习惯成自然了。这不行，晶想，假如不是打雷，而是食肉恐龙在吼叫，淼也来往它肋下钻，岂不成了捆扎成一串的甜点心？它狠起心肠，用肩胛上那两只萎缩的前爪粗鲁地将淼推开。淼不知是平时娇宠惯了，还是真的被雷霆吓破了胆，被推开了又粘上来，在晶身边绕来绕去，削尖脑袋拼命朝晶的肋下钻。暂时还缩在角隅的品和磊，情绪也受到感染，也蠢蠢欲动想往晶的怀里钻。晶怒不可遏，跳起来，用强有力的后爪在淼身上猛烈蹬踢了一下，淼尖叫着在洞里打滚。品和磊也委屈地呜咽起来。一瞬间，晶心软了，孩子们到底年纪尚小，需要慰借，需要保护。它差不多已将肩胛上蔓生出来的两片宽大的骨骼撑张开，准备用母性温柔的怀接纳惊慌失措的淼。可突然间，鑫一家的厄运叠现在脑子里，它现在恢复慈母形象，不是在爱孩子们，而是在害孩子们。为了能让小家伙们在大祸临头时能毫无顾忌地各自逃生，它此刻应当扮演恶魔的化身；现在正是剪断将母与子捆扎成串的无形绳索的最好时机。它不能妥协，妥协将使孩子们旧病复发。一切为了生存，它心底的怜悯迅速冷冻成冰一样的坚毅。

它在淼的背上狠狠啄咬。它口腔里的牙齿虽已退化成一排软骨，但嘴喙已角化成硬壳，啄咬起来还是很厉害的。只两下，淼背上便毛片飘零，鲜血淋漓。淼嗷嗷叫着，在树洞里抱头鼠窜。晶仍不罢休，继续穷追猛啄。天空炸响的霹雳就是穷凶极恶的食肉恐龙，眼下是一场生存预演，它要假戏真做，让孩子们永远吸取教训。

晶无情地啄咬着，淼缩回角隅，委屈地泣鸣。

品和磊见状都识相地退回各自的角隅，不再试图来钻晶的怀抱了。

又一个惊雷落在银杏树梢，借着闪电的光亮，晶看见三个小家伙都背对着它，头闷在洞壁上，身体瑟瑟发抖。

它们害怕雷霆，但它们更畏惧严厉的惩罚。

但愿小家伙们从此以后学会遇上灾祸时，别想着挤成一团来钻母亲的怀，而是要各自夺路逃命。

很快，晶的家昔日那种甜美温馨的氛围消失得无影无踪，窝里再也没有亲昵的撒娇声，再也没有对母亲的信任与依恋，除了争食时的訾骂与愤怒的啸叫外，窝里无声无息，冷寂得像只冰窖。三个小家伙麻栗色的瞳仁上结了一层冷霜，不管看什么都是冷冰冰的。眼是心的窗，只有心像冻土层，眼才会结霜。

它们是顺着晶的心愿在重塑品性。

它们是顺着晶的心愿在弥补种族的缺陷。

按理说，晶该高兴，它的愿望正在逐渐成为现实，可不知为什么，它高兴不起来，相反心情变得惆怅。过去，当它辛辛苦苦叼来糯滑可口的软体小虫，刚爬回到树洞口，窝里便叽叽呀呀地欢腾起来，小家伙们那热烈企盼的眼光，蜜样的甜；那无限依恋的叫唤，醉心的暖。如今，这一切都荡然无存了。生活好像缺少了点什么，好像变质变味了。特别是望着小宝贝们射过来的哀怨的眼光，望着昔日温情脉脉的家变得像冤家仇敌相聚的战场，它禁不住会觉得惋惜和伤感。

不不，它不能动摇，更不能半途而废。它的努力是有价值的，它想，任何事情要成功，总要付出一定代价的。比起能生存下去，温馨的家庭氛围算得了什么。有所得，必有所失。生活总有缺憾，不可能十全十美。为了孩子们能平安地活下去，它愿意承担一切牺牲。

一只黄褐色的鹦鹉嘴龙顺着雄株银杏树杆往上爬。这是一种小型食肉类恐龙，身体大约是晶的一倍；生就一张大嘴，喜食像品、磊和淼这样还未成年的小动物。较之雷龙和科摩盗龙这样的庞然大物，鹦鹉嘴龙不算太大的威胁，但毕竟是食肉兽，贪婪凶狠，与晶所属的种族是吃与被吃的关系，需要认真防范或躲避。

一般情况下，遇到鹦鹉嘴龙的侵犯，像晶这样的种族会采取以多敌寡的策略。一家子占据在树腰的枝杈上，居高临下，啄咬顺着树干往上爬的鹦鹉嘴龙。鹦鹉嘴龙体态圆胖，爬起树来很笨拙，在笔直的树干上，只有四只爪紧紧搂抱，才勉强不滑落下去，因此，无法腾出爪来反击。鹦鹉嘴龙那张大嘴虽然厉害，但脖颈粗壮，扭动起来不太灵活，很难在树杆上进行有效噬咬；鹦鹉嘴龙两只鼓凸出来的大眼睛，对晶的种族来说，是最好的攻击目标；鹦鹉嘴龙一张嘴敌不过几张嘴，在笔直的树杆上遇到强有力的反击后，很快会放弃偷食的念头，败退下去的。

然而，晶明明看见鹦鹉嘴龙爬上树来了，却没采取任何防御措施。

晶想，倘若它把品、磊和淼叫唤到自己身边，同仇敌忾对付鹦鹉嘴龙，母子间和同胞间那股会把彼此的灵魂捆扎成串的无形绳索又要像幽灵般地回来了，它过去的努力就会付之东流。试想一下，当一家子同心协力对付天敌，感情还能继续冷漠下去吗？

不能因为一只鹦鹉嘴龙的出现，就让种族的缺陷在孩子们身上重现原形。

鹦鹉嘴龙一路无阻挡，顺利地爬通树干，爬上横杈；鹦鹉嘴龙到了横杈上，比在笔直的树杆上要灵活多了，不仅追撵的速度明显加快，还能像风似的嗖嗖向前窜跃。鹦鹉嘴龙怪异的脸一派得意，鼓凸的眼馋馋地望着细皮嫩肉的淼，嘴角滴下一线口水，向树洞旁正在晒太阳的淼步步进逼。

淼朝后退缩着，惊恐不安地啸叫着，那叫声像一支支毒棘，剜着晶的心。

晶很清楚，孤单单的淼绝不是鹦鹉嘴龙的对手；淼在横杈上的爬行速度也不及鹦鹉嘴龙；如果它不去干预的话，淼很快就会成为鹦鹉嘴龙的腹中餐。可是，待在树冠另一头的品和磊正望着它，它若上去救淼，这两个小家伙必然也会学它的样前来助战，这样一来眼下这场危机兴许能克服了，但以后呢？晶这个种族处在大自然食物链的底端，天敌无数，比鹦鹉嘴龙凶悍强大的敌手多得是，如果以后遇着科摩盗龙这样的庞然大物，孩子们也依葫芦画瓢，团结御敌，岂不白白把自己送入敌口！

晶虽然是远古动物，对数字的简单概念还是有的，是现在要一个，还是将来赔三个？三减一等于二,三减三等于零。它强忍着心里的悲痛，蹲在原位置没动弹。

宁可牺牲一个淼，也不能让可怕的种族缺陷死灰复燃。

鹦鹉嘴龙朝前频频跃进，很快追上惊慌失措的淼，四肢弯曲，身体前后耸动着；晶有经验，晓得这是鹦鹉嘴龙准备进行扑跃攫捉的前兆。它闭起眼，扭转颈，不忍心看心爱的小宝贝被咬死的惨状，没勇气直面血淋淋的悲剧。

它绝望地等待淼最后那声撕心裂肺的惨叫。

可传入耳膜的，却是一声普通的惊叫。

它睁眼奇怪地望去，银杏树横杈上情况突变，不知什么时候淼已站在下一层树腰的一根嫩枝上了，看模样是在躲避鹦鹉嘴龙噬咬时不小心滑落下去的。算淼的命大，这一跌把性命给捡回来了，肥硕笨拙的鹦鹉嘴龙绝不敢跳到下面还在闪闪悠悠的嫩树枝去追逐淼的。

孩子，你只要紧紧抱住嫩树枝别乱动，别继续往下跌，你就算安全啦!

晶只顾为淼的侥幸脱险而高兴，忘了自己还处在鹦鹉嘴龙的捕捉范围内；它的视线聚焦在死里逃生的淼身上，忘了该注意鹦鹉嘴龙的下一个动作。

就在晶丧失警觉时，鹦鹉嘴龙已及时调整方位，迅速扑向离它最近的晶。

等晶发觉自己已成为鹦鹉嘴龙的第二个捕捉目标，想逃，已经来不及了，鹦鹉嘴龙已离它只有一步之遥，最要命的是，它待的这条树枝孤零零地伸向天空，与别的树不相连，无法逃到别的树去，想在树冠上转移位置吧，退路已被鹦鹉嘴龙封锁。无奈，晶只好边啸叫边朝后退却，很快就退到树枝顶端，再也无路可退了。它朝下张望，希冀下面也有条嫩树枝好让它像淼那样跳落下去，不幸的是，下面没嫩树枝可供它落脚，离地面太高，直通通跌下去，非死即伤，难免被鹦鹉嘴龙白捡便宜。

怎么办？好为难。

还没等晶想出脱险之策，鹦鹉嘴龙已窜跃上来，唰地一下，把晶的一只前爪连同肩胛上那片薄脆的骨骼一起衔进巨嘴里。

晶拼命挣扎，鹦鹉嘴龙四肢紧紧搂抱住树枝，像块顽石，凝然不动。

这是鹦鹉嘴龙独特的猎食伎俩，以静制动，以耐心胜浮躁；别看它入定似的垂着眼帘一动不动，当猎物挣扎得筋疲力尽时，它会突然“醒”过来，毫不费力地咬断猎物的喉管。

晶明白，自己是极难从鹦鹉嘴龙的大嘴里挣脱的。鹦鹉嘴龙全身裹着一层布满小疙瘩的厚韧的皮，就像穿着件铠甲，不怕啄咬。鹦鹉嘴龙身上只有一个部位易受伤害，那就是眼睛。但鹦鹉嘴龙死死咬住它的肩胛，使它的后爪和嘴喙怎么也够不到鹦鹉嘴龙的眼睛。

森待在树腰下层的嫩树枝上，品逃到树冠与别的树相连的枝丫间，磊的动作最快，竟然已钻进雌株银杏树鑫的旧窝。晶多少有点安慰，自己虽然很快就要死了，但三个小宝贝总算逃过了这场劫难。它喂养它们已达五个月，虽然小宝贝离正常的成熟期还有一个月，但勉勉强强已能独立生活；最重要的是，它亲眼看见了小家伙们在灾难临头时毫无顾忌地各自逃生，证明在它们身上种族缺陷已基本弥补，再也不会变成一串甜点心了。它死也可以瞑目了。

三个小宝贝从不同的方位目不转睛地盯着它看。它不指望它们赶过来帮它救它；它已毁灭了母子间的依恋和亲情，它们在它的诱导下，感情早已变得粗糙冷漠，不会再把母亲的痛苦当作自己的痛苦了。可它们此时此刻盯着它看，看得它心寒；它们竟然有兴趣欣赏母亲的垂死挣扎！是的，我不会让你们过来救我，但你们至少应该朝我泣鸣一声，或者垂下眼帘扭转头去以示哀悼，也不枉我辛辛苦苦孵化和养育了你们一场。

然而，品、磊和森谁也没朝它泣鸣，谁也没扭转头去。

罢罢罢，就当它弥补种族缺陷的努力卓有成效，给小家伙们铸就了一副铁石心肠。晶这样自我安慰，可心里还是泛起一片苦涩。

鹦鹉嘴龙紧了紧喉咙，晶肩胛部位火烧火燎般疼，忍不住发出一声凄厉的惨叫。

森仿佛听到了召唤，从树腰下层的嫩树枝急急忙忙向晶所在的位置爬来，树冠上的品和对面雌株银杏树洞里的磊，也像突然醒悟了似的赶过来。

不不，你们应当无动于衷地看着我被鹦鹉嘴龙吞食掉！

孩子们不理会它的啸叫，从三个不同的方向围拢来，用稚嫩的爪和喙，向鹦鹉嘴龙猛烈攻击。鹦鹉嘴龙四只爪子虽然厉害，但在树枝上无法施展威力，大嘴虽然可怕，但衔着晶，也无法咬，只好拖着晶，慢慢朝树下退却。聪明的森爬到鹦鹉嘴龙背上，去啄鼓凸的眼。啄了个正着，鹦鹉嘴龙疼痛难忍，恼羞成怒，张嘴欲咬森。啊哈，晶趁机从鹦鹉嘴龙的巨嘴里脱出身来。你还想咬我心爱的孩子，让你尝尝瞎眼的滋味，晶用尽生平最大的力气，狠狠朝鹦鹉嘴龙眼珠啄去。噗，鹦鹉嘴龙眼窝变成一个小黑洞，旋即汪出墨黑的汁和殷红的血；鹦鹉嘴龙失去了沉稳和耐心，爪牙并用，急于反扑，在光溜溜的树枝上失去平衡，咕咚摔下树去。

树枝离地面很高，又恰巧砸在石头上，鹦鹉嘴龙摔得血肉模糊，一命呜呼。

银杏树上，三个小家伙叽叽喳喳欢叫起来，忘乎所以地向晶靠拢来，想依偎在母亲身边庆贺这来之不易的胜利。它们爬到离晶还有半步远的地方，突然想起了什么，不约而同地停了下来，也不再欢叫，怔怔地你望我，我望你。

树丫上一片寂静。

晶知道孩子们为什么要停下来，它们一定是想起它这段时间来的冷漠与疏远，怕亲昵的举动会遭到严厉的惩罚，才踟蹰不前的。

一瞬间，晶理智的堤坝被感情的洪流冲垮了，它爱它们，它需要它们，它离不开它们；它再也控制不住自己，撑开肩胛那两片薄脆的骨骼，摇晃着，召唤着，嘴里发出一串清脆悦耳的啼叫：来吧，孩子，来吧，宝贝，来吧，亲密无间，来吧，温馨甜美。

让冷漠见鬼去吧！

品、磊和森欣喜如狂，涌到晶的身上，交颈厮磨，相依相偎。母子间同胞间的隔阂冰消雪融，心和心又紧紧地粘在一起。

晶温柔地替孩子们梳理背上凌乱的毛，挨个儿摩挲它们的脑袋，尤其对森，更是百般疼爱；它觉得自己欠了森很多很多。它曾粗暴地啄咬过森，还差点把森奉送给鹦鹉嘴龙，它要弥补自己的过失。

银杏树上一片浓情蜜意。晶耗尽心血抑制了一个月的种族缺陷变本加厉地重新出现了。

唉，这缺陷与生俱来，深入骨髓，镌刻基因，渗透血脉，看来是无法更改，也无法消除了。

血光之灾终于降临到晶一家的头上。

那条凶蛮的黑臀科摩盗龙又来了，这家伙大概吃了鑫的一家觉得味道挺鲜美，难以忘怀，就再次光临银杏树。刚巧晶正带着三个小宝贝在树梢练习怎样叼食躲藏在树皮褶皱里的斑点蠕虫，老远就被黑臀科摩盗龙看见了。很快，黑臀科摩盗龙犬牙交错的大嘴就从树叶下冒出来，赫然出现在晶的面前。

晶是母亲，大难临头，理所当然用自己的身体挡住三个小宝贝，一面朝黑臀科摩盗龙虚张声势地嗷嗷啸叫，一面剧烈摇晃身体示意小家伙们赶快逃命。三个小家伙却挤成一团，紧紧粘在它的身后。

那情景，简直就是鑫一家子遇难前的翻版。

晶痛悔莫及，它早就预感到会有这么一天的，它早就预感到鑫一家的悲剧会在自己身上重演。假如它坚持不懈地按既定方针重塑孩子们的品性，假如不是因为可恶的鹦鹉嘴龙破坏了它的计划，此时此刻，三个小家伙早就各自夺路逃命了。

黑臀科摩盗龙美滋滋地咂着舌头，不慌不忙地朝晶伸过嘴来，那模样，简直像是应邀来吃公费宴席，不吃白不吃。

晶无比愤慨，又无比内疚，它恨黑臀科摩盗龙的霸道，更恨自己的严重失误。当初它如果痛痛快快地让鹦鹉嘴龙把自己吃掉，而不是在被鹦鹉嘴龙咬住后发出惨叫，使得孩子们赶过来救它，那差不多已弥补了大半的种族缺陷就不会在孩子们身上死灰复燃，重现弱者原形。现在，那股会把母与子捆扎成串的无形绳索不仅没挣断，反而比过去更坚韧更牢实了。它无法让三个小宝贝弃它而去，肯定又是送到黑臀科摩盗龙嘴边的一串甜点心。是它害了自己的孩子，是它葬送了它们的锦绣前程。它不是个好母亲。唉，后悔也晚了。

黑臀科摩盗龙漫不经心地朝晶咬了一口，晶猛缩脖颈，黑臀科摩盗龙咬了个空。

晶不是怕死，它早就把生死置之度外了；它也不是幻想能侥幸脱身，遇上像黑臀科摩盗龙这样的庞然大物，是绝无生的可能的。它是不甘心身后的三个小宝贝陪着自己一起死。它希望能想出一个自己死而换取孩子生的办法来。哪怕只有一个孩子能逃出魔掌，也是好的。而这样被黑臀科摩盗龙咬住，免不了与鑫一家子同样结局，一个接一个被吞食干净。关键的关键，是要把母子四个分散开，要把黑臀科摩盗龙的注意力从孩子们身上转移开。突然，它急中生智，想出一个主意来：黑臀科摩盗龙不是盯着它咬吗，它从树上掉下去，也许黑臀科摩盗龙也会跟着到树下来吃它；它从树上失踪了，孩子们也许就会分散逃命。黑臀科摩盗龙下树来吃了它，再攀爬到树上去找小家伙，要耽误一段时间，或许小家伙们就可以趁机逃掉了。

这当然不算是最好的办法，漏洞不少，最大的漏洞是小家伙们在它从树上掉下去后会不会趁机逃命，它心里一点把握也没有，也有可能它掉下树后，三个小家伙仍傻乎乎地在原地挤成一团。但不管怎么说，这总比在树枝上必然被一个接一个吃掉要好些。起码，孩子们分散开的可能性是存在的，只要有这种可能性，就值得一试。它已没有时间去想更好的办法了。

它心里很清楚，自己从这么高的树上掉下去，肯定会像鹦鹉嘴龙一样摔得血肉模糊；它不怕，只要能给心爱的小宝贝带来一线生机，它粉身碎骨也心甘。

黑臀科摩盗龙又张嘴朝它咬来了，它猛地一蹬，借着树枝的反弹力，跳到黑臀科摩盗龙的头上，抓咬了一下。以晶的力量，这抓咬用来对付黑臀科摩盗龙，如同搔痒。它的目的也不是要给黑臀科摩盗龙什么打击，而是要吸引黑臀科摩盗龙的视线。

它的爪离开了树，它的身体腾空了，并开始往下掉，它这才想起自己在慌乱中遗忘了一个十分重要的细节：黑臀科摩盗龙感觉很迟钝，对外界的变化要十秒钟才会有所反应。也就是说，它从树上往下掉，这过程要延长到十秒钟，黑臀科摩盗龙的注意力和食欲才会跟着它从树上转移到树下去。它就这样往下掉，须臾之间就落地了，黑臀科摩盗龙根本还弄不清是怎么回事呢。这十秒钟之内，黑臀科摩盗龙还按事情变化前的意识行动，朝前噬咬，当然咬不到它晶，却会咬到三个小宝贝。这就是说，它想舍身引开黑臀科摩盗龙，给孩子们创造一线生机，结果却适得其反，更快地把孩子们推上绝路。

这也实在太不划算了！

不不，它不能白白送死，它无论如何也要争取到这可贵的十秒钟。它的爪已脱离了树枝，要想返回去重新抓住树枝是不可能的了。它也没有特异功能，能使个定身法把自己定在空中；它本能地撑开肩胛那两块宽大薄脆的骨骼，拼命扇动，试图以此来迟缓自己往下掉的速度。

十秒钟，十秒钟，它愿意用整个生命换取这十秒钟。

它把全部意念、生命和力量都凝聚在两片薄脆的骨骼上，用极高的频率上下扇动，就算会折断骨头，它也在所不惜。突然，它感觉到自己身体发生了奇妙的变化，再不是沉甸甸像块石头似的往下坠，而是变得轻盈，像片树叶似的被风托住。它发觉自己肩胛两片薄脆的骨骼上那层五颜六色的长毛下灌满了山风，向上鼓起一个穹形，产生了一股升力，使自己在空中比在树上更平稳；它发觉每摇动一下肩胛，身体下便会生出一股风，送它向前；一股强气流吹来，把它吹出老远，它轻轻摆动一下尾巴，身体便灵巧地调转了方向，比在树上要灵活敏捷得多了。

晶自己当然不知道，它的这一举动，其实是一个划时代的创举，标志着一个崭新的物种在蔚蓝色的地球上诞生了。一亿年以后，人类的考古学家在中国辽西这片神奇的土地上挖掘出早已变成化石的晶，把它定名为中国始祖鸟——孔子鸟。始祖鸟，顾名思义，就是鸟的祖先。之所以把中国始祖鸟定名为孔子鸟，是为了纪念中国最伟大的教育家孔子。

从此，天空不再只有呆板的云和枯黄的叶，而有了美丽可爱的鸟。

当时，晶只觉得惊奇，它做梦也没想到，自己一向十分讨厌并认定是个累赘的肩胛上那两片宽大薄脆的骨骼，竟然有这么大的功能，让它在空中飞翔；这不是生理上的退化和畸形，而是一种进化，一个崭新的器官——翼！

十秒钟过去了，晶不仅没掉下去，还在空中升高了。黑臀科摩盗龙呆呆地望着在空中盘旋的晶，不明白是怎么回事。又过了十秒钟，这愚蠢的家伙终于反应过来已不可能再咬着晶了，就把贪婪的眼光投向品磊和森。

晶也从惊喜中回过神来，朝还在树枝上缩成一团的品、磊和森急切地鸣叫：

——来吧，我的小宝贝，展开你们的双翼，飞起来吧。

——你们身上五彩缤纷的毛，是太阳用七彩光斑编织的羽，能带着你们在天空翱翔。

——来吧，小宝贝，投进妈妈的怀。

晶相信品、磊和森一定能朝自己飞过来的，它和小宝贝之间有一条坚韧的无形的绳索，是任何力量也无法割断的。

它在银杏树前盘旋鸣叫，召唤着，鼓励着，催促着。

直到今天，一亿年过去了，大自然演化出千姿百态各种各样的鸟，各有不同的生活习性，但无论什么鸟，有一点是共同的，在小鸟第一次飞翔时，母鸟都要在窝前盘旋鸣叫。这不是简单的示范，而是心与心的牵引，情与情的黏合。母鸟的亲情，给小鸟稚嫩的双翼灌注了永不衰败的力量。

森率先扇动着翅膀跃入天空，紧接着，品和磊也腾飞起来了。愚钝的黑臀科摩盗龙朝小家伙们的影子咬去，只咬到一团空气。

晶的一家平安脱险了，从某种意义上说，永远脱险了。

世界原本不是凶悍的强者预定的筵席，亲情与善良有更自由宽广的天空。

## 【阅读提示】

### 爱是生命进化的能量

《缺陷》是我迄今为止唯一一篇写远古动物的小说。

我对古生物的兴趣由来已久。读小学三年级时就迷上了恐龙，收藏了厚厚一本各种各样恐龙的图册。望着这些曾经统治地球的庞然大物，我总这么想：这些横行霸道的家伙，这些处在大自然食物链顶端的超级动物，为什么会突然灭绝，变成考古学家研究的化石了呢？

到目前为止，关于恐龙的灭绝，仍然是个谜。

但科学家有个最新发现，庞大的恐龙家族虽然灭绝了，不过恐龙家族中有一个最弱小的分支，却躲过了六千万年前的灭顶之灾，成功地活到现在，那就是在天空中自由飞翔的鸟类！

从解剖学上发现，鸟类就是恐龙的后裔。

据推测，现代的鸟类，在恐龙时代，是恐龙大家族中最不起眼的小不点，如果把梁龙比喻为巨人的话，后来进化成鸟类的恐龙分支，就是谁都瞧不起的侏儒。可以想象，那些懦弱的小不点，命中注定是各种食肉恐龙捕食的对象，就好像大自然盛宴中一道精美的甜点心，谁都想来咬一口。它们东躲西藏，在夹缝中求生存，整日提心吊胆，处境艰难，活得很累很累。

究竟是什么原因，使得恐龙大家族中最弱小的一个分支——今天的鸟类，能在六千万年前这场对恐龙家族来说万劫不复的大灾难中存活下来呢？

我喜欢猜谜，而且喜欢另辟蹊径寻找离经叛道的谜底。

我阅读大量有关恐龙的书籍，发现一个有趣的现象：绝大多数恐龙脑袋与身体简直不成比例！越是超级恐龙，脑袋与身体的比例越是悬殊。以梁龙为例，成年梁龙体重达三十吨以上，而梁龙的脑袋只有一百公斤，比重是300：1。这一百公斤的脑袋还包括耳朵、鼻子、嘴巴、舌头和牙齿在内。真正的大脑仅有一百多克。就算把五官都算在脑袋里，这个脑袋与身体的比例，在地球上生活过的动物中，也是极其罕见的。人的脑袋与人的身体的比重大概是20：1；棕熊的脑袋与棕熊的比重大概是50：1；大象的脑袋与大象的身体的比重大概是35：1。用四肢发达头脑简单来形容这些恐龙，是最恰当不过了。就物种而言，脑袋小，便意味着脑功能弱。众所周知，脑袋是感觉、语言、思维和情感的载体。毫无疑问，绝大多数恐龙感觉迟钝，无法进行交流沟通，思维麻木而僵化，情感区域更是一片荒漠。事实也是如此，据专门从事恐龙研究的专家介绍，越是大型的恐龙，其感觉系统越是有问题，还是以梁龙为例，假如脚被荆棘划破了，它们需要十秒钟后脑袋才会产生疼痛的感觉。

对恐龙来说，这是一个不需要用脑子的时代。恐龙在地球上称王称霸，所向披靡，不用脑子也过得很好，那又何必去用脑子呢，觅食只需要强壮的身体。事实上，用脑子挺累的，动脑子要消耗营养精华，感觉敏锐了就免不了要多愁善感，与同类交流沟通，也免不了会勾心斗角、尔虞我诈，弄出许多是是非非来，思考更是一件得不偿失的事，问题想多了会神经衰弱体质下降，一旦身体虚弱捕猎便会遭遇困难，这完全不利于生存。至于说到情感，那更是一种奢侈品，或者说是一种有百害而无一利的东西，有了情感便有了牵挂，有了牵挂便不再无忧无虑无拘无束，情感还往往是生活中的累赘和生存道路上的羁绊。

一点也不夸张，在亘古蛮荒时代，脑袋越小生存空间越大，脑子越糊涂活得越开心。

与绝大多数恐龙不同的是，后来进化成鸟类的小不点们虽然也是庞大恐龙家族中的成员，但这些小不点们的脑袋与身体的比例较小，比重约为50：1。这在恐龙大家族里是绝无仅有的，在当时极有可能被其他恐龙视为怪物和异类。这绝非我在信口开河乱说，解剖现代鸟类，凡是能翱翔天空的鸟，脑袋与身体的比重一般均为30：1。在恐龙时代，比拼的是身体而不是脑子，脑大身小的物种绝对是受嘲弄、受欺凌、受侮辱、受迫害的倒霉鬼。看起来，它们是造物主的败笔，也不知上帝在制造它们时哪个环节出了毛病，弄出一堆处理品来。更让它们伤心的是，不仅脑袋奇大，感觉也特别敏锐，一受伤立刻就会疼痛，危险来临便会害怕得发抖。

这些小不点身上，确实有许多令人遗憾的缺陷。就连它们自己也一定对自身的不合时宜的种种行为，感到苦恼与失望。

命运真的很难捉摸，谁也想不到，当地球发生灾变时，不可一世的雷龙、剑龙、霸王龙等巨型恐龙成了生命舞台上的匆匆过客，而处在大自然这根食物链下端、卑微的小不点，却成功地躲过了劫难，在生命舞台上扮演永不衰败的辉煌角色。

强大的未必是永久的，弱小的未必是短暂的。

这就是生命进化的辩证法。

看起来是缺陷，也许就是进化的契机，也许就是特殊才能的导火索，也许就是成就事业的一块跳板。

我觉得，恐龙灭绝和鸟类新生，这段地球生命演化历史，对现代人的生活，尤其对处在经济转型期的中国来说，仍具有重要的警醒作用。

对生命来说，绿洲非常重要，郁郁葱葱的绿洲，滋润生命，养育生命，庇护生命，绿洲是生命的摇篮。假如绿洲消失，大地一片荒漠，生命也将随之而消亡。保护生态环境已成为全人类共同的事业；退耕还林，退耕还草，保护绿洲，防治荒漠化，已成为当务之急。其实，还有一种绿洲也亟待保护，那就是人类精神生活中的绿洲。亲情与友情，广义上的爱，就是我们精神生活中的绿洲。如果这块绿洲消失了，生命同样会枯萎死亡。这绝非危言耸听，在精神建设方面，人类也要刻不容缓地实施返朴归真的重建工程。

我们是芸芸众生，我们没有炙手可热的权势，我们没有挥霍不尽的钱财，我们在强者和精英的阴影下艰难度日，我们确实弱小，但生命进化的历史告诉我们，唯有我们这些老百姓，才是生活舞台上永恒的主角。

苦难进化智慧，悲痛催生灵感，感情净化灵魂，爱是最宝贵的不可替代的生存技能！

# 第11堂课

## 马戏团里的动物

# 板子猴

世界上任何一个马戏团，猴子演员都是必不可少的。猴子活泼聪明，善于登高跳跃，能做出许多高难度动作，完成一些惊险的节目。猴子较其他动物脸部表情丰富得多，抓耳搔腮，挤眉弄眼，显得滑稽可笑，能扮演丑角之类的角色，调节舞台上的气氛。猴子的前肢虽不像人的手那般灵巧，但已具备手的初级功能，能握能抓，必要时后肢还能直立，能运用简单的道具，给演出成功的动物演员套个花环送个花篮什么的，平添喜剧效果。猴子生性喜欢热闹，大部分种类的猴子属于群居性动物，善于交际，容易同其他动物演员和睦相处，搭配演戏。总之，猴子演员称得上是马戏团的台柱演员。

然而，要将猴子训练成能登台演出的合格演员，并非易事。马、象、狮、虎等其他动物演员，虽然不及猴子聪明，但性格沉稳严谨，一旦学会某个节目，会严格按照驯兽员的指令一丝不苟地完成设计好的舞台动作。猴子却处处表现出淘气好动的天性，越聪明的猴子越顽皮，有时还会别出心裁，搞点恶作剧，弄得导演和驯兽员哭笑不得。

阳光大马戏团最重要的猴子演员叫雅娣。就像有的女孩子长着一副闭花羞月的容貌，生来就是当女演员的料，雅娣也是天生丽质，很适合在马戏团当动物演员。说雅娣长得美，当然是用金丝猴的标准来衡量的。它尖嘴凸腮，嘴唇和眼圈四周的毛洁白如雪，长着一只可爱的浅灰色朝天鼻，一双蓝眼珠清澈明亮，就像两粒晶莹的蓝宝石。皮毛金黄，尤其让人啧啧称奇的是，头顶那片毛发色泽较其他部位的毛要深得多，呈金红色，而后颈和背脊上的长毛，柔软如丝绸，光滑如锦缎，飞身跳跃时，飘扬恣张开来，犹如穿着一件华贵的凤冠霞帔。

金丝猴雅娣刚来阳光大马戏团时，就很不听话，经常跟驯兽员老费闹点别扭。让它给演出成功的大象献花环，它却用花环当武器去追打小狗演员卡奇。训练它荡秋千,一看到狗熊在吃苹果，立刻从秋千架上跳下来，去跟狗熊抢苹果吃。有一次，让雅娣排演用钓鱼竿偷小丑演员水蜜桃的节目。剧情大致是这样的：当小丑演员出了很多洋相好不容易在一次平衡木比赛中赢得一小篮水蜜桃时，躲在树冠中的金丝猴雅娣用一根鱼竿将那一小篮水蜜桃给钓走了。刚开始排练时，雅娣的积极性还是很高的，水蜜桃是猴子顶爱吃的食品，想着钓起那只篮子后，能吃到甜蜜芬芳的水蜜桃，就很卖力地去钓，但费了好多力气好不容易将篮子钓了起来，里头却是塑料做的水蜜桃模型，咬一口咯疼牙，味同嚼蜡，便不再有兴趣去钓，驯兽员老费叱骂它几句，它便发小姐脾气，摔了鱼竿，纵身一跃，跳到屋顶上去了。排练厅的屋顶是钢架结构，一根根钢管犹如大树上密密的枝丫，雅娣在上面攀爬腾跃，驯兽员老费喊破嗓子也不肯下来。老费找了两把梯子，派好几个男演员上去抓它，它灵活地东躲西藏，演员们在这种地方笨拙得就像生病的狗熊，满头满脸都是灰，累得汗流浃背，折腾了一个多小时也未能抓住这个调皮鬼。它在上面高兴得手舞足蹈，还朝气得快要发疯的驯兽员老费和高导演扮鬼脸吐口水，一直到翌日晨，它饿极了从屋顶爬下来偷东西吃才给逮住。

要让调皮捣蛋的猴子听话，体罚是必不可少的，但猴子脸皮厚，打轻了等于给它挠痒，起不到惩前毖后的作用，打重了又怕伤了筋骨影响演出，轻不得重不得颇让人为难。尤其像雅娣这样的川金丝猴，品种名贵，堪称猴界珍宝，体罚过重万一打坏了，损失可就惨重了。再说，雅娣受观众喜爱的一个重要原因，在于它那身珍贵的皮毛，真要进行具有威慑力的惩罚，几竹棍下去，免不了会打得猴毛飞旋，有损它舞台上的光辉形象。演员都讲究形象美，动物演员也不例外。

有一句俗话说杀鸡给猴看，意思就是用鸡作为替代品，来吓唬猴子，让猴子乖乖地听话。但事实上，猴子是有灵性的动物，晓得鸡就是鸡，猴就是猴，两码子事，并不在乎你杀不杀鸡，你就是杀一百只鸡给猴子看，也起不到教育警策的作用，说不定它觉得杀鸡蛮好玩的，自告奋勇来帮你一起杀鸡呢。

动物行为学家研究证明，对具有一定智商的灵长类动物，只有在同类遭受暴力时才会感受到精神压力，换句话说，只有当着甲猴子的面打乙猴子，才会对甲猴子产生威慑力。

于是，就专门弄了一只板子猴来。所谓板子猴，顾名思义，就是用板子打其屁股的意思，即为了教育金丝猴雅娣，专门挨打的角色。

这也是一只年轻的雌金丝猴，好像老天爷故意要形成鲜明的美丑对比，这只金丝猴奇丑无比，脸上的毛黄一块白一块，上嘴唇中央裂了一条缝，就像兔子嘴，典型的生理缺陷。金丝猴在分类上归仰鼻猴属，个个都长着朝天鼻，可它的鼻子体积太小，藏在毛丛中，乍一看，只有一只奇形怪状的鼻洞；也不晓得患了什么怪病，身上的毛稀稀落落，而且不是让人赏心悦目的金黄色，而是灰黑色，蓬乱枯萎，没有光泽，十分难看。尤其让人觉得恶心的是，从后颈到背部，有一大块体癣，体毛脱落，光秃秃的，裸露着粉红色的皮肤。这只丑雌猴属于滇金丝猴，在分类学上与川金丝猴属于两个不同的亚种，彼此血缘相近，追溯家谱的话，属于表亲。这只丑雌猴是从圆通山动物园买来的，因为它长得丑，有碍观瞻，动物园正准备将它淘汰，所以要价很低，阳光大马戏团仅化了百把块钱就把它买回来了。买来时没有名字，就叫它板子猴。

有了板子猴，雅娣果然听话多了。

板子猴刚到阳光大马戏团时，不仅长相丑陋，还脾性顽劣，经常犯一些小错误，比如趁人不注意的时候拧开自来水龙头啦，在排演厅里随地拉屎撒尿啦，半夜三更莫名其妙地大吼大叫，闹得笼舍里其他动物演员都睡不着觉啦。为此，它没少挨驯兽员老费的教训。它本来就叫板子猴，买来就是挨打的角色，所以驯兽员老费打起它来没有任何顾忌，决不心慈手软。看到它在乱拧水龙头，驯兽员老费便一抖手腕，柔韧的金竹棍啪的一声结结实实打在那只不安分的猴爪上，猴爪立刻肿得就像馒头一样；排演厅里发现了臭烘烘的猴屎猴尿，没说的，揪住板子猴脖子上那根铁链子，一顿狠揍。有时候雅娣和板子猴合伙捣乱，比如一起去揪非洲斑马的尾巴，一起到虎笼前喧哗吵闹，会惹得老虎演员大发雷霆，闹得整个马戏团乌烟瘴气。老费对它们当然是区别对待的，对明星演员雅娣最多板起脸来训斥几句，对板子猴则毫不客气地用金竹棍抽打，直打得它抱头缩肩，哀哀求饶。

刚到马戏团那阵，板子猴只是单纯地充当挨打的角色，在需要对雅娣教训和处罚时，把它牵来当替罪羊和出气筒。光陪打不陪练，但后来却又给它增加了一个额外的任务，陪雅娣一起训练。

事情的起因是排演一个名叫“猴子舞狮”的节目，高导演的意图是这样的：借用中原地区节庆耍狮的风俗，让雅娣捧着一只大绣球，逗弄雄狮辛尉，做出腾跳扑跃直立打滚等各种姿势，最后雅娣翻爬到雄狮辛尉的背上，揪住鬃毛，就像骑马一样在舞台上转圈。应该说，这个节目动作难度并不算大，对四肢都具备握抓能力的猴子来说，擎举绣球在舞台上蹦跶易如反掌，翻爬到狮背上去也不费吹灰之力，唯一的心理障碍是恐惧。虽说雄狮辛尉祖宗三代都是动物园居民，没沾染上食肉兽杀戮的恶习，它从半岁龄起就抱来阳光大马戏团，从艺十载，温良恭让，脾气好得就像一只听话的大猫，和许多动物演员配过戏，从未伤害过谁。但它毕竟是雄狮，威武强壮，一头鬃毛蓬松如云，张开血盆大口，露出四枚匕首似的利牙，模样还是十分吓人的。出于灵长类动物对大型猫科动物天生的敬畏和惧怕，雅娣根本就不敢靠近雄狮辛尉，调教了一个星期，也只敢在距离狮头约两米远的地方擎举着绣球摇晃，驯兽员老费强行将雅娣抱到雄狮辛尉身边去，雅娣害怕得浑身颤抖，抓住他的衣裳死也不肯松开。

“哦，别怕，有我在，它不敢撒野，不敢咬你的。”驯兽员老费捏住雅娣一只前爪，去抚摸狮子的鼻吻，“刮它的鼻子，没事的，重重地刮，即使把它的鼻子刮破了，它也不敢把你怎么样的！”

对猴子进行耐心细致的思想工作，就好比对牛弹琴，一点效果也没有，雅娣仍害怕得拼命往他怀里钻，当那只猴爪被迫触摸到狮鼻时，驯兽员老费只觉得身上热乎乎湿漉漉的，嘿，雅娣尿都吓出来了，淋了他一身臭烘烘的猴尿。

驯兽员老费又想出一个速效锻炼雅娣胆量的办法，用一条黑布蒙住雅娣的双眼，喝令雄狮辛尉卧倒，然后把雅娣放到狮背上，预测雅娣拉开脸上的黑布后，发现自己已经稳稳当当地骑在雄狮辛尉的背上，貌似凶猛的狮子原来可以当马一样骑着玩的，恐惧感自然而然也就消失了。可后来发生的事却跟预测的刚好相反，当雅娣拉开眼罩，发现自己骑在狮背上时，啸叫一声，两眼翻白，口吐白沫——小姐晕过去了。驯兽员老费很无奈，便建议取消最后那个翻爬到狮背上去的动作。高导演坚决不同意，说这节目好就好在体态娇小的金丝猴把活生生的大雄狮当玩具戏耍，假如取消了最后那个颇有幽默感的动作，那就一点意思也没有了。

“它看见狮子就跟看见了魔鬼一样，你说该怎么办呢？”驯兽员老费皱着眉头问。

高导演思忖了一会，指着拴在柱子上的板子猴说：“拿它来做示范，或许会有效果的。”

驯兽员老费便将板子猴牵了来，让它抓着绣球去戏弄雄狮辛尉。板子猴当然也怕狮子，牵到离狮子两米远时，便吓得魂飞魄散，拼命往后退缩。对板子猴当然不会再白费唾沫去做思想工作，只有棍子伺候。噼啪，噼啪，驯兽员老费手中的金竹棍龙蛇飞舞，毫不留情地落在板子猴的背上和屁股上。板子猴疼得直跳，发出鬼哭狼嚎的凄厉叫声。雅娣在一旁害怕得发抖。“打，重重地打！”高导演吩咐道。驯兽员老费更加用力挥舞棍子。对板子猴来说，前面是让它心惊胆战的狮子，后面是毒蛇似的棍子，进不敢进，退又退不得，好为难啊。那支金竹棍比平时抽得更狠，假如它不往前去的话，很可能会要了它的命！那雄狮虽然尖牙利爪可怕极了，但并未摆出扑咬的架势，相对而言，现实的威胁要稍少一些。就好像战场上的敢死队，前面是碉堡堑壕和蝗虫般扑面而来的子弹，后面是真枪实弹瞄准后心窝的督战执法队，冲上去极其危险，后退更是必死无疑，只有冒死往前冲了。动物也是这样，当遭遇到两种以上的威胁时，会避重就轻选择威胁较少一些的方向而去。板子猴在金竹棍猛烈抽打下，不想死，逃不脱，又无其他选择，只好麻起胆子往雄狮辛尉身上靠，已贴到狮子的鬃毛了。雄狮辛尉似乎对送到嘴边的猴子不感兴趣，懒洋洋地半闭着眼睛，似睡非睡。后面的金竹棍还在催命似的抽打，板子猴不想被打死的话，只有跳到雄狮辛尉的背上去。它心急慌忙，刚刚骑上狮背，不知是它没坐稳还是辛尉抖了下脊背，吱溜滑落下来，正正落在狮子的嘴边。它吓得像坨湿泥巴，软绵绵的，站也站不起来。就连躲在一边窥视的雅娣也吓傻了眼，闭起眼睛不敢看下去。雄狮辛尉只是用鼻吻闻了闻板子猴，伸出长长的舌头友好地舔了舔板子猴的额头，无意撕咬。板子猴胆子大了一些，在金竹棍的催逼下，揪住狮鬃又翻爬到狮子的背上去……

板子猴的示范表演消除了雅娣的恐惧感，哦，原来是只不会吃猴的乖狮，骑到狮背上还挺好玩的，雅娣顺利地学会了这个新节目。

从此，板子猴开始陪着雅娣一起训练。

刚开始陪练时，板子猴身体素质不如雅娣，弹跳力没有雅娣好，在空中保持平衡的能力没雅娣强，头脑不如雅娣聪明，反应也不如雅娣灵活。排演一个新节目，雅娣三五天就学会了，板子猴十天半月也还练得半生不熟的。这一点对高导演和驯兽员老费来说，当然是无所谓的。本来就没指望板子猴登台演出，所以它学得会学不会节目对马戏团的演出活动没有任何影响。对它所扮演的特定角色而言，愚笨还是一种优点，两只猴子一起排练，需要促进雅娣更加努力、更加规范地练好节目，随时都可以挑板子猴的毛病，找到处罚的借口和理由，把它揍一顿。排练节目时，把板子猴牵来陪练，先让板子猴学，板子猴动作稍有失误，驯兽员老费手中的金竹棍就毫不留情地抽了下去，啪啪，板子猴大腿上或背上就会出现两条蚯蚓似的血痕，疼得哇哇直叫。板子猴受罚时痛苦的表情和凄惨的叫声触目惊心，站在一旁的雅娣害怕得缩头抱肩。板子猴排练完毕，轮到雅娣，不用驯兽员催促，很自觉地就按照要领完成训练动作。

渐渐地驯兽员老费发现，板子猴变了，变得顺从听话，不再像野猴似的到处淘气。只要他一声吆喝，它立刻就安静地蹲下来，做出温驯臣服的姿态；只要他扬起手中的金竹棍，它立刻就无条件地服从他的指令，按他的吩咐进行马戏节目的训练。即使没有人监视，即使解开它脖子上的铁链子，它也不会再去乱拧水龙头，不会在排演厅里随地大小便，更不会去捉弄关在笼子里的其他动物演员，规矩得就像个非礼勿动的君子。

惩罚是一种强制性的改造，生命都害怕受到惩罚，在棍子的威逼下，会重新塑造性格。

板子猴排练节目也越来越卖力，训练时非常投入，一牵进排演厅，就像小学生走进课堂一样，神情专注，心无旁骛，任何高难度的动作，只要驯兽员老费一声令下，它毫不犹豫地去完成，认认真真，一丝不苟，一遍又一遍地去练，练得汗流浃背，练得气喘吁吁，他不说停就不会停下来休息。有一次，在平衡木上练习翻跟斗，它大概第一次接触这种独木桥似的体操器械，走得摇摇摆摆，一翻跟斗就掉下来，摔了十多跤，摔得鼻青眼肿，还坚持练，直到翻了一个跟斗后能在平衡木上站稳为止，比猎狗演员更忠诚、更勇敢。

对板子猴来说，只有规矩听话，只有刻苦训练，才能少挨板子。换句话说，为了免受皮肉之苦，为了不让这支金竹棍有理由把自己打得皮开肉绽，唯一可行的办法就是规矩听话，刻苦训练。

也许是勤奋训练的缘故，也许是马戏团的膳食比较丰盛，板子猴身体一日比一日强壮，四肢鼓起一块块腱子肉，腰也粗了，膀也阔了，背也厚了，虽然体毛仍然芜杂，面容仍然丑陋，但精精神神，整个形象有了很大改观。马戏技巧也大有进步，反应也越来越快，头脑似乎也开窍了，变得越来越灵活。过去同样排练一个新节目，板子猴要比雅娣多花一倍的时间，但仅仅陪练了半年，两只金丝猴之间的差距便缩小到微乎其微了，水平很接近，已经难分高低了。又过了三个月，驯兽员老费惊讶地发现，板子猴接受新事物、排练新节目的能力竟然超过了雅娣，身体素质好像也比雅娣棒了，有些高难度的动作，雅娣要练好几天才能学会，而板子猴只要练两三遍就基本掌握了。

雅娣身上也有显著变化，变得懒散，变得刁钻，变得越来越有小姐脾气了。开始时，它不听话，或者不好好排练，当着它的面抽打板子猴，它在一旁害怕得瑟瑟发抖，确实起到了“杀鸡给猴看”的警策作用。它虽然只长着一颗远远不及人脑聪明的猴脑，但最基本的思维能力还是有的，时间一长，它在无数次重复的情景中获取了这样一个经验：那根对动物演员来说象征法律的金竹棍，只会抽在板子猴身上，不会抽在它身上。它是有先天豁免权的，不管它做了什么，用秸秆去捅大象演员的鼻孔也好，溜进鸟笼去偷金刚鹦鹉的蛋吃也好，训练时偷懒怕苦也好，最后算账都会算到板子猴的头上去，既然有猴代它受过，既然有猴代它受罚，既然有猴替它挨板子，它还怕个啥呀？该乐的照样乐，该闹的照样闹，该偷懒的照样偷懒，对它来说，警策作用正在慢慢消退。

现在，驯兽员老费颇感为难的是，雅娣的不规行为越来越多，需要抽打板子猴以对其进行训诫的次数越来越频繁，而要挑出板子猴的毛病却不那么容易，它没做错什么，你就莫名其妙扬起棍子揍它，这也太说不过去了，总得要找点岔子，找出个理由来，而要做到这一点似乎越来越难了。

阳光大马戏团宽敞的排演厅里，正在排练新节目：空中接帽。两根彩色竹竿竖在大厅中央，相距约五六米。节目是这样设计的：金丝猴从这根竹竿飞身跃到另一根竹竿，在这个过程中要稳稳地接到驯兽员抛过来的小红帽，戴在头上，一共来回跳七次，戴七顶红帽子。

驯兽员老费一声吆喝，雅娣嗖嗖爬到竹竿顶端。

板子猴规规矩矩地蹲在墙角观看。

驯兽员老费抓起一顶小红帽，在空中扬了扬，那是向竹梢上的雅娣发出准备起跳的信号。雅娣摇晃柔韧的竹梢，准备借竹子的反弹力飞跃到对面那根竹竿上去。

驯兽员老费吹了声口哨，一扬手，小红帽在空中划出一条优美的弧线；竹梢上的雅娣后肢在竹竿上用力一蹬，身体弹射出去，在空中伸出前爪去抓小红帽，遗憾的是，它跳跃的时间稍稍晚了零点几秒，小红帽从它头顶穿越而过，它未能抓住小红帽。

驯兽员老费不悦地皱起了眉头，让雅娣从竹梢滑下来，对板子猴做了个手势，板子猴飞快地爬上竹竿去。驯兽员老费抛出一顶小红帽，板子猴身手矫健地飞跃而过，在空中将那顶小红帽稳稳地抓在手里。

已经有一段时间了，板子猴已从陪练的角色变成替雅娣做示范动作的角色，许多有难度的新节目，都由板子猴先练会后，再演练给雅娣看，让雅娣观摩学习的。

板子猴示范完毕，又该轮到雅娣来练习了。

驯兽员老费又扬起一顶小红帽，发出让雅娣再试一次的信号。雅娣攀住富有弹性的竹梢，当驯兽员老费抛出小红帽的一瞬间，嗖地飞跃出去，不幸的是，它起跳的时间早了零点几秒，等它蹿跃而过，小红帽才擦着它的背飞过去，又一次抓空了。

驯兽员老费脸色冷冷的，像涂了一层霜。

又让板子猴示范了一遍。驯兽员老费用金竹棍点着雅娣的额头不客气地说："睁大眼睛看好了，再学不会，小心你的屁股！"

"再来！"驯兽员老费又扬起小红帽。这一次，雅娣倒是在空中将小红帽抓住了，却忽视了飞跃的路线，没能按规定的要求落到对面那根竹梢上去，而是跳到地上了。

"笨蛋，再练！"驯兽员老费发狠地喝道。

也许是嫌驯兽员老费脾气太粗暴，也许是跳累了想休息一下，雅娣蹲在地上没动弹。"你敢偷懒，我揍死你！"驯兽员老费扬起手中的金竹棍。雅娣丝毫也不害怕，既不逃窜，也不哀啸，无所谓地瞥了驯兽员老费一眼，嘴角还嘲弄般地微微上翘，那表情分明是在说：我累了，我懒得再练，你又能把我怎么样？

驯兽员老费气得吹胡子瞪眼，一抖手腕，金竹棍照准雅娣的屁股就要抽下去。就在这时，高导演一个箭步蹿上来，一把抓住驯兽员老费的手腕说："你昏头啦？这棍子别打错了对象！"驯兽员老费气咻咻地说：

"雅娣是越来越不像话了，不教训一下，坏毛病会越犯越厉害的。"高导演说："跟你说过多少遍了，雅娣犯错，就当它的面打板子猴来吓唬它。你干吗舍不得打板子猴呀？"驯兽员老费说："板子猴现在表现很乖，排练节目也挺卖力，动作完成得很出色，我找不到打它的理由。""啧啧，"高导演讪笑道，"花钱把它从动物园买来就是让它代替雅娣挨打的，它的名字就叫板子猴嘛，打它还要什么理由！"驯兽员老费苦笑着摇摇头："虽说它是板子猴，但没有什么理由就动手打它，我总觉得这样做不地道，下不了手。""好了，好了，不管怎么说，你不能感情用事。雅娣晚上还要登台演出，要是被你打坏了，耽误了演出，怎么得了。"高导演说，"我不信会找不到板子猴的岔子，鸡蛋里还挑得出骨头来呢，它就挑不出毛病？你是个人，脑子总要比猴子灵光吧，你就不会动动脑子给板子猴制造点麻烦，变出个惩罚它的理由？"

驯兽员老费搔搔脑壳，暗暗叹了口气。

板子猴又被叫唤到竹竿上排练空中接帽的节目了。

驯兽员老费拿起一叠小红帽，向空中抛掷出去。就在小红帽旋转着飞向空中的一刹那，板子猴敏捷地一蹬竹竿，身体缩成一团飞弹而去，刚好和飞来的小红帽形成一个纵横轴向的交汇点，只见它伸展四肢，闪电般地抓住小红帽，飞快地扣到自己脑袋上，然后在极短的瞬间挺腰收腹，身体像鸟一样地滑翔，稳稳落到对面的竹梢上。它搂抱着竹竿，顺着惯性在竹梢上转了个圈。这时，驯兽员老费又将一顶小红帽抛掷过来，它又借着竹梢的弹性飞跃出去，稳稳地接住帽子并戴在自己头上。第二个来回……第三个来回……它马不停蹄地在两根竹竿间飞去来兮，准确无误地将六顶小红帽全戴在了头上。它姿势优美，动作干脆利落，几乎无可挑剔。

金丝猴是一种完全在树上栖息生活的动物，野生金丝猴整天在树上攀爬腾跃，从这棵树梢跳到另一棵树梢，有飞猴的美称，应该说，让金丝猴演空中接帽，刚好发挥金丝猴的特长，节目的难度不算太大。关键是要掌握好节奏，在驯兽员老费将小红帽抛掷出手的同一瞬间蹬腿蹿跃，不能快也不能慢，在空中抓住帽子后要及时将帽子扣在自己脑袋上，这样就能腾出双手搂抱对面那根竹竿，还要注意保持镇静，不要慌张，这样就能做到万无一失。板子猴昨天演练了三遍，就记住了动作要领，学会了这个节目。

驯兽员老费嘴角漾起一丝不易察觉的笑，扬起第七顶小红帽，做出抛掷的动作，板子猴立刻像前几次那样条件反射般地后爪猛蹬竹竿身体飞弹出来，但这一次，驯兽员老费只是做了个抛掷的假动作，小红帽并没有飞到空中，还捏在他手里，当板子猴脱离竹竿后，他才将小红帽丢了出去。毫无疑问，这半秒钟的时间差，肯定使板子猴造成失误，空着手落到对面竹竿上。第七顶小红帽像只逃出笼子的鸟，在空中旋转飞翔了一会，落到排演厅地上。

嗨！驯兽员老费举起手中的金竹棍，指着竹梢上的板子猴，严厉地喝了一声。

呀——板子猴委屈地啸叫起来。虽然它未能接到第七顶小红帽，但它觉得责任不在它，而是抛掷小红帽的时间慢了半拍，它不可能像蜂鸟一样在空中停顿逗留，除非是有特异功能的金丝猴，谁也接不到这顶小红帽的！

嗨！驯兽员老费像个怒目金刚，又凶狠地喝了一声。

板子猴急忙从竹梢滑下来，它明白，没人理会它是不是受了委屈，也没人会听它的申辩和抗议，它没接到第七顶小红帽，那就是它的错，只有乖乖地去挨板子，不然的话，会受到加倍惩罚。它落到地面后，胆怯地望着驯兽员老费手中的金竹棍，趴在雅娣面前，抱头缩肩，翘起粉红色的屁股，等着挨板子。

驯兽员老费用金竹棍挑起掉在地上的第七顶小红帽，扔在板子猴面前，大声训斥了几句，一抖手腕，金竹棍重重抽在它的背上，就像被毒蛇咬了一口似的，它呀地惨叫一声，本能地跳蹿出去。

蹲在一旁的雅娣也吓得缩成了一团。

“回来！趴下！”驯兽员老费怒喝道。

板子猴呀欧呀欧哭嚎着，极不情愿却又不得不重新回到雅娣面前，翘起屁股。啪，金竹棍打在它的屁股上，它疼得在地上打滚。

“看到没有，你不好好训练，接不到小红帽，就要打你的屁股啦！”驯兽员老费扬起手中的金竹棍，在雅娣面前晃了晃。

雅娣没等驯兽员老费下令，就飞也似的爬到竹竿上去了。

对雅娣的训练重新开始，驯兽员老费一顶接一顶往空中抛掷小红帽，雅娣在两根竹竿间来回飞跃着。这一次，也像往常一样，在让板子猴挨了一顿板子后，对雅娣起到了威慑警策作用。很快雅娣就学会了空中接帽的节目。

排练结束，驯兽员老费来到板子猴跟前，给它背部和屁股上涂了些消炎止痛的金疮膏，在它嘴里塞了一块水果糖，抚摸它的脑袋，叹了口气说：“唉，莫怪我心狠，我不想打你，我晓得打你是冤枉的。没办法，谁让你长得这般丑陋呢，上不得舞台，只好当陪练，只好挨板子。要怪就怪你爹妈，没给你一副好皮囊。”

确实，雅娣和板子猴站在一起，一个好比是骄傲的公主，一个好比是卑贱的奴婢。

六一那天晚上，马戏团在大舞台为孩子们专场演出。

大舞台灯火辉煌，大象、羊驼、狗熊、卷毛狗等动物演员在驯兽员的指挥下，纷纷登场献艺。

板子猴被牵到后台，用铁链子拴在幕侧一只道具箱的铁环上。每次雅娣表演节目，都要它把牵到后台来作陪，万一雅娣在演出过程中闹情绪或出纰漏，就用金竹棍打它的屁股，迫使雅娣认认真真地演出。它是板子猴，就是派这个用场的。

轮到雅娣上场了，雅娣脖子上系着一条粉红色的丝绸围巾，在音乐的伴奏声中，蹬着小三轮车驶进灯火辉煌的舞台，表演骑三轮车过跷跷板的节目。

这是一个新节目，导演是这样设计的：舞台上有一副宽约七十公分长约七米的草绿色跷跷板，表演者蹬着小三轮车从跷跷板上过去，骑过中间时，跷跷板另一头沉了下去，就像滑滑梯一样，又骑着小三轮车从跷跷板上快速滑下来。这个节目表面看起来很容易，其实有一定的难度，难就难在跷跷板另一端突然下沉时，重心改变，稍不留神就会失去平衡，车翻猴仰，从狭窄的木板上栽倒下来。

雅娣蹬着三轮车驶到跷跷板中间的支点上了，前轮一过线，那块草绿色的木板一头翘一头沉，重心猛地逆转，不知是太慌张了还是忘了身体要朝后仰的动作要领，那小三轮车突然拐弯，从跷跷板上栽倒下来，雅娣也被掀翻在地，虽然跷跷板最高的地方离地面只有一米，摔得不算重，也没受什么伤，但雅娣被扣在小三轮车下面，挣扎了半天才从小三轮车下钻出来，模样很是狼狈。

观众席上响起一片惋惜的啧啧声。

演马戏的剧场设计得有点像体育场，舞台在中间，四周是座池，不像其他剧团演出时一旦演员出了意外可以及时拉拢大幕，挡羞遮丑，马戏团演出时发生纰漏，从头至尾全暴露在观众面前。

驯兽员老费牵着雅娣的胳膊，脱下高帽子，不断向观众席鞠躬致意，对演出的失误表示道歉。

又让雅娣重新开始。不晓得是摔了一跤摔晕了脑袋，还是害怕万一又翻车的话再被三轮车压在底下，雅娣歪歪扭扭蹬着三轮车，刚骑到跷跷板中间的支点，车轮歪仄，还没等车翻倒，它就先从三轮车上跳了下来，无猴驾驶的小三轮车哐啷一声从跷跷板上滚落下来。

对动物演员来说，节目表演到一半便放弃不演了，行话叫弃台，是一种很严重的失职行为，理应受到教训和惩罚。

驯兽员老费扬起手中的金竹棍在雅娣的头上晃了晃，那是发出了最严厉的警告：不得调皮捣蛋，赶快继续表演！

雅娣根本不怕，猴眼瞪人眼，冲着驯兽员老费龇牙咧嘴、咆哮。驯兽员老费气得脸色发青，咬咬牙抡起金竹棍在雅娣屁股上不轻不重地抽了一下。雅娣是马戏团的明星演员，被宠惯了宠坏了，哪里受得了这份委屈，一把抢过金竹棍，纵身跳到灯架上，顺着铁架爬到高高的灯楼上，不管驯兽员老费怎么叫唤，再也不肯下来。

动物演员抗拒驯兽员的指挥，在舞台上吵闹撒泼，使得演出无法正常进行，这用行话讲就是闹台。

驯兽员老费被夺了棍子，无法爬到高高的灯楼上去捉拿雅娣，站在台上发窘。观众席上，一片喧哗。有的在谴责雅娣太任性，有的在责怪马戏团太混乱，有的觉得人猴对抗挺有趣的，比正常的节目好看多了，扯起嗓子为雅娣呐喊助威。整个剧场乱得像锅粥。

这边，担任舞台监督的高导演急得汗流浃背，在幕后紧张忙碌地指挥演员们临时调换节目，人们手忙脚乱给非洲斑马头上插戴五彩羽毛，在金色的马鞍披挂珞璎流苏，准备上场表演马戏。遗憾的是，忙中出乱，辔嚼不知放到哪儿去了，不给斑马按上辔嚼，万一它在舞台上撒起野来，狂奔乱跑，啃咬别的动物演员，尥蹶子什么的，后果不堪设想。于是全体总动员，忙着寻找要命的辔嚼。

必须立刻有替代的节目演出，将观众的视线从捣乱的雅娣身上转移开去，不然会严重损害阳光大马戏团声誉的。

然而，非洲斑马迟迟上不了场，雅娣又在灯楼上越闹越凶。

救场如救火，救场如救灾，救场如救命。

也不知道驯兽员老费是怎么想到让板子猴上场的，也许，是急中生智想到的救急措施，也许，他早就对雅娣动不动就要明星脾气烦透了，转而对板子猴存有某种好感，正好趁这个机会让板子猴登台亮相露露脸，以杀杀雅娣的傲气。他跑步到幕侧，也不征求高导演的意见，三下五除二解开板子猴脖子上的铁链子，朝那辆倾倒的小三轮车指了指，嘿地吆喝了一声。

板子猴轻啸一声，从幕侧跳将出来，扶起小三轮车，骑上去飞快蹬动。它曾陪着雅娣排练过这个节目，知道该怎么做。在陪练时，它不仅能骑着小三轮车在活动的跷跷板骑上骑下，还技高一筹，能倒立在车把上从跷跷板滑行下来。

乱哄哄的舞台和吵吵嚷嚷的观众席刹那间安静下来，千百双眼睛望着板子猴。

板子猴蹬着小三轮在舞台上转了一圈，利索地冲上跷跷板，用力猛蹬，很快骑到中间的支点上，当跷跷板开始翘动时，它捏紧把手，身体微微后仰，熟练地保持住平衡。小三轮车平稳地顺着跷跷板急速滑下来，落到地面，顺着惯性朝前冲驶时，它猛拐龙头，吱溜，小三轮像跳优美的华尔兹一样，一只轮子腾空，两只轮子着地，在原地旋转了一圈。整套动作紧凑协调，无可挑剔。

观众席上响起了掌声和喝彩声，还有不少人在交头接耳，议论纷纷。

有个胖男孩高声叫道：“这只猴子长得也实在太丑了啊！”

一个小姑娘说：“它虽然长得丑，但演得确实不错。”

驯兽员老费吹了声口哨，手腕扭动做了个倒立的姿势。板子猴又蹬动小三轮车，再次奋力骑上斜斜的跷跷板，到了中间支点，它两只前爪按住车把，一挺腰，后肢腾空而起，身体倒立在小三轮车上。跷跷板受重心支配，向另一头倾斜，小三轮车顺着斜坡自动往下滑去。这对猴子演员来说是一个高难度的动作。这样做，需要非凡的掌握平衡的能力，捏着车把的两只前爪用力要均匀，倒立的身体不能有丝毫偏差，稍有不慎，便会连猴带车从狭窄的跷跷板上摔下去，比雅娣刚才摔得更惨。观众席上，许多孩子眼睛瞪得圆圆的，露出了紧张的神态，看得太投入了，嘴张成O型。

跷跷板那一头受重心支配迅速下沉，咚，着地时撞击地面，颤抖颠动，震得小三轮车一阵摇晃，板子猴擎举在空中的两条后肢舵似的左右摆动了一下，身体仍稳稳地倒立在小三轮车上。

凭借着高超的技巧，它克服了这个节目的难关和险关。

接下去的表演就很容易了，只消顺着具有斜坡的跷跷板惯性朝下滑行，滑到平坦的地面后一个腾空翻从小三轮车上跳下来，这个高难度的节目就算圆满成功了。

还剩下最后三四米跷跷板，胜利在望，成功在即。

突然，意外发生了，雅娣一翘尾巴，从灯楼上跳下来，蹿到跷跷板前，嗷嗷怪叫，扬起抢来的金竹棍，抽打板子猴。啪，金竹棍打在板子猴的背上，板子猴身体打了个哆嗦，小三轮车不听使唤了，猛拐方向，从狭窄的跷跷板上栽倒下来，板子猴被重重地摔了个嘴啃泥。

观众席上响起一片嘘声。

板子猴已经跌倒在地上爬不起来了，雅娣仍扬起金竹棍抽打。猴子有很强的模仿能力，它一定是无数次目睹驯兽员老费是怎样打板子猴的屁股的，不仅学会了抽打的动作，还认为打板子猴是理所当然的事。毫无疑问，它是看到板子猴快表演成功了，出于强烈的嫉妒，不满意被板子猴抢了自己的风头，才这么干的。

驯兽员老费冲上来一把夺过金竹棍，并顺势抓住了雅娣，一面弯腰鞠躬向观众赔着笑脸，一面拖着雅娣往后台去，用铁链子将雅娣拴在幕侧的道具箱上。

板子猴这一跤摔得很重，挣扎了好一阵才爬起来，刚走了两步，腿一软又歪倒在地。这时，驯兽员老费握着金竹棍匆匆返回舞台，见板子猴还倒在地上，便上来想把板子猴搀扶起来。板子猴盯着他手里那支金竹棍，惊叫一声，骨碌翻爬起来，忍着伤痛扶起那辆被掀翻的小三轮车，咬紧牙关蹬动着，骑上跷跷板。

板子猴这样做，是可以理解的，出于以往惨痛的教训，它肯定以为驯兽员老费怪它没有表演成功，又要教训它打它的板子了。它不愿皮肉受苦，它害怕受到责打，它只有咬紧牙关重新表演。

小三轮车驶上跷跷板，骑的是上坡，骑到一半，板子猴大概腿摔伤了无力蹬车，小三轮车又倒着滑落下来。它哀啸着，又拼命蹬动车往跷跷板上冲。一次……两次……三次……它终于冲到跷跷板的顶端，倒立在小三轮车上。它的身体像寒风中的树叶在瑟瑟发抖，脸上布满汗珠，表情十分痛苦，看得出来，它是靠顽强的毅力才完成这个高难度动作的。跷跷板重心向另一端倾斜，咚的一声，顶端着地，跷跷板猛烈颤抖，板子猴身体晃了晃，仍稳稳倒立在小三轮车上。小三轮车向下急驶，终于滑行到地面，潇洒地转了个圈，结束了表演。

板子猴跳下车来，趴在地上，气喘吁吁。

剧场里响起雷鸣般的掌声，少年朋友被板子猴精湛的技艺和顽强的作风所感动，拼命鼓掌，拼命叫好。

驯兽员老费拉着板子猴谢了三次幕，才算让掌声平息下来。

阳光大马戏团动物演员还没有谁获得过如此荣誉。

披红挂绿的非洲斑马粉墨登场，下一个节目马戏表演就要开始。驯兽员老费牵着板子猴退下舞台，刚巧在幕侧碰到高导演。高导演拍着驯兽员老费的肩膀说："多亏你机灵，在雅娣闹台时，及时让板子猴上场表演，不然的话，今晚可就惨啦。"高导演蹲下身来，摸摸板子猴的脑壳，又说："没想到，它的表演这么受欢迎。我一直以为这么丑的猴子，永远上不了舞台的。唉，是我想错了啊。以后，多给它机会上台表演，哦，说不定会造就一个丑角大明星哩。"

当驯兽员老费牵着板子猴经过道具箱时，雅娣哗哗抖动脖子上的铁链子，龇牙咧嘴低声咆哮，显然，它是在对驯兽员老费把它锁在幕侧而让板子猴登台表演表达不满情绪。驯兽员老费用金竹棍点着雅娣的脑壳说："演砸了戏，你还好意思叫，再闹，小心我揍你！"

雅娣并不理会他的威胁，它过去也曾弃台闹台演砸过戏，但他手中那根对动物演员而言象征着权力与法律的金竹棍从没认真打过它，最多只是蜻蜓点水般地在它脑壳上轻敲两下，与其说是杖责，还不如说是在搔痒。从来都是这样，它犯了错，由板子猴代它受惩罚。它仍低声咆哮，还跃跃欲扑想咬板子猴。驯兽员老费真火了，扬起金竹棍，左右开弓，噼里啪啦一阵抽打，金色猴毛在空中飞旋，雅娣背上和屁股上被打出一条条蚯蚓似的伤痕。

让别的猴子代雅娣受过、代雅娣挨板子的历史一去不复返了。

# 【阅读提示】

## 一群被异化的动物

人类社会很早就有马戏表演，中国的猴戏，印度的舞蛇，欧洲的狗咬飞碟，澳洲的马术竞赛，可说都是马戏的雏形。

马戏团的动物是一群最为奇特的生灵，它们温驯听话，忠诚可靠，聪明可爱，能模仿人类做出许多滑稽可笑的动作，又能借助道具与器械，表演人类难以企及的高难度节目。它们与人朝夕相处，同台演出，是动物界与人类关系最为亲密的一族。

马戏团里的动物生活稳定，生存无忧，不必为食物忙碌奔波，也不必为躲避天敌而疲于奔命，从这个意义上判断，它们应该说是幸运的。但天下没有免费的午餐，对动物来说尤其如此，它们必须学会服从与忍耐；为了求得赖以生存的食物，不得不对豢养它们的人类言听计从，它们在驯兽员物质利诱和棍棒恫吓下，扭曲自由无羁的天性，出卖才艺和灵魂，以取悦人类。它们虽然保持着野兽或威猛或华丽或逗人发笑的奇特外表，但心灵却蒙上异（人）类的阴影，就像照相二次曝光一样，光影和人像错误重叠，物种的特性变得模糊不清，似兽非兽，似人非人，亦兽亦人，面目全非。它们身上的艺术细胞再丰富，就算变成大红大紫的舞台明星，也永远不可能融入人类社会。台上是灿烂的明星，台下仍然是被人呵斥、供人驱使的兽类。一旦年老体衰或因其他原因离开马戏团，回到动物园或放归山林，它们就会和同类格格不入，已无法融入同类种群中去。

异化了的生命，结局总是不太妙的。

马戏团曾经很繁荣。中国唐宋元明清，通衢市廛常有杂耍班子出没，不仅有耍猴逗鸟的，还有耍熊玩蛇的；欧洲十七世纪至十九世纪，吉普赛人的大篷车往来于各个城市之间，歌舞杂技之外，多有各种动物配合演出。到了二十世纪，马戏团发展成一个独立的艺术种类和演出样式，世界各国几乎所有著名的大城市，都有红红火火的马戏表演。

二十世纪后期，随着环保意识逐渐深入人心，随着保护野生动物的呼声日益高涨，马戏团开始由鼎盛走向衰败。人们认识到，强迫动物登台演出，无疑是一种变相的奴役和摧残。在动物面前，人类贪婪的本性表现得太淋漓尽致了，利用动物的脂肪蛋白质以增加营养，剥下美丽的兽皮制作裘皮大衣，拔下艳丽的鸟羽点缀帽饰，还嫌不够，还要从动物身上榨取欢乐来愉悦自己。许多有识之士指出，人类和动物共同拥有这颗绿色地球，假如没有缤纷多姿的另类生命，人类就是沙漠孤旅，不可能生活得像现在这样美好。人类不仅仅应该保护野生动物，还应该平等对待野生动物，理解和尊重另类生命。许多动物保育专家公开号召人们不要去看马戏团表演，甚至出现了这样的情景：某个马戏团到一个城市去演出，绿色和平组织闻讯赶来，堵住道路静坐示威，不让马戏团进城。

这确确实实是人类文明与进步的表现。

也许真有这么一天，马戏团会从我们的生活中消失，马戏表演将成为历史和记忆。但不管怎么样，马戏团曾经给千千万万孩子带来快乐，曾经丰富了人类舞台表演艺术。就目前来说，各地马戏团仍在正常演出，各种训练有素的动物演员仍活跃在舞台上。我向来热衷于给少年朋友写形形色色的动物故事，马戏团里这个与人类贴得如此之近的特殊动物群体，引起了我强烈的好奇心。在朋友的帮助下，我有幸深入到一个马戏团里生活了两个月，以一个饲养员的身份观察了解这些动物演员，它们苦难的身世、特殊的经历、命运的兴衰、情感的悲欢和离奇的遭遇，深深打动了我，也激发了我的创作欲望。我记录下这些马戏团里真实发生的故事，写成《阳光马戏团动物明星》这本动物小说，奉献给喜欢读我作品的少年朋友。

我自己觉得，这是为马戏团吟唱的一曲忧伤的挽歌。

# 第12堂课

## 动物园里的动物

# 妹妹狐变色

人们对狐狸再熟悉不过了，随手就可以拈出一串与狐狸有关的日常用语来，什么狐假虎威、狐朋狗党、狐狸精、狐狸的尾巴藏不住等等。其实，世界上根本没有狐狸这种动物，狐就是狐，狸就是狸，属于两个完全不同类型的动物，也不知人们为何把它们混淆在一起。

狐有多个亚种，赤狐、沙狐、藏狐、北极狐等，其中赤狐数量最众，分布最广。赤狐，顾名思义，就是毛色棕红的狐。但赤狐有个特点鲜为人知，就是它的皮毛能依栖息地不同而变换颜色，在红土高原为红色，在黄土丘陵为棕色，在黑森林里为黑色，在靠近雪线的地方为白色，在色彩斑驳的热带雨林毛色会像迷彩服似的出现条纹。

这一点，和变色龙颇为相似。

圆通山动物园有个规模颇大的狐馆，养着三十多只赤狐。云南是块红土地，这三十多只赤狐生活在这块土地上，毛色自然都为棕红色。

这天，玉龙雪山一位牧民在雪线附近抓获一对白狐，颇觉稀罕，以为是珍贵的北极狐，便送来动物园。经鉴定，仍为标准赤狐，不过是毛色变异而已。笼舍紧张，不可能单独关养这两只白毛赤狐，按物以类聚的惯例，便准备把它们放进大狐馆里。

这两只白狐皆为雌性，牙口都一岁半，很可能是姐妹俩，为方便叙述，姑且将它们称为姐姐白狐和妹妹白狐。

狐这种动物，在野外时是以家庭为核心小群生活在一起的。如今关养在狐馆里的三十多只红狐，来自六个家庭。也就是说，是由不同的六小群红狐合并成了这么一大群红狐。我们曾多次将陌生的红狐放进狐馆，狐这种动物没有欺生的陋习，老居民和新来者彼此嗅闻一阵对方身上的气味，便算互相认识了，关系处得很融洽。

可当我们把这对姐妹白狐放进狐馆，情况却跟过去大不一样。

所有的红狐都用嫉妒的眼光望这两只白狐，好几只成年雌性红狐转过脸去，用一种羞怯的表情舔动自己的体毛，看得出来，有点自惭形秽。而这对姐妹白狐却神态矜持，用一种居高临下的眼光打量着蹲在它们面前那些红狐。

单看这些红狐，模样还不错，毛色艳红，尾巴蓬松，脸部镶着一圈绒毛，比豺、狼和狗都耐看多了。但与那两只白狐一比，立刻显出差距来了。也许是长期生活在雪线附近的缘故，它们的毛色白得像用冰雪雕成的，在阳光下闪闪发亮，耳郭边缘镶着一圈黑边，脖颈和脸侧的绒毛呈水红色，就像披着一条华丽的围巾。它们的体格也比红狐高大健壮，站在红狐们面前，给人一种鹤立鸡群的感觉。

姐妹白狐和红狐们在笼舍中央相对而蹲，那阵势，有点对峙的意味。按惯例，这时候，新来的狐应该尾巴耷落在地，四肢微曲，低眉垂首，缓慢走到红狐中那只年纪最大的老雌狐面前，嗅闻老雌狐的身体，舔吻老雌狐的前腿弯，嘴里发出轻啸声。这套仪式带有晋见拜会的意思，表示新来者希望能被接纳。老雌狐则用一种悲悯的表情嗅闻一遍新来者的身体，轻叫一声，以示认同。

然而，不知是不懂这套规矩，还是出于对面前这些红狐鄙视的心理，姐妹白狐半天也不去拜会嗅闻那只老雌狐。

双方僵持了约十几分钟，许多红狐已等得不耐烦，对姐妹白狐侧目而视，气氛变得有点紧张了。就在这时，那只毛色土红，背毛已开始脱落的老雌狐拖着尾巴，慢慢向姐妹白狐走去，走到姐姐白狐身边，它伸出舌头，耸动鼻翼，做出想要嗅闻对方的姿势来。

这真是一只善良慈祥的老雌狐，不想过多地为难这对姐妹白狐，采取息事宁“人”的态度，主动前来嗅闻姐妹白狐。应该说，老雌狐是降尊纡贵，给了姐妹白狐最大的面子，最大的照顾。此时此刻，只要姐姐白狐礼貌地迎上前去，就不会有以后悲惨的故事了。

然而，就在老雌狐的嘴吻伸过来的当儿，姐姐白狐一甩尾巴，受惊似的跳开去了。

也许，它是怕老雌狐弄脏了自己的身体，也许，它从来心高气傲不屑与红狐们为伍，也许，它不习惯一只毛色与自己不同的狐来嗅闻自己，尽管对方是同类。

老雌狐受伤似的发出一声悲怆的长啸。

你若想树一个敌人，最简单有效的办法，就是对他公开表示轻蔑和看不起。

你在生活中若不想让自己陷入孤立无援的境地，就请不要随意表现出清高和孤傲来，尤其在那些明显不如你的人面前。

你确实比他强，他心里明白这一点，你确实比她漂亮，她心里很清楚这一点，这绝不能得出结论说他（她）的自尊心会麻木或休克，能容忍你的傲慢与无礼，恰恰相反，占下风者往往更敏感，你漫不经心的神态、似听非听的表情、视而不见的目光、淡然的微笑、一个普通的哈欠，都有可能被对方理解为是一种居高临下姿态，对方脆弱的自尊心受到严重伤害，从而人际关系爆发一场旷日持久的冷战。

所有的红狐都气愤地嚣叫起来，在笼舍里蹿跑，用尾巴噗叭噗叭拍打着地面。

这以后，姐妹白狐在狐馆里的日子异常艰难。进食时，红狐们依仗“人”多势众，一哄而上，把食槽围得水泄不通，姐妹白狐根本无法挤得进去，只能顿顿吃残渣剩羹。所有能遮风挡雨的窝棚全都让红狐占满了，即使有空位，红狐们也不让姐妹白狐钻进来，姐妹白狐只能露天而宿，一到刮风下雨，淋得像只落汤鸡。平时，没有哪只红狐搭理它们，也从不跟它们在一起玩耍。它们整天蜷缩在笼舍左侧那个阴暗的角落里，显得异常孤独。

几天后，妹妹白狐有点受不了了，有时趁姐姐白狐熟睡之际，涎着脸，跑到那只老雌狐跟前，做出想要嗅闻的姿势，但老雌狐用鄙夷的眼光扫了它一眼，拂尾而去。它又向迎面遇到的其他红狐友好地靠过去，舌头一伸一缩，看那模样，如果对方愿意的话，它就会去帮它们舔理皮毛。遗憾的是，红狐们不卖它的账，冲它恨恨地嚣叫一声，转身就走，那意思仿佛在说：你一身白毛，看着就讨厌，滚你的蛋吧，别来烦我！

半个多月后，姐妹白狐面容憔悴，瘦了整整一圈，胸侧露出一根根肋骨，只有那身如同冰雪雕成的白毛仍闪闪发亮，美艳绝伦。姐姐白狐顽强地保持着尊严，从没表现出要降低身份与红狐们修好，红狐们用鄙夷的眼光看它，它针锋相对，用不屑一顾的神态予以回敬。妹妹白狐则越来越频繁地混进红狐群里，也不管红狐们欢不欢迎它。渐渐的，红狐们对妹妹白狐的态度发生了变化，迎面相遇，不再恨恨地朝它啸叫。有一次，下起瓢泼大雨，妹妹白狐哀哀叫着来到窝棚前，那只心地善良的老雌狐腾出一块空地，让它挤进窝棚与红狐们一起避雨。而姐姐白狐在角落里被冷雨浇了一个多小时。

又过了半个多月，让我们惊奇的事发生了，妹妹白狐身上的毛色逐渐变红；先是毛尖泛起一层水红色，就像霞光映红的白云，继而整个身体都开始由白转红，像涂了一层胭脂。那红颜色一日深似一日，由浅红变成酱红，不到两个月，便成为一只标准红狐了。

赤狐本来就有这等本领，能依栖息地的不同变幻毛色，当然也能顺应“社会”环境而自我设计新形象。

姐姐白狐对妹妹这种不惜改变自己华丽如银的毛色和红狐们同流合污深表不满，几次对它粗鲁地嚣叫，后来干脆不愿再理睬它了。

妹妹白狐自从毛色变红后，与其他红狐的关系日益亲密，再也没有谁把它当外来狐排斥欺负了，它进食时能毫无顾忌地与其他红狐一起争抢，而不用担心会遭到群起攻之，睡觉时和其他红狐一起挤在窝棚里，不用担心会遭驱逐。它的身体丰满起来，胸侧的肋骨看不见了。

人们往往把变色龙隐喻为投机取巧、变幻无常的小人，变色龙这种动物在人们的心目中成了贬义的象征。在人类社会里，出于自私的目的，不讲信用，抛弃信仰，随意转变立场，理应遭到谴责。人们借代变色龙这种动物的生物特性，来形象地刻画某一类人丑恶的嘴脸，也无可厚非。然而，就变色龙这种动物本身，具备变色功能，实在是一种成功的进化策略，一种行之有效的生存手段。世界万物每时每刻都在变化之中，变是永恒的，适者生存是普遍真理。当环境发生了变化，墨守成规，孤芳自赏，拒绝变化，只能是毁了自己。

变色龙学名叫避役，最大的特点就是能根据环境的不同而变幻体色，与四周的环境融为一色，趴在树枝上，看起来就像一块树瘤，吊在藤蔓上，看起来就像一片枯叶，既能避免敌害的袭击，又能捕食到丧失警惕的昆虫。按照自然选择的规律，完全有根据猜测，最早的避役，有会变色的，也有不会变色的，当环境发生变化后，会变色者生存系数放大，不会变色者生存系数缩小，前者进化，后者淘汰。做一个荒唐的推理，如果当年的避役为了避免背上变色龙的恶名，本色不变，现在恐怕只有在博物馆里才能见到它们的化石了。

和避役具备同样变色功能的赤狐，也适用上述论断。

妹妹白狐是聪明的，假如它也像姐姐白狐一样，冥顽不灵，死守着自己那身白毛不变，永远也休想和红狐们打成一片，永远也休想改变自己的不利处境。

生活中，高尚的理想，伟大的信念，高雅的情操，当然应该矢志不移，如磐石般地坚定。然而，生活中更多的是非原则的选择与变更，这就需要采取灵活的策略，养成随机应变的能力，这才能使自己在复杂多变的命运中立于不败之地。

应变，就是顺应时代、顺应潮流、顺应环境、顺应命运以求得更好地生存。

姐姐白狐终于病倒了，形销骨蚀，奄奄一息，只有那身如同冰雪雕成的白毛仍闪烁着华丽的光芒。临咽气前，它还伸出舌头，珍爱地舔理自己臂弯上的毛。

客观地说，那身洁白的狐毛确实比酱红色的狐毛要美丽得多了，但它的价值是否在生命之上呢?

现在，妹妹白狐混在红狐里头，不明底细的人很难根据它体毛的颜色分辨出哪只是曾经拥有一身白毛的它来。它本来体格就较其他红狐强壮些，能抢到更可口更新鲜的食物，在群体中的地位蒸蒸日上，找到了如意郎君，产下一窝幼仔，母显子贵，幼仔的地位也很高，生活幸福美满。

# 神獴效应

这是一只特别棒的红颊獴，四爪锋利，门齿发达，机警灵活，体毛亮得就像涂过层釉，脸面上两片颊毛红得就像燃烧的火。圆通山动物园的管理人员管这只红颊獴叫神獴。

从前年开始，动物园为了搞创收，每个星期天进行一场獴斗眼镜蛇的表演。在一个能容纳三百多人的帐篷剧场里，中央空地辟出一块四平方米大小的角斗场，用一只巨大的玻璃罩罩住，先放进一条长达两米碗口粗的眼镜蛇，然后又放进身体比眼镜蛇小得多的獴，在聚光灯的照耀下，獴和眼睛蛇便互相厮杀起来，眼镜蛇瞪着玻璃珠似的眼睛，吐着血红的叉形蛇须，闪电般地频频出击，獴灵巧地左躲右闪，避开毒牙的锋芒，冷不防朝蛇致命的七寸咬去……

獴的种类很多，有食蟹獴、红颊獴、短尾獴、环颈獴、爪哇獴、何氏獴、西班牙獴等等，并非所有的獴都会斗蛇，在我国，只有红颊獴这个品种才具有咬杀眼镜蛇的本领。红颊獴又叫蛇獴，顾名思义，生来就是毒蛇的天敌。但并非所有的红颊獴都有资格上场表演斗蛇的节目。有的獴模样猥琐，不讨观众的喜爱；有的獴在眼镜蛇的毒牙下显得战战兢兢，虽然最后也能杀死蛇，但缺少一种临危不惧的英雄气概；有的獴一上来就死死咬住蛇头不放，观众只能看到两样东西纠缠在一起扑通扑通打滚，一会儿眼镜蛇就变成了一条烂草绳，过程太简单，满足不了观众特殊的心理需求；也有的獴反应不够灵活，身手不够矫健，斗了半天也未能置眼镜蛇于死地，双方筋疲力尽，各自蜷缩在角斗场的一端，呼呼喘息，半天不再动弹，引得观众喝倒彩鼓倒掌……像神獴那样具备演员天才，能在斗蛇过程中斗出艺术品位、斗出舞台效果来的，可说是凤毛麟角。

看过神獴斗眼镜蛇的人，都会被它高超的斗蛇技艺所倾倒。它不是像其他獴那样被装在铁笼子里送到角斗场的，它是由一位穿着绿衣红裤的小姐抱进帐篷剧场的，一出场就显得身价与众不同。进得玻璃罩后，它会装着傻乎乎的样子趴在玻璃壁上，眼镜蛇弓起脖子从背后偷袭，血红的蛇信子喷吐着，眼瞅着就要朝它脖子咬过来了，它还懵然无知地一动不动，观众在外面看得一清二楚，心都提到了嗓子眼，女士和小姐们面色发白，手心出汗，紧张得喘不过气来，快要晕过去了，有的竟失声尖叫起来；眼镜蛇扁扁的脖颈微微弓耸，三角形的脑袋箭似的射过来，它这才突然前爪在玻璃壁上一蹬，一扭腰，借着一股反弹力，嗖地反蹿出去，打了个滚，出现在眼镜蛇的背后，而眼镜蛇因为视力不佳看不见有玻璃罩的存在，咚的一声，脑袋重重地撞在玻璃上，蛇脸扭曲，一副凶狠、惊愕、痛苦的样子，慢慢顺着玻璃壁滑落下去，颇为滑稽，引得观众嘻嘻发笑。在后面的厮斗中，它表现得更是不同凡响。它仿佛知道观众需要的是什么，从不会一下子就把蛇头咬烂，即使有这样的机会，也放弃不用。它总是先把眼镜蛇逗得发怒，伺机在蛇身或蛇尾抓一把咬一口，蛇身上渗出殷红冷凝的血丝，癫狂蹦弹，在玻璃罩里舞得让人眼花缭乱，而它则像跳绳高手一样，灵活地蹦跶跳跃，绝不会让长长的眼镜蛇给缠住。它沉着冷静地用犀利的门齿像解剖刀似的一口一口解剖着眼镜蛇，撕下丝丝蛇肉津津有味地咀嚼，表演空前绝后的活吃眼镜蛇。真是艺高胆大，出神入化。二十来分钟后，倒霉的眼镜蛇浑身被撕得稀巴烂，变成一条血蛇，瘫在地上奄奄一息了，它这才从从容容走过去，绅士般地伸出嘴吻，朝蛇的颈背部那对白色黑心的眼镜状斑纹咬去……

两年来，它表演了近一百场，场场爆满，座无虚席，成了动物园一颗耀眼的明星。

云南多山，气候温暖湿润，有捉不完的眼镜蛇。动物园下属劳动服务公司在公园的大门口开了一家蛇餐馆，斗死的眼镜蛇立刻送过去烹饪，一点也不会浪费。

神獴对动物园来说，真是一棵摇钱树，一只聚宝盆。人人都对它恩宠有加。为了表彰它的功绩，也为了扩大宣传，还专门请人替它塑了这样一座石雕：一条眼镜蛇缠在它身上，它紧紧咬住了蛇头。石雕起名为：神獴斗蛇。

就在石雕完工后不到一个月，突然有一天，它被眼镜蛇咬死了。

事情简单得让人难以置信，它同往常一样，踌躇满志地跨进玻璃罩，想装出傻乎乎的样子趴到玻璃壁上去，才走了一步，那条盘踞在角隅的眼镜蛇不像其他眼镜蛇那样先将蛇头笔直地竖起来吞吐信子摆出进攻的架势，那家伙把噬咬的前奏给省略了。蛇尾急剧摆甩，蛇头贴着地吱溜窜过去，在它的腿上咬了一口。獴对蛇毒没有免疫力，眼镜蛇又是毒性最大的毒蛇。它一声尖叫，几秒钟后四肢抽搐，口吐白沫。等管理人员用长把铁钳制服了可恶的眼镜蛇，把它从玻璃罩里弄出来，它已身体僵硬，过了奈何桥，奔了黄泉路。

自打表演獴斗蛇的节目以来，这还是第一只死于眼镜蛇毒牙下的獴！

观众起哄自不必说，动物园的形象也受到了损害。当地的晚报登了一篇小品文，标题是《神獴？草獴？獴斗蛇？蛇吃獴？》，说了许多难听的话，极尽讽刺挖苦之能事。在舆论的压力下，帐篷剧场只好关门停业。

有人说神獴之所以会不幸罹难，关键是碰到了一条狡猾的老蛇；也有人解释说是因为那天晚上神獴住的兽窝旁在连夜施工抢修煤气管道，吵得神獴一夜没睡好，过度疲倦，神志恍惚，才酿成悲剧的；也有人把原因归咎于天气，那天天气阴霾，气压很低，使得神獴体内的生物钟指向生命的低谷；还有个人说得更玄，那些冤死在神獴爪牙下的眼镜蛇阴魂不散前来索命……

其实，神獴之所以会惨死在眼镜蛇的毒牙下，既非对手太强，也不是由其他客观原因造成的。神獴之死，死于一种过度膨胀的虚荣心。

獴确实是蛇的天敌，正常的情况下，红颊獴在和眼镜蛇的对峙中也确实能稳操胜券。但千万不该忘记，獴身上没有对蛇毒的先天性免疫力，这就决定了每一场较量都是生死搏斗，决不能掉以轻心。其他普通的红颊獴，比较起来没有神獴那套过硬的斗蛇技艺，但有一点比神獴要强，那就是在眼镜蛇面前高度警惕，全神贯注，须臾不敢有丝毫松懈和半点疏漏。它们或者一有机会就死死咬住蛇头再也不松口，或者一个劲地跳跃躲藏不等到眼镜蛇精疲力竭时轻易不发起攻击，它们从不去咬无关紧要的蛇尾，不去冒无谓的风险；它们虽然得不到观众的喝彩，享受不到明星的待遇，戴不上神獴的桂冠，但同时也排除了被毒蛇咬死的可能。

神獴确实有极高的斗蛇技艺，赢得鲜花和荣誉，也是情理之中的事。一般而言，荣誉是一种价值的体现，能使人更有自信，向更高的生活目标冲刺。但是，荣誉往往会刺激起一种虚荣，尤其是在一片赞扬声中，会飘飘然忘了自己究竟有几斤几两。荣誉面前很容易陶醉，很容易得意忘形。成功的背后往往隐藏着毁灭的危机。神獴被一连串的胜利和被如潮的掌声冲昏了头脑，忘了只要被眼镜蛇咬着一口就会致死这一严峻的现实。它是靠逗怒眼镜蛇，延长厮杀时间，制造惊险效果赢来声誉的。为了保持荣誉，为了获得更多的鲜花和掌声，它在险象环生的风险之路上越走越远，以至发展到趴在玻璃壁上装傻和活吃蛇肉这样惊险异常的地步。这些东西对獴来说，是毫无实用价值的花架子。

当一种东西被喻为神，就表明走到了极端，接下来就要走下坡路了。人们对神的要求，就是无所不能，超越常规，而事实上任何一种能力都不可能是无限的。世界上没有不怕蛇咬的獴，因此也不可能有真正意义上的神獴。当它被抬到了神的地位，它不可能再像其他普通獴那样去对付眼镜蛇，它只能表演更惊险更不切实际的斗蛇艺术，以符合自己神的身份。它超越了它能力的极限。从这个意义上说，当人们把它捧为神獴，其实也就把它推向了死亡。

# 【阅读提示】

## 守望生命的尊严

《妹妹狐变色》和《神獴效应》，都是以动物园为背景，讲述动物居民的故事。

每个大城市都有动物园，相信每个城里的孩子都有逛动物园的经历。动物园是我们儿时最喜爱去的娱乐场所，是我们观摩野生动物的最佳窗口。我们对人类以外生命的了解，最初就是从动物园开始的。

人是由猿猴演变而来的，人类的祖先，其实也属于动物范畴。自打人类主宰世界后，就把除人以外所有会活动的生命都称为动物，不管是卑微的粪蛆，还是高贵的狮王，统统都用动物这两个字来加以概括。

人们不管三七二十一，将各种他们感兴趣的动物捉拿来，或关进铁笼子，或锁在玻璃房，或羁押在围栏里，或圈禁在假山间，供人们参观欣赏。也不问这些动物是不是愿意，反正剥夺你的自由没商量。动物一旦被关进动物园，基本上是终身监禁，而且殃及子孙，世世代代都要生活在铁笼子里。

随着时代进步，随着环保呼声日益高涨，动物权益普遍受到重视。世界各国的动物园建设越来越注重自然化、生态化和实用化，不仅在兽舍的建筑和展窗设计上尽量模仿动物的原生活环境，而且在光线、色彩、布景等方面也注意讲究艺术性，力图给动物以美的享受，有的还配有音响和香味等效果。

但是，再模范的监狱也是监狱，再美丽的动物园也是人类这个物种居高临下、恃强凌弱、囚禁迫害其他物种的犯罪场所。

动物也是生命，一切生命都是平等的，也许将来会有这样的法律。

动物园的动物是一群特殊类型的动物，它们有腿难奔，有翅难飞，有苦难言。它们是受到关爱的囚犯，供人取乐的展品。它们用自己奇异的相貌、斑斓的兽皮及艳丽的羽毛来博取游人欢心，获得果腹的食物。不错，它们生活安宁，温饱不愁，但却是以牺牲自由为代价的。它们中的幸运者，也许会得到交配机会，繁衍出自己的后代，但即使子孙满堂，也无非多了些小囚犯、小展品而已。它们中的倒霉者，年老色衰，利用价值不大了，便会拿去做实验，或试验某类新药，或施行某种手术，代人受过，成为人类科学祭坛上的牺牲品。诚然，它们不用为猎取食物而终日奔波，不用为捍卫领地而浴血奋战，不用为争夺配偶而煞费苦心，不用为养儿育女而耗尽心血。一切由人类安排，一切由人类代劳。太平盛世，坐享其成，何乐不为？但没有竞争就没有活力，没有压力就没有动力。一个生命，与痛苦无缘，必然也与欢乐无缘。没有酸甜苦辣的遭遇，没有跌宕起伏的命运，生活就是一杯淡而乏味的白开水。它们中的大多数，生亦动物园，死亦动物园，一辈子囿居狭小空间，既没有眼界也没有境界。它们是一群被严重异化的生命，老虎不知山野丛林，狮子不知广袤草原，金雕不懂蓝天白云，鳄鱼不懂江河湖泊。更有甚者，身为老虎而不会捕捉活物，身为金雕不会搏击长空，生命的内涵早已被销蚀殆尽，只剩下华丽威严的外表，一具具没有灵魂的躯壳。但也不乏有这样的动物，不幸中了人类奸计，被从野外绑架到动物园后，虽锦衣玉食却视如粪土，虽身陷囹圄却守身如玉，无论怎样威逼利诱，就是不肯低下头颅当动物园的良民，时时刻刻伺机逃亡，拼死拼活冲破牢笼，渴望翱翔蓝天，渴望驰骋草原，渴望呼啸山林。它们成功的希望非常渺茫，不是绝食身亡，就是在越狱过程中死于非命。但要杀便杀，要剐便剐，它们无所畏惧。能囚禁它们的身体，却无法囚禁它们的灵魂。兽可杀而不可辱，不自由，毋宁死，守望生命的尊严，虽死而无悔。

我力图勾画出动物园居民的世态百相。在写法上，我通过一个个有趣的故事，引发出一些关于生命的哲理见解。动物园动物长期与人厮混在一起，非兽非人，亦兽亦人，或许称得上是混沌的怪胎。展示它们奇特的生活，相信会引起青少年读者严肃的思考，并使他们获得有益的启迪。